志青春在路上

西北农林科技大学研究生支教团随笔

主　编　曹军会

知识产权出版社

全国百佳图书出版单位

图书在版编目（CIP）数据

志青春 在路上：西北农林科技大学研究生支教团随笔/曹军会主编. —北京：知识产权出版社，2017.5

ISBN 978-7-5130-4818-7

Ⅰ.①志… Ⅱ.①曹… Ⅲ.①不发达地区—教育工作—陕西—文集 Ⅳ.①G527.41-53

中国版本图书馆 CIP 数据核字（2017）第 057906 号

内容提要

西北农林科技大学于 2010 年正式加入由共青团中央和教育部共同组织实施的"中国青年志愿者扶贫接力计划研究生支教团"项目。迄今为止已派出七届共 52 名研究生成员赴渭南市澄城县和商洛市丹凤县开展支教志愿服务。

在七年的志愿服务实践中，他们开展了"爱心家访""彩虹课堂""情暖寒冬，点亮微心愿"等一系列特色活动，逐步形成了具有"西农"特色的支教印记，深深地感动着当地的百姓。自 2010 年 9 月以来，支教团的志愿者们利用周末，累计走访困难学生家庭 1 200 余户，足迹已经遍布澄城县和丹凤县的 82 个行政村。寒冷的冬日里点亮留守儿童的微心愿，他们通过县团委、学校以及社会各界的支持，募捐衣服 300 多件，现金 5 000 元，学习用品 1 000 余件，完成心愿 500 余个，为留守儿童送上了一份冬日温情。此外，作为农林院校的学子，他们还不忘专业所学，邀请了学校种植、养殖方面专家前往澄城县讲解增产增收新技术。

这是一本支教故事文集，一段段感人的心曲，一个个难忘的回忆。

责任编辑：兰　涛　　　　　　　责任校对：王　岩
封面设计：臧　磊　　　　　　　责任出版：刘译文

志青春　在路上

——西北农林科技大学研究生支教团随笔

曹军会　主编

出版发行：知识产权出版社 有限责任公司		网　　址：http://www.ipph.cn	
社　　址：北京市海淀区西外太平庄 55 号		邮　　编：100081	
责编电话：010-82000860 转 8325		责编邮箱：lantao@cnipr.com	
发行电话：010-82000860 转 8101/8102		发行传真：010-82000893/82005070/82000270	
印　　刷：三河市国英印务有限公司		经　　销：各大网上书店、新华书店及相关专业书店	
开　　本：787mm×1092mm　1/16		印　　张：22.75	
版　　次：2017 年 5 月第 1 版		印　　次：2017 年 5 月第 1 次印刷	
字　　数：330 千字		定　　价：68.00 元	

ISBN 978-7-5130-4818-7

编　委　会

序　言

　　我校于 2010 年正式加入由共青团中央和教育部共同组织实施的"中国青年志愿者扶贫接力计划研究生支教团"项目。迄今为止，我校已派出七届由 52 名研究生组成的支教团赴渭南市澄城县和商洛市丹凤县开展支教志愿服务。研究生支教团的同学们编撰了这本支教故事文集，并请我做序，我很欣喜，也很乐意。这本文集中一个又一个感人至深的故事让我久久不能平静自己激动的心情，看到他们的努力与付出，我有许多话想对他们说。

　　他们是西农支教品牌的创立者。在七年的志愿服务实践中，他们开展了"爱心家访""彩虹课堂""情暖寒冬，点亮微心愿"等一系列特色活动，逐步形成具有西农特色的支教印记，深深地感动着当地的百姓。自 2010 年 9 月以来，支教团的志愿者们利用周末累计走访困难学生家庭 1200 余户，他们的足迹已经遍及澄城县和丹凤县的 82 个行政村。看着记录他们支教生活的照片，崎岖泥泞的山路，瘦弱却有担当的背影，这真的让我对"90 后"有了一个全新的认识。寒冷的冬日里点亮留守儿童的"微心愿"，他们通过团县委、学校和社会各界的支持，募捐衣服 300 多件，现金 5000 元，学习用品 1000 余件，完成心愿 500 余个，为农村留守儿童送上了一份份冬日里的温情。此外，作为农林院校的学子，他们还利用自己的专业所学，邀请了学校种植、养殖方面的专家教授前往澄城县讲授农作物增产增收新技术。衷心希望同学们不忘初心，再接再厉！

　　他们是社会正能量精神的积极传播者。在七年的支教志愿服务过程中，我校研究生支教团涌现出一大批优秀的志愿工作者。支教团成员王伟、石龙静、汪雪娇、马宏彪、张腾、陈星辰六名同学被陕西省团委授予"陕西省优秀志愿者"的荣誉称号。获"渭南青年五四奖章"荣誉称号的郭璋同学利用课余时间为 42 名学生缝制爱心坐垫，每个周末都为留守学生辅导课业；她还坚持在中国青年网开设"支教故事"专栏，发表文章 40 余篇，讴歌支教中的感人事迹，受到国内媒体的高度关注。他们的文字总是那么阳光、那么富有朝气，但荣誉的背后一定是我们无法想象的付出与努力。作为榜样的他们，激励着一批又一批的同学投身于支教事业，影响着一代又一代的娃娃们。请谨记，不管今后路上有多少风雨，心中有阳光，脚下才会有力量！

他们是"诚朴勇毅"校训精神的传承者。同学们秉承"诚朴勇毅"的校训，扎根基层，不畏艰辛，乐于付出，甘于奉献，在发展贫困地区的教育事业和志愿服务事业等方面发挥了积极作用，得到社会各界的广泛认可。将深厚的人文情怀转化为开展公益、扶贫、支教等专项行动，不断探索支教团服务地方社会建设和教育发展的长效机制。目前，我校第十八届支教团的队员们已经工作在光荣的三尺讲台上，我相信，我们西农支教团的志愿服务精神，定会经久不衰，发扬光大。

一本支教故事文集，一段段感人的心曲，一个个难忘的回忆。

这里有走进贫困山区，接地气的朴实青年支教的故事；

这里有不断进取创新，善教学的有为青年支教的故事；

这里有愿意走近孩子，懂学生的知心青年支教的故事；

这里有心怀无疆大爱，有情怀的爱心青年支教的故事。

"教学生一年，助学生一生"将是我们西农支教团人永远追求的目标！

我愿意，把西农支教团人的故事文集，真诚地推荐给心中有爱的你！

西北农林科技大学党委副书记

吕卫东

2017 年 5 月 4 日

目　录

志青春

在路上——西北农林科技大学研究生支教团随笔

作者简介

郭璋 女，中共党员，吉林省长春市人，2015届环境科学专业毕业生，西北农林科技大学第十七届研究生支教团成员。本科期间担任资环学院团工委副书记，曾获得"优秀学生干部""十佳团员"等荣誉称号。服务于渭南市澄城县王庄镇刘家洼学校，担任七年级班主任，讲授语文、政治、综合和地方课程，两次获得刘家洼学校"星级教学能手"称号以及"2015年度澄城县服务地优秀志愿者""2016年度陕西省优秀志愿者"的光荣称号。现为西北农林科技大学资源环境学院环境工程专业研究生。

带心上路

郭 璋

我们第十七届研究生支教团的团员终于来到了各自的支教岗位，紧张、期盼、好奇……我们十个人，开始了新的征程！

初到澄城，最大的障碍就是语言不通。第一天的见面会除了听懂了自己的名字，会上所讲的内容大部分都是靠猜和理解，着实让人着急。而且，我们十个人基本上都是班主任，新学期学生的报到工作自然也就落在了我们的肩上。看着一位位并不年轻力壮的家长，甚至更多的是爷爷奶奶带着学生来报到。当他们拿出包裹了很多层的辅导书费交到我们手中的时候，我们心里真有种说不出的滋味。看着一个个瘦小得并不像初中生的孩子，我们第一次觉得"留守儿童"这个词离我们这么近。家长们大多数并不知道什么是支教，什么叫义务支教，只知道学校来了新老师，年轻的老师，他们放心了。这种没有理由的信任让我们倍感责任的重大，可能这一年我们改变不了太多，但至少我们要全心全意地去努力。

学校组织了对七至九年级的军训，这实实在在地让学生们兴奋了一把。因为这对他们来说，是人生中第一次的军训经历。他们的认真，他们的刻苦，他们在教官离开时流下的伤心的泪水都让我感动，孩子们的纯真，仿佛让我们也回到了七年级！

第一次的备课和第一次真正意义上的登上讲台，几十双渴望知识的眼睛齐刷刷地看着我，我们的一颦一笑，所说的一字一句，甚至拢一拢头发这样细小的动作，对于学生来说都是新奇的。说实话，第一次有这样的感觉的：当老师，真好。

当一切新奇和紧张都过去之后，安稳和规律的生活就又开始了，问题也接踵而至。需要自己做饭，本来就不太会做饭，而且锅碗瓢盆还没置办齐全；最重要的是，对于平时每过三两天就要冲凉的我们来说，这里竟没有地方洗澡！但是，令人感动的一幕幕又接二连三地扑面而来了：街上超市的大叔听说我们是新分来的老师，主动开车送我们，原因是我们提的东西太多太重；暂时没办法做饭而正打算吃泡面的时候，看门的大爷送来了热乎乎的菜夹馍；当学校领导得知我们买的锅具还没到，就主动送给我们当地最好吃的水盆羊肉的餐票；学生家长知道我们买水果不方便，便带来了自家果园无公害的苹果；学校隔壁的大婶家新安装了热水器，主动跟我们说可以去她家洗澡，而且一定不要钱，只要我们把娃教好……在我们看来，很难解决的各种问题和不适应就这样迎刃而解了。当地民风淳朴，当地人的热情，对老师的尊敬，对我们这些离家在外的大学生贴心的照顾，无一不让我们触动、感动、生活就要常怀感恩之心，谢谢你们！支教团的老师们，我们要加油啊！

最近到了雨季，雨过天晴总是让人有好心情，其实当乌云来的时候，看到它我们只需要一双眼睛，但要发现乌云背后的光芒则需心的透亮。一年的支教我不知道我们能带给学生们什么，我们只求一心一意尽可能多地教他们所有我们知道的，用这一年不长的时间做一件自己终生难忘的、不后悔的、没遗憾的事。

新的征程，带心上路，一切俱足！

澄城支教随感

郭 璋

泱泱大国，唯我中华，
物华天宝，人杰地灵。
华夏中心，三秦大地，
纵贯南北，连通东西。
父山秦岭，母河汉渭，
朱鹮啁啾，山清水秀。
法门禅寺，驰誉中外，
兵马秦俑，空前绝后。
美丽澄城，黄河流域，
墚塬起伏，要塞御敌。
壶梯叠翠，攻难守易，
澄合胜战，历史铭记。
尧头黑瓷，陶器之精，
金代铁钟，防空报警。
拴马石桩，镌雕神奇，
良周遗址，与天无极。
古寨寒烟，浮想联翩，
蛾蟒报恩，人睦自然。
城隍神楼，艺术瑰宝，

精进寺塔，独领风骚。
龙首大坝，天堑通途，
车盖千泉，生态丰富。
樱桃苹果，陕西之首，
煤炭储量，全国独秀。
质朴诚信，果敢强毅，
尚德崇文，进取创新。
西农学子，澄城支教，
秉承校训，共筑美好。

铭记历史　不忘国耻

郭　璋

　　身为东北人的我对"九一八"事变颇有感触。今天是 9 月 18 日，也是"九一八"事变 84 周年纪念日。上课的时候，我问学生们："今天是什么日子？"基本上没有同学知道，这让我很惊讶，这段历史太有必要给学生们补上，所以我利用自习给学生们"上了一课"！

　　初一的学生对一些历史事件的认知还不是很全面，这就需要老师很好地去引导。我让大家找出地图册，观察中国地图，我提问："我们的邻国都有哪些国家？"大家第一眼就发现了日本；我又问，"日本离我们国家哪几个省份最近呢？"他们齐声回答："东北三省！"很好。于是，我展开了对日本发动"九一八"事变的叙述。"九一八"事变（又称"奉天事变""柳条湖事件"）是日本在中国东北蓄意制造并发动的一场侵略战争，是日本帝国主义侵华的开端。1931 年 9 月 18 日夜，在日本关东军安排下，铁道"守备队"炸毁沈阳柳条湖附近日本修筑的南满铁路路轨，并栽赃嫁祸于中国军队。日军以此为借口，炮轰沈阳北大营，是为"九一八"事变。次日，日军侵占沈阳，又陆续侵占了我国东北三省。1932 年 2 月，东北全境沦陷。此后，日本在中国东北建立了伪满洲国傀儡政权，开始了对东北人民长达 14 年之久的奴役和殖民统治。

　　在讲解过程中，我不时插入解释和说明，提出了一系列的问题："为什么日本打开中国的大门要从东北开始？14 年的统治是日本人在做皇帝吗？傀儡是什么意思？我国最后一位皇帝是谁？他的皇宫在哪里？"孩子们展开了热烈的讨论。当然，他们的答案有对有错。当我明确了答案时，我发现有不少同学在记录。当我说到末代皇帝溥仪的皇宫在长春，也就是我的家乡的时候，他们是那样的羡慕我。我不知道用"羡慕"这个词是否准确，但从他们的惊讶声中我看出了他们对新知识的渴望。接着，我又延伸出日本侵华又一大不可饶恕的罪行——731部队。很多孩子在电视上都看到过相关的影视节目，对731部队有所了解。我进一步给他们明确：731部队即第二次世界大战期间的侵华日军关东军防疫给水部，对外称"石井部队"或"加茂部队"，又有"石井绝密机关"之称，全名为"日本关东军驻满洲第731防疫给水部队"。731部队也是在抗日战争（1937—1945年）和第二次世界大战期间，日本法西斯于日本以外领土从事生物战细菌战研究和人体试验相关研究的秘密军事医疗部队的代称，是日本法西斯侵略东北、阴谋发动细菌战期间屠杀中国人民的主要罪证之一。接着，我用手机搜索了相关的图片让学生们传阅，他们每一个人都看得那么认真、那么仔细，他们紧锁着眉头、微咬着牙齿，我看得出他们对日军的侵华行为是如此的愤恨。

我问大家："日本军队这样做可恨吗？"他们异口同声地回答："可恨！"我又问："那我们应该怎样去面对日本呢？"一个调皮的男生抢答说："打死他！"这位男同学用浓重的陕西口音说出这三个字时，其他同学都笑了，但我从这个孩子的眼里看到了认真。我知道，应该教他们什么是"辩证"，怎样去辩证地看待问题，否则他们会对问题、对事情产生偏激的理解。于是，我话锋一转，问："大家看地图，日本领土附近是什么？"大家回答："是海！"我又问，"大家还记得上次班会老师讲的跟地震有关的那些知识么？"同学们一下子就反应过来了，日本所在海域位于地震带，所以地震频发。

我还清楚的记得我在上高中语文时老师曾经整理过关于地震的一个专题，其中讲到日本"3·11"地震，我把日本人在危难时刻的种种做法，讲给孩子们听。

首先，是日本传媒的镇定。电视台主播们始终保持镇静进行直播，非常坚强。没有死亡的恐怖特写画面，没有灾民们呼天抢地的镜头，也没有煽情式的报道。就像当时经历过地震的一个中国留学生所感叹的那样："日本电视台播放的新闻特别平静，有信息量却不侵犯个人，有数据却不煽情，有各种提示却不造成恐慌。"

　　其次，日本民众不给人添麻烦。在大地震中，当家人朋友遭遇不幸，他们不会号啕大哭，只是默默承受这突如其来的变故。当有人获救时，代替"谢谢"说"对不起"的人也不少，在他们看来，感谢之外更多的是给别人添麻烦。"不给人添麻烦"出自日本给小孩学习的教材《社会生活教育》课本的第一章第一节。

　　再次，在地震中表现出了日本人的高素质。某网友在日本现场目击，几百人在广场避震完毕，整个过程，无一人抽烟，服务员在跑，拿来毯子、热水、饼干，所有男人帮助女人，跑回大楼为女人拿东西。三个小时后，人散，地上没有一片垃圾。

　　当我讲完这些，全班同学都安静了。我知道他们在思考着什么。我说："同学们，日本军国主义当年侵略我们中国，对中华民族犯下了滔天的罪行，是我们不能忘记的历史，那段历史将时刻警醒着我们！现在当日本人民在遇到危难之时所表现出来的全民的素质，是值得我们去学习的。在当今社会，素质就代表着国家形象！就像我们在座的各位，走出这个班级，你的一言一行、一举一动除了代表你自己，还代表着我们班级；走出学校，你就代表着我们刘家洼学校！当你有一天能通过自己的努力走出国门，你就代表着我们的祖国！"

　　我的话音刚落，学生们自发地鼓起掌来。看得出，42 张脸上都洋溢着激情。

　　最后，我说："同学们还记得我们天安门广场的阅兵仪式吗？在仪式开始之前习近平总书记所做的讲话吗？他说：'战争是一面镜子，能够让人更好地认识和平的珍贵。今天，虽然和平与发展已经成为时代主题，但世界仍不太平，战争的达摩克利斯之剑依然悬在人类头上。我们要以史为鉴，坚定维护和平的决心。'这也告诉我们要铭记历史，不忘国耻！但是我们不能只怀有仇恨，只记得战争。我们要辩证地去看待一个民族，才能全面发展！让我们共同铭记历史所启示的伟大真理：正义必胜！和平必胜！人民必胜！"

学生们再次鼓掌。虽然我并不能完全了解他们的所思所想，但我知道，这掌声是为了今天纪念"九一八"事变上的这节课。通过学习，他们了解了这些新知识，开始学习用辩证的方法去看待问题。同时也为习总书记强有力的话语——"正义必胜！和平必胜！人民必胜！"所感动和鼓舞。

孩子们，请务必做到：铭记历史，不忘国耻；辩证看待，全面发展！

虽出身不变，但命运终会改变

郭　璋

今天，我非正式地跟家长们见了一面。因为要给学生们建立学籍档案，所以我挨个给学生的家长打电话，通知得很紧急，中午放学前就要送过来，而今天一直下着雨。

家长们接电话的反应大致可以分为以下几种情况：有的家长一接电话就知道我是班主任，因为我给学生们留了我的电话，看来娃们回家说了，家长也存了；而有的家长一接起来，我说："您好！"对方却很不耐烦。是因为我用的当地的号码但却讲普通话的原因吗？我不得而知。接着我说："我是您孩子的班主任。"电话那头的家长说："咋了？你说咋了嘛？（家长是明显感到紧张）"当我通知完相关事项以后，家长才放松、客气起来；还有的电话可以听得出是老人在接电话，我们彼此的沟通很吃力，以至于闹出了（他家里有两个孩子，小孩子在幼儿园，大孩子在我们班）说到最后终于要挂电话的时候那位家长来一句："你们幼儿园不是马上放学了吗？"还有的家长甚至完全听不懂户口本复印件是啥意思……

就这样，四十二名学生，我却打了六十几个电话，用了两个多小时。

说实话，我很紧张。见学生家长，作为老师见家长，我应该什么样的态度，怎么说话……可没容我多考虑，第一位家长就已火速冒雨赶到了。

她是一位腿有残疾的母亲，我想上去扶她一把，她却比我反应快很多。她顺势倚在了我桌边的墙上，嘴里发出"呵呵、呵呵"的声音。这时，我才仔细看清了她的面貌，第一感觉就是她的五官位置不太协调，嘴角咧着，牙齿凸出，双目间距大，眼睛很大但并不是很有神。我的脑袋快速地闪过学生们一张张的脸，尽快比对着……她好像明白我的意思，痴痴地重复着："××、××……（她孩子的名字）。"然后她用并不灵巧的双手从衣服里拿出户口本复印件，还是那样笑呵呵地递给我。当我准备去接时，她又不好意思直接递给我，她轻轻地、小心地将户口本放到了我的桌角。我不知她是否认字，但当她看我在她孩子名字后面打了一个对钩以后，她从墙那边用力地向前站在了地上，像个学步的孩子，蹒跚着，离开了。刚到门口，她好像突然想起了什么，猛地转身，说出了三个字："管、管、管……"我知道，她是想让我好好地管她的娃。

我很担心她，想知道她是怎么下楼的，由于当时又有其他家长到来，我并没有亲自送她离开。

大概接待了十几位家长以后，一位本已经离开的父亲，又折返了回来。他的个头没有我高，很瘦，穿着一身旧军装，年代久远，感觉像在电视剧里见到的一样。他很不好意思地问我，今年的"两免一补"什么时候报名？没等我开口，他见我的反应后立马说："老师，我娃她妈在娃九个月大就不在了，我这身子还有病……"说真的，他说的这两句我听懂了，其他的我好像感觉自己在做梦。他的孩子很懂事，学习很努力，测验都是优秀，上课认真听讲，做值日很认真，为什么这种事情会落到如此优秀的孩子身上。我不敢相信，也不愿意相信。这位消瘦的父亲看我记下了他们的家庭情况以后，拜托我补助的钱一定要他来领，一定不能告诉孩子，这样他安心地离开了。直到他的背影消失在门口，我都没有缓过神来。因为这个学生，这个女学生，在我的课堂上，她的目光那么专注，笑容也是那么的天真灿烂……

最后赶到的家长上气不接下气，因为马上就中午放学了，他的户口本复印件上只有孩子的父亲跟孩子两个人，我以为孩子母亲的名字印在了背面，结果他又拿出了一张离婚证明说："我娃他妈走了（离婚走了），户口也带走了，我们家就我跟娃。"其实，一上午下来我发现我们班上单亲离异的家庭有十几个，占四分之一。

这项工作结束以后，我的心情很沉重。晚自习时我来到了班里，我又重新认真看了每一张稚嫩的脸。有的同学低着头没有发现，有的同学与我四目相对后马上变得很紧张，好像他做错了什么一样。我知道在他们一张张纯真无比的面庞下是一颗颗幼小而又脆弱、坚强而又自尊的心！每一个孩子，对我来说都是一本书，在我去填充他们的同时，他们也教会了我很多很多……

生活并不总是我想象的那么美好，周围还有很多我不愿意接受的现实，虽然出身已经定位，但命运，我坚信，一定会因为知识而改变！

娃娃们，加油！

小插曲

郭　璋

"老师，我的笔遗了，我的笔遗了，五支!"焦灼写满她的脸。

"遗了"，什么是"遗了"？身为东北人的我对当地方言真是一筹莫展。

看着她的表情，我试探着问："是笔丢了吗?"她点点头。

她的笔，而且是五支笔，在班里丢了，这意味着什么？

"我是老师，淡定，一定要淡定!"我在心里告诫自己。

我拍了拍她的肩膀，安慰她可能掉地上了，一会儿老师去帮忙找找，让她先去上课。其实这个孩子告诉我，她和同学已经找了两个课间了。

偷! 这个字眼像万箭心，如五雷轰顶，我坐在椅子上努力地梳理着思绪，我应该怎么办？

每个人对好的、美的东西都曾羡慕过，只是羡慕的方式和程度不同而已。别人有的，我也想有，甚至是必须拥有，这种"羡慕"可能滋生"嫉妒"，甚至发展成"恨"，久而久之，小小的虚荣心就会超越身体疯狂地生长、膨胀。

如果我展开调查，可能会直接把这个孩子揪出来，但是他们的世界观、人生观和价值观还有待于形成，他们正处于辨别是非、美丑的时候。如果揪出来，这对于他或者她的自尊心会有多大伤害呢？对于他或者她的人生将会有多大影响呢？可是如果我不处理此事，让他或者她开始存在侥幸心理，而后觉得无所谓、不在乎，最终把这种"拿"（我对学生真的不能用"偷"这个字眼）当做习惯，当做"荣耀"，那么就会彻底地毁了这个孩子。

说实话，我真的有些发懵，不知该怎么做。

这时，我想到了身为法官的妈妈。午休刚到，我赶紧给妈妈打电话，听到妈妈声音的一瞬间，我鼻子一酸，停顿了片刻，努力抑制住眼泪，和妈妈简明扼要地介绍了一下事情经过。妈妈立刻紧张起来，一连串地问："你是不是很着急？你是不是很难过？你真的没问题吗？"在得到我的肯定回答后，她平缓下来，告诫我一定要慎重处理，绝对不要造成伤害，形成阴影。她告诉我，可以讲讲小偷变大盗，走上不归路的案例；也要讲讲知错能改、悔过自新的案例。

我又向教过我的班主任们讨教。他们告诉我这样的事情应该具体情况具体分析，不同的孩子心理承受能力也不同，跟他们谈话的语气要适宜恰当，如果沟通不好很可能适得其反。

下午上自习课，我轻声地走进教室，眼尖的同学发现了我，立刻调整坐姿坐好。我故作轻松地说："今天我给大家讲节思想品德课。"我讲了两个结局相反的案例，然后让大家发言，孩子们热烈地讨论着。我突然话锋一转，很严肃地问："咱们班有个同学课间上厕所回来，发现丢了五支笔，大家知道吗？"全班顿时鸦雀无声，同学个个面面相觑。"是做个知错能改、悔过自新的人？还是做个小错铸大祸、走向不归路的人呢？"沉默继续。在提问的过程中，我迅速观察了一下每个人的表情变化，90%的学生都是惊讶，唯独一人除了惊讶，眼神中还有其他成分，我发现她在偷瞄我，我迎着她的目光，四目交汇，我心明了。

我再次被"师者，所以传道受业解惑也"这句名言折服了。

第二天一整天我都在焦急地等待着，热切地期待着。晚自习结束，我像往常一样在教室门口，目送每一个孩子离开，出门的每一个孩子都会欢快地喊一句："老师再见！"我也会微笑着回答："再见，路上小心!"

最后一个走出教室的她:"老师……"

我微笑不语。

她如释重负,大声喊:"老师,再见!"

我回头发现,在那个丢笔的同学的桌子上,整齐地摆放着——五支笔!

看着她轻快的背影,我长舒了一口气……

每天一考，日积月累；一站到底，初见成效

郭　璋

从来到刘家洼学校给学生们上第一堂课我就发现，孩子们普遍基础差。

第一次小测验是语文第一课的基本内容，八个词语、四个多音字、四个词语解释，对于这些已上初一的学生来说，我觉得没什么压力。测试结果：全班42人，只有一人全对，四人除了会写自己的名字，其他都是空白。看着他们的小测验试卷，再想想课上一双双求知的眼睛，甚至有人想把我说的每一句话都记录下来。我真的笑不出来，我很着急！

刚开始的每天一考对于我、对于学生们都很不适应。他们会感觉压力太大，基础差的同学更是记忆困难，毕竟语文的积累讲求日积月累。我呢，每天至少要花两个小时去批改42名同学的小测验，每个词、每个字、每一个拼音，甚至拼音的声调，我都看得仔细。再加上要备语文和思想品德两门课程，我有些吃不消。即使这样，每当我发现哪位同学有进步，哪怕多写对了一个词，我都会写上评语，鼓励他，让他知道他的努力是有回报的，并且老师全都看在眼里了。对于那四名只会写自己名字的同学，他们的试卷我从不打错号，只要他们写，哪怕写对了一个拼音，我都会画上大大的对号，我要让他们知道：你们是可以的！这样的日子在继续，在坚持，我相信日积月累的力量，孩子们也相信，他们在不懈的努力！

经历了快半个月的阴天，刘家洼的天终于晴了。现如今孩子们每天都会在早读时准备好测验的本子，课桌上跟语文有关的东西全都收好，同学们一个个坐得笔直，等待我口中念出的第一个生词，42支笔在一笔一画地书写，42个大脑在快速地回忆，42颗心在努力地记忆。最让我感动的瞬间就是，他们在默默地比谁写得最快、最好，写完后立即抬头坐好，眼睛齐刷刷地看着我，好像他们想要从我的眼神中看出下一个要考的词语是什么一样。有时我会问，你们猜我下一个要考啥，大家都兴奋地抢答，当我在下一秒说出要考的词语时，猜对的同学嘴角向上翘起……

第一单元的学习内容在摸索、适应中结束了。周末，我给学生们两天时间自行复习，跟他们说好了，周二晚自习来一次"大考"。他们问我怎么考？我说："你们猜！"

周二的晚自习终于在期待中到来了。其实我也很紧张，对他们是测验，对我也是检验，我的方法到底可不可行？

我的考试方法是这样的，依照之前班级分的四个学习小组，每组派五名同学作为代表，自行安排上场顺序；将黑板分成四个区域，每组一块；在听写的过程中，场上同学如果书写错误，那么自己下场回到座位，补位同学继续；最后决出优胜小组和全场表现最佳的同学。其他没有上场的同学在下面照常听写，场外全对的同学也会有奖励。当然，我之前答应他们的奖品早都摆在了讲台上——网购的记作业的小本子、小笔筒等。

上场小组选人参赛的时候我就发现，大家都在鼓励自己小组学得好的同学，我看得出，即使学习稍微差一点的同学也都跃跃欲试，毕竟代表小组去比赛赢了是有集体荣誉感的，是一件光荣的事，是一件对于他们这个年纪来说在乎的事！

比赛开始，各组的第一位同学都写得小心翼翼，生怕出了错，他们可能是第一次拿起粉笔站在黑板前并且还代表自己的小组，因此气氛格外紧张。我没有进行安慰，因为我知道这对于他们来说也是一个难得的锻炼心理素质的机会。有人粉笔移动的速度渐渐停了下来，他回头求助队友……"淘汰"开始了，场上、场下一声都没有，只有写字和我讲考题内容的声音。

比赛进入到了白热化的阶段，一组和二组已经与奖励无缘，场上还剩三名同学，三组一名女同学，四组一男一女，男生还在努力地写着。最后一首古诗的默写，是曹操的《龟虽寿》。两个人写完以后，我仔细观察了一下每个组同学的表情，三组同学都十分惋惜，连连摇头叹气；四组同学正在无声地欢呼雀跃。场上，三组的女同学很不好意思地看着自己的队友，她把"烈士暮年，壮心不已"写成了"烈士暮年，壮心不己"，真的就是差一点，"一点"而已；四组的这个为全组赢得胜利的男生的笑容已经挂在了脸上。经检查，场下的同学正确率也已经达到了80%，包括那四名同学，除了自己的名字，简单的词都能写对了。

接下来，是激动人心的颁奖环节。一个价值几毛钱的小本子递到替本组参赛的同学手上，我发现，有的人都涨红了脸。优胜小组学期评比分数加五分，好多人都在感叹和惊讶，更多的是羡慕和自豪。

本场表现最佳的同学，正确率98%，她的奖品是一个笔袋。在她接过笔袋的时候，我发现她的手是颤抖的，我把她拉到身边，揽住她的肩膀，轻轻地拍了两下，她终于高兴地抬起头看着大家。我知道，她很腼腆、很害羞，但她也很要强，她一定会为了那2%而自责，没关系，老师相信你，同样的问题这辈子你都不会再错了！

下课铃响起了，美好而又充实的一天就这样结束了。

"下课！同学们再见！路上注意安全！"

"老师再见！"

孩子们，我们的每天一考，我们的日积月累，我们的一站到底，初见成效！

我心月儿圆

郭　璋

这一天看了很多的团圆饭合影，听了好多的节日快乐，同样也送出不少的祝福，又是一年八月十五月儿圆，又是一年一个人离家在外……

明天学生第一次月考。说实话，自己这么多年经历过大大小小无数的考试却从没像现在这样紧张。三所乡镇学校的联评，说不在乎成绩是不可能的，我希望孩子们好好发挥，我更希望有好的结果，我渴望孩子们能明白，有付出就有回报。但是，我又纠结文科的日积月累，短时间见成效谈何容易，我害怕孩子们的积极性会因此遭受打击。

来到刘家洼，对我来说有太多的第一次：第一次登上三尺讲台；第一次被叫"老师好"；第一次领到劳动所得，即使并不多；第一次生活由自己一人打理；第一次近距离感受民风淳朴；第一次向自己初中的老师那样当"窗外的眼睛"。明天，将要第一次监考！

可能会有人说，当了这么多年学生终于当老师了，监考可要好好"行使权利"。其实，这一个月的日子让我深刻地感受到了教师这个职业的不容易，这是个良心活儿，每一位辛勤耕耘的老师都值得尊敬，每一名奋斗在教育事业上的人都值得赞颂，每一个为了教育而牺牲与家人同乐时光的人都值得我们说一声："您辛苦了！"就像此时的宿办楼，不少老师为了明天的考试都提前来到了学校一样。

本来到了周末对于我只有两个字：休息。因为周内很充实也很累，所以周末不吃不喝，一觉睡到九点十点，这在我看来真是最放松的事了。但是，总有学生一大早就跑到宿舍门口喊"报告"，不为别的，只为跟我这个会说东北话的老师聊天。每当这时他们都会觉得快乐，因为我会告诉他们很多他们不知道的事儿。

当他们发现每次来老师都在休息的时候，"聊天"时间就改到了下午，今天亦如此。他们三三两两地来到我的屋里，都背着手，笑嘻嘻地。他们让我猜手里拿的是什么东西，我嗔怪："老师不是说过什么都不要送吗，拿了什么都要带回去的！"他们一听急了："老师你看！"手都一伸：几颗剥好的核桃仁、完完整整；一朵小花，嫩黄嫩黄；一片写着"节日快乐"的叶子，字迹工整……说着，一个学生把核桃仁送到我的嘴边，跟我说："老师，我这个剥的比他的好，你吃我的！"看我把核桃仁放进嘴里，他们一起笑着跑开了。我并不是第一次吃核桃仁，但这次的，最香！看着这些小物件，我很感动。他们听话，不送花钱买的东西，但他们知道表达自己的感情，真心地送心意！

看着他们的背影我突然想到一幕：前几天晚自习下课，我走出教室自言自语说了一句："天这么黑，都看不见路。"说着往宿舍的方向慢慢走着，渐渐地觉得好像也没那么黑了，咦？怎么还有一束亮光跟着我呢?！一回头，两名女生正拿着一个并不大的手电筒在给我照亮，看我发现了，她俩便转身跑开了，此时我已经到了宿舍楼下，有了光亮。我来不及喊她们的名字，只喊了一声："路上小心！"。望着那个小手电筒的一束光消失在视野，我都没发觉，自己的嘴角，在上翘。

今天，同样的背影，同样的欢笑，同样的夜。

我抬头向上看，阴天并没有明月高悬，但我心月儿圆。

孩子们，明天加油！

回　家

郭　璋

"父母在，不远游。"这句话在我的身上，或者说在我们这代人的身上都得到了充分的反证。每一个年轻人的父母都希望自己的孩子有出息、有发展，走得越远越长见识，哪怕不能常陪伴在老父老母左右，哪怕想孩子偷偷伤感也要咬着牙、狠下心说："我才不想你，家里也用不着你惦记……"

话是这样说，我们这些离家在外的"没良心"大军，真的不惦记家里么？真的不想念自己的爹妈吗？这不需要回答。父母也一样，对于我们所经历的，所感受的你再怎样打电话，甚至视频给他们看，他们也都是千个担心，万个牵挂。

爸妈结婚二十几年从没在一起外出旅游，更别说度蜜月了。此次国庆假期，他们约定好后告知我务必要来看我一趟，无论我说什么，他们都毫不动摇，我只能妥协。六天，我们一起在我支教的小山村度过，也是他们迟到了二十几年的"蜜月"之旅。

我数着日子等他们来，他们盼着时间快点到。

一个天不太晴，有微风，有点凉的下午，他们站在了刘家洼学校的大门口，我下楼去接他们的时候，我就在想，他们见到我会怎样呢？两分钟的路程好像两小时一样漫长。

果然，见到他们，妈还是有所掩饰自己的感情站在那看着我，一副"嫌弃"的表情，说："完了，我老姑娘真的是乡村女教师了，面露菜色！"爹则像往常一样一把搂过我，捏捏肩膀，握握手，我也自然而然地挽着他的胳膊，拍拍他的肚皮，他感叹道："哎呀，我的天呐，我老姑娘这下可没少瘦，我看还得再接再厉呀！"我顺势捶了他一拳。就这样见面的第一句话，让学校看门的大爷、大娘面面相觑，没办法，叫我怎么解释这来自东北、来自家乡的幽默呢？

说实话，我自从来到刘家洼学校，出学校大门的次数都是有限的，但是爹妈一到，简单安顿好以后，爹就迫不及待地要到学校周围勘查，职业习惯让他觉得什么都没有女儿的安全重要。妈呢，掀开床单看看褥子铺得够不够厚，走进我的小厨房看看缺啥少啥。考察结果他们非常满意，无论从校园安全还是个人生活条件，刘家洼学校都让他们太满意了。

第一顿饭是我做的，简单的东北口味饭菜，一家三口吃得很香。我知道自己的厨艺远不如妈，但我想让他们吃一口现成的热饭热菜，对于长年离家在外的我，这辈子又能给他们做几回呢？

刘家洼学校后面有一个良周村，有良周遗址古城堡、秦汉宫，是刚刚开发的一个文化景区。这成了我们一家这几天游玩的好去处。步行半小时，一路上看到苹果树、柿子树和花椒树，黄花菜和圣女果让人应接不暇。东北人哪见过长在树上的大柿子，这着实让爸妈新鲜了一回，野生的柿子树除了用"硕果累累"这个词，我就再想不到其他的词汇来形容了。他们第一次体验了在树上采摘柿子的乐趣，看这个好，一抬头又看到一个更好的，不一会儿就摘满了一袋子。回去的路上，三个人轮流提着装满柿子的口袋，好像这一袋子重量就如同家庭的责任，我们一起来分担。

陕西遍地是历史，到处都有文化，尤其是当地的面食文化，小小的一个刘家洼，把我爹这个土生土长的东北大汉彻底征服了。无论是水盆羊肉、旋面，还是羊肉饸饹、油糕、秦味果子、麦子泡，都是令人无比享受的美食。天阴阴的，来上一碗热气腾腾的羊杂汤再配上两个手工馍馍，美得很！

我在网上买的电暖气到了，爹跟我去取。路不算近，油暖的电暖气很沉，一个扁扁的大箱子抱也不是、提也不是。爹怕累着我，半蹲让我搭把手，一起身，那大箱子便扛在了他的背上。他半弯着腰，手向后紧紧地扣着箱子底部，一步一步向前走着。我走在他的后头，就像小时候一样。我知道他最近膝盖不太好，经常疼，有时候上楼很吃力，但此刻我想要替他分担，他却"健步如飞"不让我搀上，口中还振振有词："男人嘛，这点事算个啥！"我想他肯定知道，我的手一直在后头托着。

美好的时光总是过得很快。六天假期即将结束，他们要回家了。我联系了镇上的车，安排了机场的接送和住宿，不想他们人生地不熟、语言又不通的自己去奔波，毕竟他们也都已年过半百，不那么年轻了。

我目送他们上车，妈还是那样深藏着自己的情绪，上车就摇上了车窗，爹则摇下车窗必须跟我目视告别。车开走了，我看得到他们都回头望着我，在这一瞬间，我想到了龙应台的《目送》："我慢慢地、慢慢地了解到，所谓父女母子一场，只不过意味着，你和他的缘分就是今生今世不断地在目送他的背影渐行渐远。你站在小路的这一端，看着他逐渐消失在小路转弯的地方，而且，他用背影默默地告诉你，不用追。"我想到了妈来之前微信朋友圈的状态：你在哪，我们就去哪，家就在哪！当时我觉得很矫情，而此刻……我真希望时光慢些走，我真希望父母不要老去，我真希望我永远不长大，我真希望我永远在他们身边。但生命中太多的情绪是我们无可奈何的力不能及。

回家，回"家"，一路平安！

回家，回"家"，女儿在刘家洼，勿念！

回家，回"家"，望每个在外求学、打拼的孩子，早日"成"家，接来父母，阖家团圆！

向课堂四十分钟要成绩

郭 璋

"向课堂四十五分钟要成绩!"（当年我们一节课45分钟）这是我初中班主任经常说的一句话，这句话深深地烙在了我的心里。

当老师快两个月了，我越来越觉得课堂上的四十分钟有时候真的很短，备好的课一半都还没讲完，下课铃就响了。不能怪孩子们理解能力差，不能怨他们接受不了，不能恼教学进度赶得紧。只要有信心，多上几节课又有何妨？可有的时候又觉得四十分钟很长很长。监考，看着孩子们奋笔疾书或者皱眉思考，恨不得自己夺了他们的笔，自己去答题；尤其是看到他们答错了问题，更恨不得用眼神"警告"他们：同学请注意，你已进入"雷区"！

昨天，我给孩子们系统地讲修辞，在我看来很简单的修辞：比喻，在他们看来仅比喻的分类，明喻、暗喻、借喻，已经开始傻傻搞不清楚了。看着他们急切学习但又困惑的表情我真是哭笑不得。说实话，我在他们这个年纪肯定也是这样的。对于我们班42个娃，他们的心往一块想，劲儿往一块使：他们要学习，要好好学习！这对我来说，作为我的动力足够了。

首先从修辞的定义入手，我说"定义"二字，全班迷茫，我又说："让我们一起来看修辞的含义。""含义"二字，全班恍然大悟，还有人发出了"啊——"的长音。并且我发现不少同学都在本子上写下："修辞的含义（定义）。"没写的同学我看他一眼，他马上心领神会！我真觉得，从开始到现在，有很多他们不知道、不了解、甚至没听过的东西，他们主动去记、去查、去问，这就是进步！活生生的、可以看得见的进步！

明喻，很简单，孩子们欣然接受，这是他们最会使用的。明喻包括句子当中的"本体""喻体""比喻词"，而比喻词也是最明显的，如：像、好像、如、如同、似的、仿佛、像……一样、如同……一般等。

暗喻，就有一点点难度了，有些学生开始面露疑惑，暗喻依旧有本体、喻体，只不过比喻词不那么明显，需要去体会，比如：是、就是、成为、变成、等于，这些词孩子们一时还记不清楚。于是，我列举了大量的句子让他们来判断。课堂上的每一分、每一秒都是紧张而又充实的，我不可能让学生们等我想好了句子再让他们判断。我深刻地体会了几个成语，什么是"毕生所学"、什么是"脱口而出"、什么是"文思泉涌"，孩子们听得明白，理解得透彻，我呢，讲得畅快！

借喻，太难了，怎么办？本体、喻体都不出现，而是借用喻体直接代替本体。我光是把借喻的含义念了一遍，他们的表情就告诉我：老师，你说的是外语么？我真着急！我干着急有什么用？我发现，自从我登上讲台的第一天起，急躁火爆的脾气就在渐渐离我远去，所以，此刻，我换了一种"轻松"的心情，"高兴"的神态。学生一看，诶，老师讲的内容我们不会，老师也不生气，他们也都长舒了一口气。语文书上的例子对他们有些难度，于是我想起了自己初中语文老师讲借喻时举的例子：星空中银盘高挂。我问："大家猜猜银盘指什么？"同学们异口同声："月亮！"接着聪明的娃娃们"哦……"我知道，他们开始理解了。趁热打铁，"飞跃的羚羊，勇夺奥运银牌""他摇曳着一头蓬草，冲出门上学去""骤雨过后，荷叶上留下一颗颗珍珠"等句子，让42张脸上开始泛出笑容。接着加大一点难度，"看吧，狂风紧紧抱起一层巨浪，恶狠狠地将它们甩到悬崖上，把这些大块的翡翠摔成尘雾和碎末。"我问："这句当中'大块的翡翠'指的是什么？"同学们开始抢答，你不让我，我不让你。待我公布答案，"大块的翡翠"指代巨浪，答对的同学高兴地喊"耶"，答错的同学则涨红了脸。我知道，答错的同学心里肯定想：下一题我一定要答对！新一轮的抢答开始了。"我就知道，我们之间已经隔了一层可悲的厚障壁了"当中的"厚障壁"指代什么？我没有想到大家再次异口同声地回答："代沟！"其实正确答案是"隔膜"，我知道他们想表达什么，只是他们再想不到能表达自己想法的词汇了。当我公布这道题的答案时，从他们的眼神中我可以看出他们对学习新知识的兴奋和喜悦。

"铃铃铃……"下课铃响起了，你看，这四十分钟不知不觉就在大家的抢答声中过去了。

今天我给他们讲的是老舍的《济南的冬天》，我一边读课文，一边梳理文章脉络。这名同学哪怕读错了一个字，下一名同学赶紧站起来继续。坐下去的同学懊悔怎么就没注意呢，站起来的同学则很激动，因为终于轮到自己了，要格外地小心。

我听着全班 42 个同学都站起来过了一遍后，强调了重点字词、词语解释、多音字等，我的"结构图"也绘好了。他们惊讶这个西农来的女老师除了会教语文、会打篮球，怎么还会画画儿呢？哈哈，我知道，是学生们不嫌弃我的绘画水平罢了。学生们喜欢我这个老师变着花样进行教学，我更喜欢学生们用心、开心的学习。

这不，又打下课铃了，这四十分钟我讲完了我该讲的，孩子们也越来越能跟上我的节奏，就像课文中说的："这就是冬天的济南。"那么，这就是我们一块儿，向课堂四十分钟要成绩！

天渐冷，情愈浓

郭 璋

周末连着下了两天的雨，真应了那句：一场秋雨一场寒。

马上就要期中考试，我很着急，我的娃儿们，我想他们肯定能感受得到。周一来到学校，我检查《春》这篇必背课文的背诵情况，结果让我很不满意。教室里，鸦雀无声。说实话，我很想发脾气，我想问问他们周末都干什么去了。

其实，之前有同学不完成作业，我问："为什么？"那会儿正是秋收，他回答："到奶奶家帮忙收玉米去了。"我无以应答。别看他们长得小，都很瘦，尤其是男孩，现在家里有什么活儿，他们真的是一把好手。我曾惊讶于在田边看到我们班的、坐在第二排的、身高不足一米五的一个男孩，他赶着牛车，车上拉着刚收回来的玉米和他年迈的爷爷奶奶。当时，我对这个孩子"刮目相看"，我真的没想到，若不是亲眼所见，我也想象不到。

一分钟不到，我调整好自己的情绪。

我说："既然让大家自己背课文，你嫌孤单，背不下来，那我们就一块儿背！"一天时间，我们把《春》十个自然段当中的前三个自然段"拿下"！孩子们一听，乐了，纷纷拿起书，"干劲"十足。我说："同桌两个人互相督促，互相考，背课文就要一字不差。晚自习我们来一个比赛，谁背的最好、最准确，老师有奖励！"他们都跃跃欲试，纷纷点头答应。其实，在学习上，我觉得跟他们的这种"约定"是很奏效的，孩子们期待老师的奖励和表扬，他们知道努力的方向，就是不断向前方！

其实，我还是有些担心的，因为我要求他们42个人每个人都做到该背的都要背下来、该记的都要记住，这有些不太可能。我很关注四个孩子，我可以毫不夸张地说，她们基本上考试七科总分不会过百。但是，我没有放弃她们。当我考生字、生词时，我总是让她们拿出本子多写写每一课的字词，哪怕能记住一个简单的也好，毕竟也是收获。当我讲作文时会举很多例子，有心的同学都会记下来，但我不强求她们，哪怕她们在听我讲到好笑的地方能偷偷地笑一下，我也满足了。因为我知道，她们听懂了。

晚自习，在我的"期待"中到来了。

我一进教室，大家就立刻收起语文书，一个个坐得笔直，等待检阅。按照惯例，从1号开始（我给他们编了学号），依次往下，背错或者有迟疑者，将被下一名同学取代，站立到所有人都背完再进行背诵。谁都不愿意在大家面前站着，娃儿们一个个马上紧张起来。

果然，效果比早上好太多了，男同学快轮完了（男生学号在前），基本就没有站着的，有谁稍微要迟疑的，大家都跟着他一块儿着急。这样的学习氛围，大家欣然接受。

我意识到，马上就到女同学们了。而女生学号第一个就是我关注的那四个孩子之一——她非常的腼腆，与我眼神交流的次数基本为零。我在想，如果我让她背，她站起来但是背不下来，大家肯定觉得她耽误时间，甚至还会有同学"说"她；如果我不让她站起来背诵，那么在她的心中、在其他同学的心中，是否就觉得老师"放弃"她了呢？

不容得我再多考虑，一双眼睛"胆怯"地与我四目相对，是她，23号，她站起来了。她的眼神里带着一份无法用我平时对她的印象言说的坚定。我知道，她要给我，给全班，带来一份"小惊喜"。她一字一句地说："老师，我能背下来！"我说："好！开始！"

"盼望着，盼望着，东风来了，春天的脚步近了。"

"一切都像刚睡醒的样子，欣欣然张开了眼。山朗润起来了，水涨起来了，太阳的脸红起来了。"

"小草偷偷地从土里钻出来，嫩嫩的，绿绿的。一切都像刚睡醒……"

她背错了，可能是太紧张，又背回了前面。我也很紧张，我害怕同学们发笑，但是同学们都在屏住呼吸等着她；我害怕24号马上站起来，不给她机会，但是24号小声说了一句话，虽然我没有听到，但我看到的口型是：加油!

她涨红了脸，抿着嘴。我不再直视她，在教室里来回慢慢地走着，教室很静很静，只听得见我的脚步声和大家的呼吸声。

"园子里，田野里，瞧去，一大片一大片……"她认真地背诵着，偶尔有停顿，大家也都耐心地"鼓励"着她。

终于，她背完了。全班，掌声雷动。

她，又是腼腆地坐下了。我，转过身，面向黑板，"假装"给她相应地组里加分，我很感动，眼泪就在眼圈。再转过来，看到她，感觉她就像渐凉秋夜里的一道光，温暖而又闪耀。

今天，我仍沉浸在昨天的"小惊喜却又大感动"当中，虽然一上午要上四节课，但是动力十足，正能量满满。下午还要上三节课，中午还要检查学生们接下来课文的背诵情况，做午饭的时候不小心切到了手，我打趣道："也就我这个左撇子吧，左手拿刀，切右手。"

下午上课，学生们看到了我手上缠着创可贴，写字，很不方便。他们说："老师，你别写了。我们不会写的字，我们自己查字典。"我很欣慰他们这样懂事。我说："老师可是个左撇子，会用左手写字的哦!"说着，我用左手拿起粉笔，还算"流畅"地写起了板书。孩子们丝毫没有嫌弃。

夜幕降临，晚自习结束，一天的教学保质保量地完成了，我很开心。回到宿舍，真想一头栽倒在床上睡到明天，还没等我的头挨到枕头，门外就响起了一声："报告!"我开门一看，是我们班上的"捣蛋鬼"，我把他放在眼皮子底下看着。我知道他虽然很顽皮，但绝对的聪明，好好管教，肯定差不了。他伸出手，原来是半卷纱布。他说，"老师你快拿着！我妈还在楼下等我呢。我妈说了，手坏了不能一直贴创可贴，那个捂得很，纱布好，我的纱布最好！"说完，他把纱布往我手里一塞，跑开了。

我喊他都来不及，从三楼看下去，他一个人早已跑远了。其实，他父母都在外打工，他跟爷爷住，家就在学校附近。大概等了五分钟，我给他爷爷打电话，谁知是他接的，上来就说："（模仿小沈阳的声音）老师，我到家啦！"这个调皮的孩子，实在是让人又气又爱。

这时，我才意识到自己只穿了一件单衣站在夜里，有风，很冷。再看看在黑夜里白的发亮的纱布，我的心里无比温暖。

孩子们，谢谢你们。老师的付出，因为你们才更有意义，你们就是我更多努力、更多投入的动力，你们就是我正能量的来源。

天，虽然渐渐冷起来，但我和娃儿们的师生情谊，姐弟、姐妹的情谊，正像那一坛醇而香的美酒，愈来愈浓！

孩子，别哭！

——和全校师生一起观《念书的孩子》有感

郭 璋

第一次观看露天电影，《念书的孩子》，和全校师生一起，在夜风中，我们一个挨一个地站着。

清晨的山路上满是雾气，一辆客车开走的声音，没见人影却听到一个男孩沙哑着嗓子哭喊："爸爸！妈妈！爸爸！妈妈！"随之，小男孩奔跑的身影停在了空无一人的山路上，天很冷他却没穿外套，稚嫩的脸庞上挂着两行泪……电影就这样开始了。说实话，我的第一反应以为这是一部地震之类的灾难片，但马上我脑海赫然出现四个大字：留守儿童！因为昨天刚建立了我们班上留守儿童的档案。电影开篇，我即鼻子一酸。

就像我们班很多的孩子一样，父母外出打工，由爷爷照看主人公路开的学习和生活。开开捡了一条小狗，叫小胆儿，它的胆子特别小，但是很聪明，一步不离地跟着开开，开开也把它当成自己最好的伙伴。

爷爷身体不好，吃药的钱都不够，更别提交电视费了。开开放学没有电视看，爷爷怕他无聊，就哄着开开念课文。开开经常念"白字"，爷爷却也并不在乎，只要开开有事做就好。开开的班主任也是一位年轻的女教师，她在读开开写的作文时被感动得潜然泪下。开开受到了表扬念书更起劲了，念完了课本，就给爷爷念《岳飞传》《三国演义》。

好景不长，爷爷有一天突然躺在床上没了呼吸。父母回来安葬了爷爷以后，自然要带开开进城，但开开知道同村的小伙伴跟父母进城就找不到学校念书，因为他想继续念书，所以他坚决不同意进城。开开的父母也很为难，父亲打工住工棚，母亲给别人家当保姆，自然开开去了也都不方便。况且他们一时在城里还找不到学校让开开念书。父亲跟开开的班主任反映了情况，老师同意晚上让开开来自己家住，这样问题得到了解决。

但是把一个九岁的孩子留在家，再怎么说父母也舍不得。开开爸妈开始给开开准备所有的生活用品并逐一交代好，第二天一早便在开开还睡着的时候悄悄回城了。开开醒来发现爸妈不见了，追到村口大哭了一场，就这样，开始了自己一个人的生活。没有了爷爷的陪伴，开开总是心不在焉，不是把饭烧糊，就是上课迟到。后来开开干脆不做饭了，和小胆儿一起啃馒头就咸菜喝凉水。

班主任老师家有条大黑狗，开开带着小胆儿去老师家睡觉的时候，大黑狗一叫唤，小胆儿就吓得钻到床底下不敢出来。开开心疼小胆儿，就跟老师说换个地方睡不着觉，还是想回家。得到老师的允许后，开开就带着小胆儿回家了。一天，开开晚上做噩梦，被吓醒了，哭着给爸爸打电话。漆黑的夜，一个九岁的孩子害怕的哭声是那样的揪心。于是，爸爸想方设法托关系，终于可以让开开进城念书了。

电影的最后一幕：进城不管是坐车还是以后照顾小胆儿都有困难，开开一边喊着哭着叫小胆儿，跟小胆儿说："我在前面等你。"可是再怎么样，小胆儿拼命地追赶汽车，汽车也是越走越远。山路上只留下开开的哭喊声……

电影结束，组织本班学生回教室准备放学，我一转身，看到了我们班上的一个女生在偷偷地抹着眼泪。没错，她就像开开一样，也是一名留守儿童，我回想起了报名的时候第一次见她和她奶奶的情形。

我清楚地记得她是最后一个来报名的，因为报名时间已经过了，我正在吃午饭。一个老奶奶被懂事的孩子搀扶着，从门口到我桌子三米远的距离，我可以用一个词"挪"来形容这位老奶奶的步履，我上前去扶，她不好意思地笑笑，说什么我没听懂。近了我才发现，老人家眼睛不好，可能看东西都很吃力了。她问我多少钱，我领会是问交多少钱，我说教辅书也就是练习册和本子费一共 265.72 元。她惊讶了一下，颤微微地从上衣自己缝的内口袋掏出很多零钱，孩子跟着一起数。我担心的还是发生了，钱不够，差 50 块钱。老奶奶很着急，跟孩子说着什么，我还是听不懂，但是我觉得她是让孩子去借钱，我急忙说："没事，我给您先垫上，明天正式上课了再给我也可以，不急。"孩子抢在奶奶前头用很小声的普通话说："谢谢老师！"说完，她开心地笑了，很灿烂。然后孩子又跟奶奶"翻译"了一遍我的意思。奶奶把包钱的手帕放好，手更颤了，想要握住我的手，但手伸到一半又慢慢地退了回去，依旧是不好意思地笑笑，最后说的我听懂了："谢谢娃。"

其实后来我都已经忘了这 50 块钱的事了，开学快一个星期，这个孩子午自习前来到我的宿舍，递给我一沓钱，五块、一块、五角的都有。她说："老师，还给你的 50 块钱，我数了好多遍，你也数数。"说实话，我不想数，也更不想要，但我抬头看到了目光如此清澈单纯的孩子时，我知道我收下并且当着她的面数清楚才是对她最大的尊重。我数过，说："对着哩！"她才开心地笑着跑开了。

其实在今天之前，我对当时这个孩子看电影哭了的理解都少了些什么，直到今天我在路上碰到她骑着自行车，见到我，她高兴地停下来，问我去哪，还要载我一段，我说，不用啦，老师走走。反过来我问她："你干嘛去呀？"她不好意思地说了一句："给奶奶'送'点钱去。"她的眼神里哀伤大于腼腆。我低头发现车把手上挂着一串纸钱……

看着她离去的背影，我恍然大悟，肯定是看电影的那天陪她来中学报名的奶奶已经不在了！她哭得才会如此伤心，那么唯一照顾她的奶奶不在了，她现在的日子又是怎么过的呢?! 电影中开开啃着冷馒头的镜头就在眼前，我不敢再去想。因为这个孩子的父母都在南方打工，谁来照顾她呢?!

我加快了脚步，回到宿舍查到她父亲的电话，拨通后得知，现在姑姑在照顾她生活和学习，我悬着的心才放下了。

想着那天看电影伤心偷偷哭泣的她，我想对她说：

孩子，别哭！父母为了你奔波在打工的路上。

孩子，别哭！奶奶在天上希望你学习要进步。

孩子，别哭！老师相信你努力愿望就会满足。

孩子，别哭！你的笑容化开一切烦恼和困苦。

孩子，别哭！还有很多叔叔阿姨的关心爱护。

孩子，别哭！要相信，你明天定会大展宏图！

爱，无声

郭　璋

每周五下午第六节课上完，孩子们就放周末假了，此时校园会一下子变得格外寂静。开完了一周的总结会议，我独自走回宿舍，像以往一样。

最近我一直在思考一个问题，可以说一没人的时候我就会陷入这样的思考：孩子们数学差，数学普遍基础就不好，我作为一个教语文的班主任，我应该怎么做？我能为他们做些什么？倘若我在课余时间给他们补数学，我又应该从哪里补起？如果我利用周末开一个"辅导班"，那么孩子们的安全问题谁来负责？如果我对这个问题"视而不见"，一年以后我是离开了，那么他们呢？他们要留在刘家洼一辈子吗？这样的思考一想就会停不下来……

此时，站在我宿舍门口的两个人打断了我的思考。她们一个是我们班学习很努力的一个女同学，她身旁站着一位腼腆的中年妇女。我赶紧迎上前去，我知道从放学到现在最起码已经过去半个小时了，她们也已在我的门口等了半小时。我让她们进屋，孩子不好意思地笑笑，她身旁的阿姨也笑笑，俩人都没动。看得出阿姨刚干完农活，身上满是泥土，况且天还下着雨，我继续让她们进屋，她们依旧没有说话，但眼神更坚定地拒绝了我。我不好再说什么，问我的学生："这位是……?"学生看了一眼"阿姨"，笑了，很甜，大声地告诉我："这是我妈!"孩子的母亲也笑了。我想要跟她握手，她却挥挥手示意我不要。

其实，我是一个十分开朗外向的人，不知怎么一时之间也变得局促起来。

孩子告诉我："老师，我妈想跟你说一件事儿。"接着，她望着她母亲。这一望，好像给她的妈妈鼓了很大的勇气一样。她的妈妈用手不断地比画着，嘴里发出"呜呜、啊啊"的声音，很是着急地想跟我叙述着什么。我一时间懵了！真的，我第一次零距离接触聋哑人，第一次跟他们进行沟通，我完全不能理解她的意思，更何况这不是别人，她是我学生的家长啊！

待她母亲讲完，我求助似的看了看孩子，我以为孩子会给我"翻译"，可是她没有，她示意母亲"说慢一点"，于是她妈妈又重新来了一遍，只不过这次"一字一句"，比画得也更详细了。我慢慢地领会着她的意思。用手在空中写着：1、2、3、4。我说："您的意思是不是很着急孩子的学习，是不是孩子的数学不好，想让我补补课？""哩哩哩哩……"母亲口中发出一连串的赞同，笑了。我也笑了。我告诉她："阿姨，周末给学生补课是不能来学校的。因为孩子在路上的安全没有保障，一旦发生什么危险，这个责任我们谁都承担不了。我可以在每天吃晚饭的一个小时中抽出半小时给她讲讲不会的、不懂的，您看怎么样？"她也没"听"懂我的意思。孩子轻轻拍拍母亲的手，用她们母女特有的沟通方式进行了翻译。母亲明白了我的意思后，她激动地伸出了双手想要握住我的手，可她的双手在半空中又转变了方向，最终将孩子的手放到了我的手里。我知道，她这是把孩子放心地交给我了。

我以为我们的"谈话"就这样结束了，谁知她的母亲突然"问"我，她指了指我的衣服，上面有水珠，"说"着就要把自己手里的伞递给我。我明白了，我"说"会议室离得近我就没拿伞，不碍事的。此刻，我也学会了"手语"。她懂了我的意思，笑得很开心。孩子拉拉母亲的衣角，母亲微微地弯了弯腰，我知道她们在跟我道别，而我的学生也懂事地大声说："老师再见！"我说："再见，路上小心，照顾好妈妈！"

目送这对母女下楼，我就在想，常人一句话的事儿换做了这位母亲竟跟我"说"了快半个小时。我却也不觉得这半个小时有多长。看着雨中相互依偎的母女，我有很多话想说，有很多想法想表达，但此时都不如无声地感受、体会来的实际。

就像孩子无声地鼓励母亲、尊重母亲；

就像母亲无声地为孩子学习着想；

就像这对母女无声地依靠着彼此；

就像此刻我耳旁只听见雨声，

因为，爱，无声。

聪明的"傻"孩子

郭　璋

最近，我发现了一个问题。

我们班上一个很懂事、很聪明、很好学的男孩上课经常"放空"自己，他的嘴角还挂着甜甜的小微笑。每当我"提示"他的时候，他总是立马收起笑容，以最快的速度重新投入到学习当中。可是他真的"入"进去了吗？我很担心，长此以往会怎样呢？

发现问题，就必须解决问题，我迫不及待。

周末，我隐身登录QQ，去孩子们建的群里逛逛。期待找到问题的答案。我就知道，不可能一下子就发现什么破绽，谁又不是没当过孩子，我回想自己当年跟老师、跟父母，尤其是跟母亲，无数个"斗智斗勇"的画面，不禁发笑。其实，跟孩子们在一起的时光，总会让我想起自己的七年级，那么幼稚的聪明着，那么天真地执着着，那么傻地跟所有外物抗衡着。

"嘀嘀嘀……"一连串的提示音打断了我的回忆，我立刻好像渔夫一般，摩拳擦掌，待鱼上钩。

其实，我前一天在群里说了一句话，但那不过是我的"诱饵"，我说："谁家离得近，老师周末可能会去家访哦。周末别出去胡跑，都好好学习！"有人开始回复了："好的，老师！"还有人说："老师不在，你说话老师又看不到。"现在，又有人说话了，是我期待的那个，他说："老师咋看不到？等她想看的时候就看到了！"班上一个很开朗、学习也很优秀的女生说："就是，老师的手机肯定是有提示的！"这个男孩呢？发了一个打招呼的表情，接着，两个人有一搭没一搭地欢快地聊起了天，聊天的内容没什么特别的，无外乎这个作业你写完了没，那个题会不会之类。

我，对答案已经猜个八九不离十了。

第二天，我发现他的头像亮了。我知道，是时候捅破这层窗户纸了。我说："在干吗呢？"他："老师好！刚学习完，上网放松一会儿。"我说："那我问你一件事怎么样？"他："啥事？"我："你有喜欢的人对不对？"他说："啊？"我说："我知道是谁！"他说："没有啊。"我说："就在我们班上！"他说："谁啊？"我心想："小伙子，挺聪明啊，自己不承认，让我来说？想得美！"我又说："你真的让我说吗？你难道连她的名字都不敢说？我既然问你了，说明什么呢？我知道她很优秀，人也好，那么你觉得自己比她强吗？"他：……（沉默）在他沉默的两分钟里，我脑子飞快地想了很多，如果他不"承认"怎么办？如果他不"相信"我怎么办？我知道，这个年纪的孩子对于他们所做的一切，"信任"二字比什么都重要。我又说："其实老师的年龄也大不了你们多少，跟你们的哥哥姐姐一样，你觉得我发现了你的小秘密会告诉你的家长吗？我肯定不会。因为我也是从你们这么大过来的，有一些想法太正常不过了。你只有跟她一同进步，才可能会有你想的以后怎样怎样。倘若人家一直很优秀，两年以后考上了县城的高中，那么你呢？你还想留在刘家洼吗？"我说到这儿，他不再沉默了，他说了一个人的名字，没错，就是我猜的那个女生。他又说："老师，我真傻，最近总是听不进去课，不知道该干些啥，唉……"说实话，此时我的第一反应是想笑，小孩子家还会叹气了，还会跟我使用省略号了，但是我必须趁热打铁，不仅要以一个"知心姐姐"的姿态"教育"他，而且更要以老师的身份去鼓励他。于是乎，我们展开了近一个小时的谈话：我告诉了他当年我的糗事、傻事，他也说了更多的想法和心里话，最终我答应替他保守这个"小秘密"，他也答应我不再做"傻"事儿。我们达成了一致的目标：学习最重要，所有的一切小喜欢、小情感都可以被妥善保存，细心安放，待她到来鲜花自开，不是吗？

谁的青春又不曾迷茫？谁又不是现在回想当年觉得自己好傻、好幼稚呢？我知道这其中的滋味，说少了、说浅了、没说到心里去，孩子以后会对你产生"抗拒"，说多了则会更加"叛逆"，就像炖汤，火候要掌握得恰到好处，鲜美多汁的浓汤入口才会唇齿留香，回味无穷。毕竟在最美的年纪遇到"你"，没有太多的想法和考虑，只因为是你，走在微风的林荫下，头发被吹起，你抬手不经意地一捋，让我尽收眼底……

困扰我的问题已经解决，我合上电脑，满是回忆。昨天的你、我、他，也曾是聪明的"傻"孩子，而今却也历历在目。

小病初愈

郭　璋

我以为每个人小的时候一定都得过腮腺炎，所以我觉得我肯定也不例外。当大夫用浓重的陕西话告诉我病情时，我还继续给自己争取机会，我说："这个病不是得过一次就终身免疫吗？"大夫说："这娃，咋净胡说哩！"我……

实在疼得张不开嘴，接电话再也瞒不住远在家乡的爹妈。在电话里我向爹妈求证了"我的以为"，结果二老一口咬定：我根本就没得过！对了，大夫还说了，这病越大的人得上，越是遭罪，还不如娃娃呢！我……

长这么大从来没对"吃"这个动词失去信心，可如今，喝粥都是难事，空有厨艺和食材，无奈实在是张不开嘴，不能咀嚼，不能讲话，世界瞬间失去了颜色。我……

每天按时挂吊针、吃药、多喝水，心烦，气躁。

我很着急不能给孩子们上课，进度落下怎么办？我很担心，如果周五病还不好，开不了期中考试家长会怎么办？我很忧虑，我的学生考的成绩不理想，怎么办？我很害怕，自己是过敏体质只能打药力弱一点的消炎针，三天了不见好转，父母担心怎么办？夜晚的到来更让我头疼，躺下去一动不能动，疼得睡不着，我可怎么办？我觉得自己考虑的和现实发生的交织在一起就快衍生出"十万个为什么"来了。

（一）

日子，就这样缓慢的文火熬着。

看门的大爷来找我，必须带我走！没容我多想，我们已经行走在了乡间的小路上——去卫生院。大爷说了，给你看病的那个医生医术不太行，我带你找个更好的，全方位查查。因为耳朵根连着脖子那一块儿很疼，所以我只能微微地点头，其实，心里早都感动成河了。经过了化验和再次问诊，医生给我开了特效药，还告诉了偏方，虽然还需要继续挂吊针，但瞬间我觉得心里有底了。大爷也是快七十岁的人了，楼上楼下跟我跑了好几趟也有点气喘吁吁，开好了药，我让大爷先回学校，我上楼打针。可当我因为不想看针扎进去那一瞬而歪头往门外看时，发现大爷就在门口，他对我说："没事没事，不看她扎，一下就不疼了。"大爷还是等我全都弄好了，还让我坐在暖气边，看我真的没什么需要了才离开。

看着他的背影，我突然发现好像老人的背影都那么神似，肩膀有些压低，走路也慢慢地，出门的时候遇到门槛，也会用右手扶一下门边，小心地迈出去，也会像那个曾经无比疼爱我的姥爷一样回头再看我一眼，也会点点头……那一瞬间，我彻底受不了了，闭上双眼，尽量不要让眼泪被别人看见。

（二）

日子过得渐渐快了些，不再熬，而是小火去炖。

每天在校园里无论碰到哪个老师都会对我关切地问上一句："好点没？"即使张嘴疼，我也会回以笑容。聂老师爱养花，她养的花中就有大夫告诉的偏方——仙人掌，捣碎加醋少许敷在腮上。之前聊天聂老师就说过，那么大的一棵仙人掌她养了好多年。这不，聂老师听说我需要，可是她又着急出去，于是她直接就把家门的钥匙给了我，让我自己取用。我不知道如果我用"信任"二字会不会太矫情，我何德何能让别人如此待我？我只能心怀感激地继续前行。

（三）

日子好像可以跟上平常的速度了，需中火升温。

不那么疼，至少晚上可以睡觉，是一件多么让人开心的事情！更开心的是西农的亲人们要来看我们研究生支教团了，我很激动，也很紧张，毕竟自己现在的状态还不是最佳，且不说工作做得怎样，最起码连照顾好自己都没做到，真是惭愧。可当亲人们一来，所有的顾虑全都烟消云散了。马建华副校长说："我自己的小孩也得过这个病，疼得很。只要肿起来好得就快了，慢慢消肿就不疼了。"曹军会书记也说，他上大学的时候也得过这个病。当时身兼数职，又赶上期末各科结课，紧张疲劳，免疫力下降，究其原因，最主要的就是"上火"。没错，这话一下就说到了我的心里。孩子们考试，我真的很上火，很着急。我知道他们在努力，但是跟县里的学生们比还是有很大差距的。我是个要强的人，就像大夫说的，我上火不是一天两天了。曹书记还说："当身体吃不消的时候，任何工作都会受到影响。心情的调整最重要，其他什么都不要去想。安心养病，修养好再奋起直追！"

这次亲人们还特地带来了我们西农的"小苹果"。当初在网上看到学校派发我们自己研究的新品种苹果时有的不仅仅是羡慕，更多的是身为一个西农人的自豪和骄傲。他们还给我们带来了厚厚、暖暖的大毛毯和学校实验基地出产的猕猴桃。虽然当时还没吃到口中，但是甜却早在心里。有什么理由、有什么借口不更加努力的教好孩子们呢？因为我是西农人，我所做的一切都代表了西农，我有责任、也有义务为西农添光彩。有苦、有累、有不适应，那些又算得了什么呢?！正如马校长离开时所说的，我们要知道，西农永远是我们最坚强的后盾，加油！老师们，加油！

（四）

日子终于到了周五，此时再添一把干柴，配以烈火，快快收汁。

第一次以一个老师的身份参加家长会，我的学生们也很争气，三校联评，我带的学生语文和政治成绩都有进步，我得了奖金，获得了"星级教学能手"称号。我上台领奖，孩子们的鼓掌声格外地响。

班级的家长会也如期召开，出席家长会的每一位家长，他们的眼神都向我传达着两个字：渴望。的确，哪一个家长不渴望自己的孩子出人头地？他们对我这个年轻的老师非常尊重，对我提前给他们准备的热茶都是双手相接，都会对我说上一声："谢谢！"在这个过程中，我能深深地感受到每一位家长的用心良苦，和他们对我无条件的信任。

当我谈到如何帮助孩子学习时，很多家长都开始动笔记录。我意识到自己要放慢语速，毕竟来的很多都是爷爷奶奶，他们能有这个意识，我就已经很满足了。

最后家长会结束，我站在门外送走每一位家长。当他们有人主动跟我握手时，我真的无法用语言去描述那一双双手的温度和力量，没有一双手不是经过时光的磋磨而显得很粗糙、很厚重的。这份温度、这份厚重传递给了我，把孩子交给了我，我定要妥善安放，细心珍藏。

一位爷爷在黑板上留下了一句话：郭老师您辛苦了！全体家长对您表示衷心感谢！

我，很动心，我知道，是什么带给我每天满满的正能量，这位爷爷，谢谢您！

（五）

日子终于又如平常，关火，待尝。

小病初愈的我走进教室。

看一眼娃儿们，个个精神百倍，待我开讲；看一眼讲台，真想一个健步飞上去，这一周我对它还真是好想好想；看一眼黑板，我知道，这就是我书写人生理想的地方。

在山的那边

郭　璋

　　我上初中的第一堂语文课学习的是《在山的那边》。新的学校、新的老师、新的同学，一切都是新的，至今仍是记忆犹新。

　　我来到刘家洼学校本以为给孩子们上的第一课也会是这一课。学校还没有发课本，我去借了旧的教材才发现，原来教材早都改版了，我们当时的第一课现在是第十九课。突然间有点小惆怅，我多想把自己当年的经历和回忆分享给如今正当年的娃儿们，于是我等待了十八课，今天，终于——《在山的那边》来了。

　　我找了一个配乐朗诵放给娃儿们听。说实话，就我当年，如果你让我有感情地、跟着音乐朗诵诗歌，我也会发笑，他们也一样。但是，诗歌诗歌，就是要读出声，有感情地读出来，只有体会了作者的感受，才能真正地走进诗歌的意境。我并没有制止他们的"小动作"，当放到第三遍时，我发现，开始有人"偷偷地"小声跟着朗诵起来，表情也随着诗的节奏变化着，我知道，是这段音乐奏效了。

　　三遍放毕，我给大家一分钟时间准备，看谁有勇气能站起来给大家朗读。结果正如我所想，没有人举手，但是有人抬头看我一眼，没错，就一眼。有时候越来越发现，当老师真的很有意思，揣摩学生心理，一眼就能看穿，其实他很想展示，只不过需要你轻轻推他向前一步，他就有了勇气、有了信心。通常，我叫这样的学生回答问题，我不会直接叫他的名字，我知道，他还会抬头再看我一眼，没错，抓住这个机会，我用眼神提示他，对，就是你，来吧。他呢，也不会再扭捏，会用很快的速度站起来，他知道我就是在叫他。那么其他同学并没发现我们是用眼神交流的，自然会觉得他是主动站起来，定会佩服他。这样的"被"叫起来回答问题，何乐而不为呢？

他开始了朗诵，可能是太紧张，一张嘴就破音了，大家都笑了。此时，我马上制止，让大家认真听，大家也都很配合。他清了清嗓子，继续饱含感情地朗读着。两节诗歌，第二节的节奏和感情明显比第一节好很多，他涨红了脸，但仍在继续。朗诵完，大家自发地为他鼓掌，接着，陆续开始有人举手了。掌声和鼓励所带来的喜悦的感觉真的就是妙不可言，我知道，孩子们也知道。

朗读过后，我在精读分析之前提出问题："同学们，你们自行朗读后，感觉山的那边是什么呢？"我以为他们会"信口开河"，但是，绝大一部分人是真的"听""读"进去了。回答的还算靠谱，只不过思维还需发散，还需点拨。比起讲第一课时我问一些有深意的东西时他们的茫然，现在的改变，让我真快要泪流满面。

我很享受讲读课文的过程。所有人，我可以拿我的人格担保，真的就是所有人，42双眼睛渴望地看着你，你说，他们听；你念，他们记；你问，他们想。你讲到紧张有悬念之处，他们会跟着你屏住呼吸；你讲到有意思的地方，他们也会开怀大笑；你提出一个问题，有人在下一秒就能反应过来，这才是最妙！这说明，你讲的，真的说到他的心里了。

我之所以喜欢《在山的那边》，不单单是因为它作为我上初中语文的第一课所给我留下的深刻印象，更多的是其中蕴含的简单却又深刻的道理："山"对于我们的人生，一座座山，就像无数的困难，"山顶"就好比人生的目标，山的那边，就如妈妈所说的，是海，是信念凝成的海，那么这"海"就是我们经过自己的努力，在取得成功后达到的理想境界。我希望孩子们能把这个道理谨记心间，毕竟在他们的成长道路上，山，绵又绵。

讲读完这篇课文，娃儿们自行整理所学的内容，我突然指着窗外的一座矮山，一个孩子下一秒就脱口而出：在山的那边！

我希望，我能和这42颗心，这样默契，到永远！

娃娃们，暖暖的

郭　璋

周末学生不在，实在安静，总要给自己找点事做，于是我萌生了一个想法，我要给娃娃们"做"点啥。

其实，有这个想法不是一时的冲动，从天变冷开始，从我觉得上一节课以后手脚冰凉开始，从我看到他们在教室写字要时不时地搓搓手开始。天，越来越冷，我必须抓紧时间。

我尽快准备好了材料：丝绵42块，布42块。这些都是我用不太大的剪刀一点一点裁出来的，再次印证了左撇子的确不适合使用专门为右手而设计的工具。这个周末，务必要大干一场。

之前就曾想过，一年以后我走了，给他们"留下"什么好呢？要有纪念意义，还要实用、实际。如今的想法，真是再应景不过了，我要把他们每个人的学号都绣到垫子上，每一个都是个人的专属，娃娃们坐在教室，要暖暖的。

我没想到自己居然会被缝垫子难住。绣学号不是难事，毕竟之前也没少玩十字绣，但是垫子的棉花装进去了怎么收口呢？我甚至还求助了"百度"，但结果却都不尽如我意。学校幼儿园的老师看到了我的"女红"，她笑了，问我做了几个了，我说做了四十二分之一。她手把手地教我如何收口，要将布对好，窝起来一个边儿，针还得从里面走，这样做既美观又结实。我豁然开朗，不由地感叹：真是生活处处皆学问。

缝制的进度快了不少，从一开始的太丑太丑，到四五个以后的还行还行，再到十几个的娴熟左撇子针法，最后，我还学会了使用缝纫机！

没错，手扶脚踩的那种！我要由衷地感叹：科学技术，就是第一生产力！有了缝纫机的帮助，一个小时就完成了我一个下午的工作量。我也不得不说，支教一年，我到底要 get 多少新技能呢，我好期待！无论什么，只要学到手，以后就都是一门技术，说不准什么时候就会用到。

有时候，真觉得现在的自己还挺"幼稚"，总喜欢制造惊喜，总是回想自己七年级的时光……我当时是喜欢这样的小惊喜、小礼物的，一份开心、一点感动能让我兴奋很长时间，至少一周我都会为了某种小心情去莫名地发奋努力。当年，那样天真，真好！我希望，我今天给他们带来的这份小礼物，也会成为他们的动力，哪怕只有一个星期。下个星期，再来别的！

就像歌里面哼唱的：爱一个人，希望他过更好，打从心里暖暖的……

我要把歌词改改，大声唱出来：爱你们 42 个娃，希望你们过更好，打从心里暖暖的，你们的未来比什么都重要！

娃娃们，暖暖的，加油哦！

下雪了

郭　璋

　　我不知道是不是所有东北人对雪都有难以言说的感情，反正我是。

　　今天一天非常累，遇到点事情，心情很不好。没错，跟孩子们有关。今天活动课上给他们建立初中的学籍档案，明确规定必须本人填写，我自认为把每一项应该注意的都讲得清楚、讲得明白，他们肯定会一下子就弄好，结果呢？

　　我的确是个急性子，我也确实事事都要求完美，我真的是对孩子们要求太严格了么？我很想知道。

　　学籍档案收上来的时候我一看，字写错的就不说，照着户口本上的地址写都能写错；贴一张照片胶水抹得太多导致好几页纸都黏到了一起；更有甚者，直接就将内容填错了地方……我真是火冒三丈！

　　如此简单的事情为什么就不能一次做好？42个娃有没有能一次做好的？有，但太少！我要求所有人都做到我所说的，但是至少现在，这不可能！谢天谢地，时间刚刚好，放学了！我要回到宿舍，要一个人把气消了。回来的路上，我遇到九年级的班主任张老师，她跟我爸爸年纪相仿。她一眼就看出了我的"烦恼"，简单问过了情况，她哈哈大笑，这一笑把我笑得晕乎了。她心平气和地跟我说："孩子（她总是这么叫我），看把你气的，有什么好生气的？娃就是娃，他们做错什么都有可能，你要在自己做之前就想到一切的可能，找到方法，尽量去避免。就像今天的事，你应该让他们把需要写的先写在纸上，同桌之间互相检查，没有错误了再誊写到正式的地方。"说着，她拉住了我的手，我很

49

冷，手冰凉，而她的手很熟悉的样子，像妈妈，很温暖、很柔软。她轻轻拍了拍我，又叫了一声："孩子！"是的，我也是孩子，我也是从当年的孩子走到了今天。当年的我又何尝不是这样呢？小心翼翼却还不断地犯错。又如今天，我再怎么小心，也还是犯了错误。错不在他们，而在我。我应该像张老师所说的那样，我那样去做，大家就不至于出现如此多的错误了。孩子们需要成长，需要经历，我也一样，下次再有类似的情况，我们肯定都会留心注意的，我相信。

人总是在自己觉得被生活打得落花流水的时候最想家，最想那处"避风港"。其实，无论你有怎样的情绪，只要有家乡的"音讯"传来，你肯定会受不了。我的火气正在慢慢地消退，突然接到一个快递，是家乡的一个做蛋糕的姐姐寄来的她自己做的糕点，里头还有一张纸条，上面写着：送给我最最亲爱的郭老师。顿时，所有不快都烟消云散。真的，就是如此立竿见影。我知道，马上要给娃们上晚自习，我不能带有任何的负面情绪，我要把来自我家乡的"味道"带给他们，让他们知道在千里以外的东北，也有人在关心着他们。

发饼干是个好环节。孩子就是孩子，还知道擦擦手，拿了以后还要跟别人比比，舍不得吃。倘若跟同桌的一样那就没什么大不了，但是我发现，有人看着同桌的跟自己的不一样，先看人家吃，等人家吃完了再跟人家显摆，这调皮的孩子。看着他们的笑，我突然觉得，爱就是这小小一块饼干的美好给我以大大温暖的拥抱。

我刚批改完作业，出去倒垃圾。出门时因为有风，我裹紧了衣领，低头走着，而回来的时候，一抬头却突然发现，下雪了！没错，就是雪！漫天飞舞的雪！这雪，有味道，像极了家乡冬天里大街卖的雪糕味儿；有颜色，让我想起家乡冬天大地银装一望无尽；有温度，伸手一接，雪虽然化了，但我真切感受到了那份来自家乡雪一般的清凉。

我知道，看到雪，且夹杂着今天一天发生的这些小情绪，我不想承认一个事实，那就是：下雪了，雪夜，更想家。郭老师，你还要继续努力，加油吧！

朋友圈的力量

郭　璋

"朋友圈"是个什么圈？最多的回答就是：万能的圈！我第一次真正"使用"这个万能的圈，并且，真切地感受到了朋友圈的力量！

你我他，每每无聊都会刷刷朋友圈。我看到刘家洼幼儿园一位老师发的状态，是三个孩子衣服的特写：大冬天里的小单鞋、磨破了袖口的薄棉袄、看不出本色的裤子。

我什么都没多想，我知道，我必须要做点什么！

我点开群发功能，编辑内容："同志们，朋友们，需要大家伸出援手的时候到了！"留守儿童心里有多痛我无从知晓！但我看见了，他们的冬天有多冷。"每天我所看到的都是事实，这世上有太多的无能为力，但我们不能放弃任何一个力所能及！需要转发，需要扩散，需要帮助！有能力的可以私信我！如果你的朋友也可以助一臂之力，你可以把我的微信告诉给他谢谢！"配上图片和我的联系方式，点击发送。

真的，我都不太敢相信，我已发给了200多人，可就在发送出去不到两分钟的时间，我的手机就要"炸"了！太多的询问和关注让我头一回觉得自己的手不够用，接下来的两个小时，我一一回复。接下来的两天，此条状态刷满了我的朋友圈，我的朋友们都在以自己的方式进行着扩散。接下来的快两个星期，我接到了无数个"陌生"的、好心人的电话。他们会因为我的电话号码是吉林长春的但我却在陕西支教而怀疑我是骗子，我不去解释。在聊天的过程中，他们自己便会觉得，如果我是骗子，至于骗几件旧衣服?！我很感谢所有人的信任，但毕竟还有一个成语叫做物欲横流。

再接下来到今天为止，我接到了二十几个从全国各地寄来的包裹，北京、陕西、山西、吉林、天津……里面都是温暖冬天的棉衣。说实话，我曾担心寄来的都是些破旧的衣服，但是每一个包裹都在告诉我，我的担心多余了：不仅都是应时令的棉衣棉裤，还有帽子手套，有一个书包里面还有给孩子们的糖果，而且，所有衣物都干净整洁。更让我真心没想到的是，有一个包裹是全新的衣服，四件棉服，不同颜色，不同尺码。看不清寄件者的名字，只有不太清楚的电话，我排列组合了一下，一一打过去询问，有一个电话给了我确切的答复：她是淘宝卖家，不方便透露买家的信息。"寻问"至此结束，虽然还是不知道是谁寄来的，但"感谢"二字必须表达！真心的，替孩子们，谢谢大家！说句真诚而又通俗的话：好人，一生平安！

温暖来了，就要尽快地传递下去，送到孩子们手中，穿在孩子们身上，天在降温，越来越冷，娃更要暖暖的。

我和幼儿园的老师一起对衣物进行了清点。同各班班主任一起，确定每个班真正需要衣物的学生名单，与其家长联系，并征得家长同意，按照孩子的身高胖瘦再次进行"分类"，家长于晚上放学时间来学校领衣物。

看着夜风中赶来的家长们，我的心里五味杂陈。来的家长很多都是爷爷奶奶，他们年纪很大，因为孩子的父母不是身体有残疾就是已离开了人世。有一位家长，我不知道她患的疾病在医学上叫什么，我只能说，她的外表给了我太大的震撼，我觉得她自理可能都会是问题，但她伟大的母爱却也哺育着她的孩子。

寄来的衣物中有一件大人的羽绒服，最终的归属者是幼儿园看门的老大爷，他没儿没女，还缺少一只手臂。当幼儿园老师帮他扣上衣服，他笑得合不拢嘴。但看着那只空空的衣袖，我的泪水差点出来。

有一个包裹里都是围巾、帽子，小小的，一个个，暖暖的，正好给幼儿园的娃娃们。有一对儿龙凤胎，父母离异，爷爷一人抚养两个娃儿。两个小脑瓜戴着新帽子，他们比着晃荡着帽子上的毛球球，笑得格外开心。我看着他们俩，眉眼之间真的很像，他们现在还不会觉得，但随着年龄的增长，他们肯定会发现，彼此，是最温暖的依靠！

今时今日，我真的感受到了朋友圈、万能的朋友圈的力量，是一个个包裹沉甸甸，是一份份爱心暖洋洋。这世上有太多的无能为力，但我们不能放弃任何一个力所能及。只要人人都献出一点爱，每一个需要温暖的孩子都会快乐得犹如向阳花。

傍晚的味道

郭　璋

　　每次晚上送学生们出校门回来的路上，在宿办楼旁边的会议楼下，总有那么几个熟悉的身影，我不认识他们，但我知道他们是孩子的家长，有初三的，也有小学的。他们都有一个"不约而同"的配备——饭盒。没错，他们是来给娃送饭的。傍晚走过这里，总能闻到饭菜香。

　　今天，我发现，等孩子的人中多了一位奶奶，旁边的娃，是我们班上的她。虽然我很喜欢观察细节，但看人家吃饭总还是怪怪的，尤其是他们蹲在地上，娃吃着馍或者喝着稀饭，家长在一旁怜爱地看着。

　　我们班的这个学生看到我，第一表情反应还跟之前一样，很羞涩、很不好意思，接着她鼓起勇气与我四目相对大声说了一句："老师好！"我说："你好！"并与她的奶奶相视一笑。说实话，外头很冷，我不由得把帽子戴上，加快了脚步。然后我听到了又一次的呼唤："老师！"我回头，她依旧羞涩地、不好意思地说："我奶奶让我给你的。"说着，她伸出了冻得通红的小手，一只手里抓着两个核桃。我很惊讶，四个核桃！我再次走过去跟她的奶奶表示：太客气了，真的不用的。我极力辨听她奶奶所讲的话，大意是这样：我们家小茹（化名）不容易，她妈疯了，到现在都找不到人，不知道跑哪里去了。她大（她爸）有病卧床，就我跟他爷爷照顾她，我们娃学习上不太行，老师你要抓紧一点啊！一瞬间，我再看这个有着羞涩笑容的娃，心里五味陈杂。

　　我就在想，这个娃娃平时真的是太普通太低调不过了。从开学到现在，我们的交流次数也极为有限，那些爱说笑的同学总是在下课时把我围住聊天。现在回想，还真是从来就没有她。就连拍集体照时，大家比画着代表"胜利"的"V"字，她也是在最边上，虽然开心但还是那么羞涩地笑着。我怎么能从这样一个纯真羞涩的笑容背后看透她的故事呢？也是一个女同学，刚开始我们还很开心地聊天，可是只要一涉及家庭、涉及亲人，我就说了一句话："你家就你一个孩子吗?"我觉得这是一个再普通不过的问题，可是她开始啜泣，吓了我一跳，我拍拍她的肩膀安慰她，可她哭得更伤心了，我只能作罢，不再继续问了，待她缓解好情绪结束了谈话。后来我才知道，她还有一个弟弟，大概六岁了，智力是不健全的。

有时候会觉得娃娃们无比天真，但有时候你会发现他们正承受着太多不该在他们这个年纪应有的"生命不能承受之轻"。对此，谁都无能为力。出身，不能改变；命运，定要改变啊，娃娃们。

我还是没有收下核桃，我知道这是奶奶带来给娃的，核桃补脑对身体好，娃娃需要。

再次往回走，即使天冷，我的脚步再也不愿加快了。我要好好闻一闻刘家洼傍晚的味道，我要记住它，让它深深地留在我的味觉记忆里。怎么来形容这味道呢？这味道里有炊烟、有馍香、有鸟儿归巢扑腾翅膀、有娃们回家吃饭奔跑的身影、有送饭家长看到自家娃吃得好的笑、还有一句：老师好！

傍晚的味道，爱的味道。

仰望星空

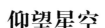

郭　璋

以前，很少有时间去看天，无论是白天还是夜晚的，更别说仰望星空了。但是，自从来到刘家洼，我经常有机会看到满天的星星，很美很美。

还记得第一次看到，是因为在晚上，一个人，想家了，开门出去透透气，一眼就被除了有一点点屋檐遮挡的、满是璀璨的夜空吸引了，就在那一瞬间，把我美哭了。无奈只能用眼睛去拍摄，用心去记忆，不能把当时的美景同他人分享。

明天又是一次月考，又到了检验娃娃们学习成果的时候，我紧张，他们知道；他们也不轻松，我也了解。讲完了要讲的内容，复习完了该复习的功课，看着他们略显疲倦的小脸儿，我有点心疼。索性，还有十分钟放学，郭老师要带着孩子们"放松放松"！

我不得不说，新技能的 get，都是外力所"迫"。我问娃儿们想怎么放松，我本以为他们会让我讲个笑话，这自然难不倒我，东北人嘛，浑身都是"艺术细菌"。可是我一问就后悔了，他们说："老师，你教我们唱首歌吧！"此时，我的内心是翻江倒海的！我不能说自己上得讲堂、下得厨房，但基本的我都做得还可以，除了唱歌，这个我最害怕，跑调儿只是个基本问题，况且我还没在这么多人面前唱过歌，更何况这可是平日里无比"崇拜"我的娃儿们啊！我必须给自己打气：郭老师，你虽然教语文、带政治，可是你也跟娃儿们一块拔过河、打过篮球啊！你不记得娃娃们作文里写的你吗？"我的老师是万能的！"就为了"万能"这俩字，你不能怂啊！

于是乎，我将自己很喜欢的一首歌——曲婉婷的《没有什么不同》的歌词快速写到黑板上，深呼吸，开唱！听着自己的声音，与往日的讲课不同，在教室回荡，看着娃娃们的眼神，和平时听讲求知的眼神不一样，他们的嘴角都露出很有深意的微笑，此深意我知道！

我很紧张，但还好还好，没跑调儿。娃娃们学习唱歌的速度让我惊讶无比，两遍下来，他们基本都能跟着唱了。我甚至怀疑他们以前肯定听过而且会唱。他们则信誓旦旦地跟我说："没有！是老师教得好！"我真的很不好意思，尤其是当我唱完第一遍时，班长起立带头鼓掌，我直接就转过身去假装给大家指歌词，其实，我是在笑，很开心地笑。娃们的掌声随着我转身越来越大，他们肯定知道，老师在笑。

其实，我喜欢这首歌也是从来到刘家洼开始的。我不愿意给娃娃们太多的"称号"，比如：农村娃、留守儿童、单亲家庭、贫困生等。他们就是天真、懂事、也有些小调皮的孩子，他们需要成长，自然也需要管教，他们不知道什么是LV，但他们知道钱来得不易。他们跟所有的孩子一样，没有什么不同。我想让他们知道，就像歌里唱的那样：

虽然没有天生一样的

但在地球上我们是一样的

尽管痛的苦的没说的

但哪有一路走来都是顺风的

因为我们没有什么不同

天黑时我们仰望同一片星空

没有追求和付出哪来的成功

谁说我们一定要走别人的路

谁说辉煌背后没有痛苦

只要为了梦想不服输

再苦也不停止脚步

娃娃们，加油啊！刘家洼这一片夜空虽然群星璀璨，很美，但是，世界那么大，你们定要去看看！去看看不一样的天，不一样的星空啊！

听他们唱歌，很轻柔、很纯真的声音，我就想到，不知不觉，语文书还有最后一个单元就要讲完了，这一个学期也接近了尾声，下一个学期也会过得很快很快。一想到这些，所有的感觉都汇成两个字：离别！看着他们此时的笑脸，我不敢再去想，我也不愿再去想了。

这一节晚自习就在我和孩子们的歌声中结束了。送他们出校门回来，我抬头，不巧，今天没有星星，但我知道，在未来的某一天，我仰望星空时，定会有一颗星星跟我说："老师好！我是从刘家洼走出来的……"

采集阳光

郭　璋

每天叫醒我的不是闹钟，
　　而是清晨的光亮。
是的，不一定每天都是大晴天，
　　我们需要采集阳光。

　　来到教室，
　看到娃娃们笑脸跟我问好，
　看到他们知道抓紧时间背书，
看到有的娃因为冷搓手跺脚……
　看到的一切，都在散发光芒，
　我知道，他们就像向日葵，
　　都在努力生长向太阳。

　　上课的时候，
我会不自觉地把声音放大又缩小，
我越来越能体会"激情"的重要，
　我的情绪会带动娃们热情高涨，
　　我知道，我就像一个孩子王，
　我们一起严肃地学习科学文化，
我们一起拔河、打篮球、没大没小。

下课铃一响，

我会有点舍不得离开教室，

哪怕一天都在教室，跟娃们一起，

我也会毫不犹豫地说：我愿意！

时不时就会穿越回自己七年级的时光，

年少的日子，每天都有大太阳。

我想，42 个娃现在也定是这样，

享受青春的同时也一定要努力成长！

放学后寂静了的学校，

我独自一人徜徉黑板给他们抄题，

当然不会觉得累，

就像每天雷打不动六点准时起床，

给娃娃们开空调时还没有光亮，

当然不会觉得害怕，

因为我每天都会采集阳光。

是的，采集阳光，

晴天，阴天，

都要学会自我调整，

每天都满满的正能量！

总想给娃们留点啥

郭　璋

从我来到刘家洼的第一天我就在想，这一年时间会过得很快，我想给他们留点啥。就像现在，一个学期快结束了，好像眨眼之间，太匆匆！那么，真的到我走的那天，我到底能给他们留下啥？

今天讲的课文不仅娃们喜欢，而且我也喜欢，应该说每一个孩子都会喜欢。你可能会猜，讲好吃的？不不不，讲的是《西游记》中的选段《小圣施威降大圣》。没错，《西游记》，无论长幼，谁能不喜欢？

开讲之前，我故意没说课文的题目，让娃们齐声去念，出乎我的意料，异口同声，都读得准确。我以为他们会把"降"（xiáng）读成jiàng，看来，我常常跟他们"唠叨"的预习，他们真的听进去了。

正完字音，开始找同学朗读课文，同学们今天真是异常踊跃。一个同学站起来念，大家都聚精会神地听，"小心翼翼"生怕自己漏听了一个字，又"虎视眈眈"正在读的同学赶紧出现哪怕一个字读错的小错误，自己好有机会站起来读给大家听最精彩的打斗场面。

他们在读课文的时候，我又仔细观察，站起来读的人表情很严肃，却又注意到自己的语气语速；坐着的人虽说跃跃欲试，但每个人的脸上都带着难以掩饰的笑。我知道，这笑是发自内心的，是他们喜爱《西游记》的表现，是他们真的"读"进去了的表现。此刻，全班，没人愿意打破这"笑"，是娃们，也是我，对自己童年的回忆，因为《西游记》带给我们的无限美好啊！

重点课文要讲两课时，刚好周二我是两节课挨着。我们读完课文，我就听学生们激动地开始讨论电视剧里头是怎样怎样，我想说，读完了课文，其实我也在想电视剧里精彩的打斗画面。于是，在下课铃声中，我问大家："想不想看看这集电视剧？"娃们大声地说："想！"

我回到宿舍，以最快的速度打开电脑，找到这集电视剧，开始下载。我知道，十分钟的时间，我答应他们的事情，就一定要做到。对于这个年龄阶段的孩子，没什么比彼此的信任更重要。网速很给力，"叮"的一声，下载好了。

上课铃一响，电视剧《西游记》片头曲的旋律在教室回荡，孩子们都兴奋起来。其实，课文的选段在整集当中演了不到十分钟，但是在这短短的时间里，所有人都睁大了眼睛，还有同学细心地将电视剧里的对白和课文中的对话进行比较，看是否一样。演完了课文节选的部分，我关闭了投影仪，毕竟，我们要学习的是深层的东西，不能再像小时候那样就图个热闹。娃们也都很懂事，没有吵闹，就这样，我们一起精读课文，对难点展开研讨。

我很高兴，也很欣慰，他们如今的表现，越来越好！看着他们，突然间我就知道了，我总在思考的"给娃们留点啥"，其实就在潜移默化之间已经有了答案。

我想让他们有好的学习习惯；我想让他们诚实勇敢；我想让他们全面发展。我想让他们学会做人，做一个好人，做一个奋发进取的人，做一个知恩图报、懂得感恩的人。我要让他们知道：世界有爱，社会温暖，但好心人给我们的帮助不是必须的，不是一定就应该的，这关乎道义，我们对别人给予的关爱，要正确地对待，这不应该成为我们生存的依赖！

我时刻告诉自己，总要给娃们留点啥，也务必要给他们把该留下的留下！

土豆丝夹馍

郭　璋

我对于陕西特色美食——肉夹馍，吃一次，半个月不会再想。真的是归咎于二十几年的饮食习惯，吃面的频率不能太高，零星就好。现在，每到午饭，我看到学生们从灶房（他们这样叫"食堂"）出来，人手一个土豆丝夹馍，每天如此，我不知道他们吃得香不香，但我总有一种冲动想问一句："天天都吃，不腻吗？"到今天之前，我都还忍住了。

下午放学，我送娃们出校门，教室里通常不会留人。我注意到，她比平时出门的速度慢很多，我带着队伍走了三五米远，她又折返回教室了。我没有想太多，或许她忘记拿什么东西来了吧。

去热水房打水，西北风呼呼地吹，我尽可能地把头往衣服里缩，一个身影吸引了我的注意。此时的天还亮着，我看见是她，手里拿着一个土豆丝夹馍，顺着教室外面的墙，一只手摸着墙，一只手拿着馍，慢慢地、一步一步地往前走，边走边咬着馍，看得出她好像有心事，吃得心不在焉。我没有突然地叫住她，我怕把她吓到了。

回到宿舍，我第一时间冲到电暖气跟前，恨不得把电暖气抱在怀里取暖，天气真的太冷了，干冷我还可以接受，风，这大风，真是把人吹的……所有看到我穿及膝大羽绒服、最长款雪地靴的人都会开玩笑地跟我说："东北不比这冷多了？看把你冻的！"我真的没办法去解释，东北室外确实冷，但在屋子里，用"温暖如春"来形容毫不为过。长这么大，冬天从来没离开过暖气的我，真的除了冷，什么都能接受，都能适应！我一向胆子大，如果现在你问我怕什么，我会说："怕停电！"

因为电一停，什么电暖气、电热毯和电热宝，就都没有了温度。

几分钟的物理"加热"，让我感觉好受多了，我就在想，她能有什么烦心事呢？其实，我不是没试过去和他们聊天，我想了解每一个娃。可是，平时你看着一个挺开朗的孩子，当你稍微将谈话内容转到家庭、转到亲人的时候，有些孩子的反应会让我惊慌失措，真的，前一秒还开开心心，后一秒就泪如雨下，谁又忍心继续追问呢？于是，与其问她"怎么了"，还不如给她做点什么更实际。

习惯了不吃晚饭的我会因为天气降温给自己煮点火锅，犒劳一下周三一天上了六节课。但是我总不能给娃吃我剩下的，于是，热锅，倒油，给她煎一个鸡蛋饼。哦，不，煎两个！

趁着热，我用保鲜袋包好，向教室走去。果然，她一个人在教室，呆呆地看着前几天的考试卷，她有一道题可能是着急没看到，五分就这样白白丢了。我也明白了她为什么如此"失魂落魄"，她一直都很努力、很用功，也很要强，估计她自己都不能原谅自己犯这样的错误吧。我走到她的桌子前，看到桌上还放着半个土豆丝夹馍。我说："快尝尝老师的手艺怎么样，其他同学太没口福了，我做了两个煎蛋，都是你的了。"她的激动，我不太敢直视她太长时间，我怕自己面对如此澄澈的眼睛，突然软弱。

晚自习结束，我送娃们到校门口，我打着两个手电筒给他们照路。她最后一个走出学校大门，还不忘跟我说："老师再见！"没错，我看到，她的小手捂着那两个煎蛋，她一个都没舍得吃。我知道如果我问她为什么，她肯定会说：带回家，给弟弟和妹妹！而她的晚饭，依旧是，土豆丝夹馍。

又一次看着她的背影，很欢乐的背影。孩子，但愿今时今日你所承受的"重担"，某一天都会变成礼物，但愿今时今日你吃的所有的苦，都能照亮前行的路。一切过后，你定会倍加珍惜快乐和幸福。

娃为我唱秦腔甜心窝

郭　璋

　　等了一天，终于能给娃们准备饺子了。因为"冬至到，吃水饺"。开火，烧水，下锅，一系列动作，我好激动。谁都喜欢惊喜，我也一样，给娃娃们制造惊喜，现在成了我生活的必不可少。

　　晚自习上课铃一响，我左手推开教室的门，右手端着热气腾腾的饺子，再加上一句："娃儿们！冬至快乐！"娃们太配合我了，齐声大喊："老师也快乐！"娃儿们都端端正正地坐好，眼睛盯着我手里的饺子，还有人在偷偷地擦手，我说："快来几个人帮帮我。"总有那么几个反应快的男生，他们一个健步冲到讲台前。因为没有那么多碗筷，我准备了42个一次性纸杯。这几个男生很快地将纸杯依次排开，我在每个纸杯里盛上三个饺子，他们又很有秩序地传递给后面的同学。这个细节很打动我。因为一开始无论是发书本还是领早饭，他们总会习惯性地把好的留给自己，如今，他们知道了什么是传递，什么是分享。这一点，我很欣慰。

　　42份饺子人手都有，可是又传回一个纸杯，另外还有一个假条。上面写的内容让我顿时心里难受极了：亲爱的郭老师，我因晚上要给去世的爸爸烧纸，两节晚自习均需请假。请老师批准！这是一个乖巧懂事的女生，这个孩子的家离学校很近，我记得上次家长会她妈妈带着她弟弟来的。那次家长会上她因为学习成绩进步大还得了奖金和奖品。记忆将我一瞬间定格在了她们母女上台领奖的画面，母亲和娃都笑得那么甜。我想，母亲肯定知道，生活再难，只要娃努力、用功、有出息，一切的困难都不算什么！我想，娃也知道，她的出人头地，才会让母亲和泉下有知的爸爸快乐！

看着在座的娃们开心地吃着，还有人问别人：你吃的是啥陷儿的？天真的娃啊，老师就买了一个口味的。我想了很多，在他们欢乐开心的背后，又有多少的生活之苦难以言说？起初我问他们什么，尤其关乎家庭、亲人，很多人都小心地回避，现如今呢，娃可以叫我"亲爱的郭老师"，并且坦坦荡荡地告诉我请假的真实理由，我好感动，也很感谢，谢谢娃能对我如此的诚实和信任。

一个娃站起来跟我说："老师，我给你唱一段秦腔吧！"我说："那好，那请其他同学把眼睛闭上，耳朵捂起来好啦！"他马上反应过来："是给大家的！"他开唱，一嗓子吼起来真把我眼镜都要乐掉了，太突然了，当然不全因为是我不知道的剧目和听不懂的语言，且不评论唱的如何，反正是一屋子的欢乐，暖我心窝。

娃们说了，都知道东北有活雷锋，还有二人转呢！我也不能怂啊，没错，哪个东北人还不会哼哼两句二人转呢！于是，我来了一段字不正、腔不圆的二人转经典选段《小拜年儿》，掌声异常热烈。实话实说，在任何人面前我都不会如此放得开，我都不会如此不顾形象地去边唱二人转、边跳东北大秧歌，除了在娃们面前。在他们面前，我是严厉的、严肃的，也是东北味十足的，我说的，他们喜欢，我唱了，他们欢乐，那么，一切都值得！

这是我给他们过的第一个冬至，也是唯一的一个。我知道我们在一块的时间有限，那么，我真心的希望，我和 42 个娃在一起的每一个节日都不要错过，要开心、要欢乐。

有限的时间，每一天，有娃，也有我！

小小心愿实现，寒冬却也温暖

郭　璋

半个月前，澄城县和丹凤县团委同我们西北农林科技大学联合发起了一个"情暖寒冬，点亮微心愿"的活动。支教团所在学校积极响应号召，贫困孩子，尤其是留守儿童的微心愿征集很快就报了上去。我没想到，母校送来的温暖，这么快就到了。

我校第十八届研究生支教团，也就是我的亲学弟学妹们，在学校征集了衣物、书籍、生活用品等，这些物品根据孩子们的心愿进行了分类整理，校团委还派了车，前一天晚上将"温暖"物资装车，第二天一大早六点，两辆载满了师生心愿的车从西农出发，向澄城、丹凤驶来。

接到他们已经在来的路上的电话，我太兴奋了。其实，物资完全可以快递过来，但是，"亲人们"亲自送来这又是怎样的心情呢？不需言说！

一上课，我就把这个好消息告诉给了孩子们。他们有的睁大了双眼，有的不敢相信自己的耳朵，还有一个大眼睛的娃来了一句："我不是在看电影吧，这是真的吗？"全班同学都笑了，这一节课，我们在期待和高兴中度过。

经过四个小时的奔波，"亲人们"和心愿都到了。孩子们都好奇地围在车旁边，当我"下令"让他们帮忙搬东西的时候，他们一个个都不由得呐喊起来。我注意到，那个大眼睛的娃也走出来了，他涨红了脸，看着我。我知道他想得到我的允许，他也想帮忙。但是，我不得不冲他摇摇头。他有点失落，往教室走，还回了两次头。

真的不行！开学报到那天，他妈妈特意来找我，说明大眼睛娃的身体情况，一系列的医学术语从一个农村妇人口中流利地说出，不带方言，我很震惊。我听过这个病，只是听过，身边的人没有得过的。怎么来形容呢？一切的蛋奶之类都不能吃，不能剧烈运动甚至跑跳，不能接近灰尘甚至简单的打扫都不行，不能太过激动，因为那样做毛细血管就会破裂，流鼻血不止。最后，他妈妈说的一句话深深地"刺痛"了我："我这娃跟别家娃不能比，他活不过人家！"我清楚地记得，听了这话，当时我礼节性的笑容，僵住了。

在接触中，我发现大眼睛娃非常聪明，又很懂事，学校发的蛋奶他都会小心地带回家给弟弟吃。我知道他今天为什么激动，因为他知道自己的心愿要实现了！他想要一个书包，当时他跟我说："老师，哪怕旧的也好！"

分发仪式开始，我特意安排他作为学生代表，他本来的一点点不快立马烟消云散。他，台下坐得笔直，上了台倒还害羞了，但是当他看到贴着自己名字的书包时却也笑得很开心。

分发仪式结束以后有记者采访他，他把书包放在桌子上，手一直摸着。他看了看我，我点点头，于是他开始真诚、开心地对着摄像机表达他对西农大哥哥大姐姐们的感谢，让我更没有想到的是他说了这样一段话："郭老师曾给我们讲过，她希望我们有好的学习习惯，希望我们诚实勇敢，全面发展。希望我们学会做人，做一个好人，对别人给我们的关怀，要正确地对待，并不是每一份礼物都是别人应该给我们的，这关乎道义，不能拿别人的爱心作为我们以后生存的依赖！我们应该学会感恩，学会将爱心传递！"

娃说得多好，最后一句不是我教给他们的，是他自己发自内心的话。我知道，一个小小的心愿，一个哪怕是别人用过的书包，在他看来，都是值得他感恩的！

我们是西农第十七届研究生支教团，看着第十八届研究生支教团快马加鞭地赶来送心愿，我真觉得就像娃所说的一样，西农的支教活动，薪火相传，我们的爱心，传递不断，小小心愿实现，寒冬也温暖！

从你们的世界走过

郭 璋

在 2015 年的最后一天，我没有和你们一起参加刘家洼学校举行的长跑比赛。因为 12 月 30 日的晚自习我就告诉你们，明天老师受邀请要回母校参加"元旦晚会"，你们比我还高兴。说实话，大学四年一直在幕后工作，如今因为一年的支教来到台前，我很紧张。下课铃响，你们一起对我说："老师加油！明年见！"

这次回到西农，感触真的很多。

我不知道是不是自己太习惯刘家洼规律、平静、充实的生活，一下动车，眼前的人流就让我感到既热闹又陌生。走在大学的校园，一切还都是熟悉的景色，但是我愿意多看几眼，多了解每一处花草，每一座建筑，我知道，等我回去我是要把这些细节都讲给娃们听的。再看到北绣后台化妆间一屋子的演员、台上台下"忙碌"着的灯光音响组工作人员、"元旦晚会"全职担当的文艺部，我想到了自己的大学四年，我也曾经是他们当中的一员。看着一个个并不认识的小鲜肉，感觉却很熟悉，毕竟他们现在所做的工作也是我当年做过的。有人跟我问好，有人给我拥抱，有人对我说"好久不见"，有人说"都认不出你了"，我很高兴，真的，对待曾经的一切从没有这感觉，无比亲切。

激动的一刻终于在期待中到来。我都不知道自己该迈哪只脚，从上台、讲话、下台，没有几分钟，我却觉得过了好几年。听着自己的声音在回荡，这让我想起了给你们娃讲课时的课堂，但这上台短短的几分钟，却不比课堂真实，好像梦一场。

有人帮忙录了视频，我用流量把视频第一时间发到了咱们的 QQ 群，我知道，现在放假，你们一定会看到的。果然，你们看了的人都为我点赞，娃们都说："老师，你就是我们的榜样！"说实话，我真想当好这个榜样，我给你们看视频的目的不是炫耀，我是想让你们对大学有一个向往。这就是老师我的大学，我的大学经历和生活，如果你们目标明确，坚定信心地去努力、去奋斗，你们的大学，一定会更灿烂、更辉煌。

之前，我一直都觉得杨凌很小，但是当我从你们的世界走过之后，现在我真心觉得，杨凌挺好。我没办法用数量去衡量我教会你们多少，但跟你们在一起生活学习的日子让我有太多的改变。初中阶段不仅仅是你们人生观、价值观完善的时光，如今七年级班主任的身份也日益完备我的"三观"。可能，对我改变最大的就是金钱观。"包"治百病这话说得不错，哪个女孩不爱包包，不爱漂亮衣服，不爱名牌化妆品？一个包几百块，或者几千块，我可以不向家长要钱，自己慢慢地攒；有多少女孩都是这样，我可以买，我可以穿、我可以戴，但是当我渐渐地意识到一个包就是你们一段时间、甚至一学期的花销时，我觉得一个包太弱了，更何况没有了新鲜感就会不喜欢，但是买包的钱却能帮助你们度过一段时光。二者不能相提并论，但完全可以用金钱来衡量。

我很感谢我的家人，我的朋友，我的老师、同学，一直以来对我支教选择的支持，对我需要、我的 42 个娃的需要，默默地鼓励和帮助，还有太多太多的好心人。这几个月，让我对"好心人"这个词有了深刻的认识，不再单单是在媒体上看到的离我们很远的"楷模""标杆"。这些素未谋面的人，他们就在一张张快递单，就在一件件冬衣，就在一支笔，一块橡皮……真真切切的，就在我的生活里，就在 42 个娃的世界里。

假期最后，我一个人返回刘家洼，安安静静地独处了一天，看书、回忆、思考、希冀。同样的地方，不同的心境，对于我，很好！

一生至少该有一次，为了某些人或是某件事而忘了自己。有你们42 个在心上，哪里都是天堂。不求最后的结果轰轰烈烈，不求一路都能与你们同行，只求在你们最美的年华里，让我们彼此遇见，任韶华喧哗，红尘嘈杂，从你们的世界走过，任美好漫过天涯……

我们，要像家人一样

郭　璋

每天，我们每个人，都希望平平安安。我也一样，从娃儿们进入校园，我就会"提心吊胆"，我生怕他们来了学校却虚度时光，或是在操场活动一不小心受伤，真的就应了母亲的那句话："你不会知道，我看不得你有任何不妥。"如今，我看我的娃，就是这样。

晚自习还有十几分钟下课，讲阅读题是我的最爱，娃儿们也听得正爽。突然，在我没有提问的情况下，一个娃缓慢地站了起来，表情很痛苦，刚要举起的手突然落下。我因为跟娃们有很好的互动而不自禁的笑僵住了，我也懵了。什么情况？大家也都惊讶地看着他。

我在等他说话，他往前走了一步，抬头看我，刚要说话，一个连贯的延续性动作清清楚楚地伴随着胃液和食物的气味冲击了我的耳鼻口眼。比我反应快的是离他最近的一个娃，跳起来，跑开了，然后看到我如此"淡定"，他又知道自己不应该那么做，就小心翼翼地又回到了座位上，捂着鼻子。我的确反映了两秒，马上，我就意识到，这个娃吐了一地，三摊，没有消化的食物伴随着不好的味道，他还捂着肚子，其他的娃全都捂着鼻子。

没错，此刻，需要我！我将每天晚自习必带的手电交给这个吐了的娃，让两名男生护送他回家，我知道，他家就在学校隔壁。又让坐在窗户边的同学打开窗户，接着派"得力的干将"去弄些土来，两分钟以后，呕吐物都被黄土掩盖，我用扫帚将混合物扫起来，地上就什么痕迹都没有了。娃儿们看在眼里，也就学到了心中，手快的娃也拿了扫帚，跟我一起，将另外两堆都收拾了。很快，送他回家的两个娃也回来了，说他妈妈在家，我的心终于放下。气味也都散尽了，开窗还是很冷的啊，我的一个眼神，娃们就知道该关窗户了。

十分钟不到的时间，一场"小意外"解决了。最后的一道题也在下课铃声中讲完了。娃们看着我，我也看着娃，我知道他们在等我说："下课，放学吧！"但是我说："我希望，我们，43 个人，要像家人一样，无论疾病、痛苦，都不要嫌弃对方，他人有需要，你就应该站出来主动帮忙！要像家人一样，用真心，爱护对方！"

看着他们走出校园，一声声"老师再见"回荡在耳边，今天，依旧平平安安。

门

郭 璋

周末闲来无事，我准备到刘家洼附近的村子里"走走"，没错，骑着我的小电动车。两个村子相隔不远，但是路上除了我和我的小车就再无其他人了。眼望着一片冬小麦田，我突然有种感觉——屹立天地间，耳边真是寂静，聆听西北风吹，一抹红色映入眼帘，瞬间，我就知道了今天的采风主题：门！

其实，初到此地，最先让我好奇的就是家家的大门，各有特色却也异曲同工，高大厚实的院墙围着的是家家的温暖，气派宏伟的大门守护着的是日日的平安。说真的，这个景致，东北真的没有。我天真地以为高墙厚门就是为了防盗，在这里生活快五个月也渐渐知道了：墙之所以高，是因为防风吹进庭院；门之所以大，是为了方便大型农用车的进出。我很为自己当初的想法汗颜。更让我驻足观察的就是每家大门上的横批，基本都不一样，这个我太喜欢了。虽说都是为了家庭和睦幸福之类的吉祥词语，但是，我相信，当初每家每户确定这几个字的时候，必定经过深思熟虑。

走了差不多四个村子，我将大门上的横批做了简单的统计，大概分为以下 22 个：1. 鸿福家园、2. 紫气东来、3. 宁静致远、4. 鹏程万里、5. 福泰安康、6. 畅和风惠、7. 贵在自立、8. 和睦百世荣、9. 碧宇生辉、10. 清雅贤居、11. 勤和家兴、12. 和顺安康、13. 凝祥聚瑞、14. 天赐百福、15. 平是全家福、16. 家和万事兴、17. 天道酬勤、18. 世代兴隆、19. 鸿福照千秋、20. 厚德载物、21. 吉星高照、22. 康泰祥和。个人最喜欢 7 号的"贵在自立"，尤其是孩子成家立业、自立门户，这四个字应该是家长们最希望的吧。无论何时何地，贵在自立，自己能养活自己，能养活自己的一家，不用官做多大，哪怕就在这小小的刘家洼，谨记心头，过个好日子，足矣。

电动车差不多快没电了，我往回走。路上碰到了我们班的娃，小小的她手里提着一大堆东西，应该是刚买菜回来，脸上的笑容灿烂极了，高兴地跟我问好。没走多远，车真的没电了。我只好骑着并不能让我伸开腿的它。此时，风更大了，真冷啊！

突然有人从后面跑来，我回头一看，还是她。她说："老师，我 dá（爸爸）让你去我屋，我妈回来了，从县上回来了，我 dá（爸爸）说嘞，我妈再也不去县上的医院嘞！我弟还说，他都想死我妈了。"我知道她不会说普通话，但是我能听明白她的意思，她想让我去她家，因为她一直在县城治病的妈妈终于回家了。刚一接手这个班级时，就有娃告诉过我，她的妈妈有精神病，好几年都没回家了。我知道，她家今晚肯定是要好好团聚的，娃的好意我心领了。我说："你看天都快黑了，老师的车也没电了，今天就不去你家了，哪天我一定去看看你妈妈。"她说："我这就回家告诉我妈，我郭老师有时间要来看她！"她还是那么高兴地跑开了。看着她的背影，我都能想象得出她的笑容，仿佛全世界都开满了花。

来时的路很短，回去的路却很长。

家家户户的大门是为了保家平安，门上的字是为了一家幸福兴旺。大门破了可以重修，门上的字也可以重选。大门可以随意地关开，但孩子的心门呢？

我还清楚地记得我跟这个娃第一次对话的情景。我问她："你一个人来报名的吗？你妈妈或者你爸爸呢？你的钱不够啊！"她什么话都没有说，倔强地离开。下午，还是她自己一个人来，把钱补齐，仍然没说一句话。我很感谢今天她跟我说的这些话，我知道，她心里的"门"，对我，已经打开。那么，对她，我想说："娃！我一定会去看你妈妈！"

心门打开，芳香袭来，感谢娃对我的信赖，如果把你们比作踏青的时节，我定不会负你们42个"人间四月天"！

天虽寒，心却暖

郭　璋

依旧六点出门给娃们开空调。我打开门，一掀起厚厚的棉门帘，冷风迎面灌了个满怀，我只想说：西北的腊月，天真寒。

本身就怕冷，更别说停水停电，唯一的取暖工具就是要靠电，一停电，所有跟电有关的都玩完。心情很不好，体内的负能量好像会随冷风一吹就嚣张一层，我极力控制着肆虐的洪荒之力。

连着上完早读和第一节课，别说顾得上吃东西，就连口水都没顾上喝，很累、很饿，还要抓紧时间给娃们写期末总结、操行评语之类的。这是身为班主任的我的期末作业啊，我不想查"百度"写得千篇一律，我想给他们每一个人以最真实的评价和鼓励。恰恰我又是个急性子，耐不住磨，有事情就要马上做。我倒了一杯热水，拿一个我已经"厌恶"至极的每天都吃的白面馍，开始了我的工作。

写着写着，心情似乎也好了很多。看到每一个名字，我都会停笔片刻，细细回想这个娃什么特点，需要怎么鼓励和启发。其实，他们都有一个共同的特点，就是太腼腆；即使有活泼的娃，你一让他当众表现或是展示自己的时候，他或她往往又都退却了，轻者不好意思地笑笑，重者涨红了脸正襟危坐。实在不能逼他们怎样去做，否则，不仅得不到鼓励反而还会适得其反，让娃感到厌烦。每每此时，我也是很"头疼"的，我只希望娃快快长大，能理解我的"一片苦心"吧。

晚自习，风更紧了。

我进了教室，还是拉了拉衣服，坐在门口的娃看到了，赶紧把门掩上，我知道他是怕我冷啊。娃们都坐好了，等着我讲课。我知道他们最喜欢每天的晚课。因为现在是期末复习，基础知识已经查缺补漏完毕，所以每天晚上我都会安排作文或阅读，这是他们最能汲取精华的时刻。我会经意或是不经意地给他们讲很多东西，其内容自然是习作可以联想到的，有的人甚至在我说"段子"的时候还拿笔记下来呢。说实话，我也很喜欢这百应一呼、42 颗心专注的时刻。讲着讲着，我的心情也真的变好了很多。

讲完，我让同学有感情地泛读自己最喜欢的段落。这是一个例行的提问，不出所料，一提到要声情并茂的朗读，娃们又都"退缩"了。我说："不用举手，谁想读就大胆地站起来朗读吧！"说着，我转过身去把今晚的作业写到黑板上。我刚要提笔，一个声音响起了，读上没有两句，可能是还不太习惯或者说声情并茂把握得不太好，破音了。有的娃忍不住笑了，其实我也面对着黑板笑了，但是我马上就咳嗽了两下，那些发笑的娃们马上就知道自己不该笑话这个自告奋勇的同学了。等他读完，我才回过身，发现原本戴眼镜的他居然眯着眼。我说："你的眼镜坏了？"他开心地说："不戴眼镜，我就不紧张了。"我和其他娃都被他逗笑了。就在那时，我突然意识到，他们的欢笑，对症我的坏心情有奇效。

下课，天很黑，可是我太冷，不愿意把手暴露在外面拿手电，突然我发现一束光跟着我，就是远远地照着我下一步要走的路，大概走了20 米，到了宿办楼下，我回头，拿手电的娃看到我发现是他给我照的路，又是因为腼腆，不好意思地跑开了。

其实，我知道，这点冷忍忍就过去了，同人生路上的阴霾霜雪，朔气如磐相比，根本算不得什么。你再苦再累再怎样艰难，时间都也不会为你有一瞬的凝固，只能一步一步向前，在这每一步的过程中，天虽寒，但因为有人为你照亮路，心却暖。

心里暖，仿佛装有整个春天，这样走出来的每一步，定会铿锵作响，路旁的 42 株花蕾，终将应声怒放！

"教育"，就当潜移默化

郭 璋

早起一开门，"哎，我的天！"我一时激动还是忍不住发出具有浓郁东北特色的感叹。我真的没想到，昨夜下了一晚的雪，今早竟都留住了，白了天，白了地，刘家洼像换了人间！

来到教室，我发现娃娃们也都很激动。今天是周二，下午有体育课，我知道，他们是期待着，盼望着呢！我说："大家冷不冷？"齐声回答："不冷！"我又问："那大家在下雪天想做些什么呢？"这时，开始七嘴八舌地说了，他们想堆雪人、打雪仗，想在雪地里玩耍追逐。的确，这样的乐趣是任何一个季节都不能给予的。我爽快地答应他们："体育课，老师带你们玩去！"大家小声地"欢呼雀跃"，看到我一个眼神，却也没忘了晨读的背诵。我看得出，一个小小的承诺，能让每个娃学劲十足！

广播通知早操上不成了，班级自行清扫清洁区的积雪。每到此时，娃们看我，就好似大王上战场前亲兵点将，每个人脸上的表情都告诉我，他们愿意为班级出一份自己的力量。我呢，带上得力的"干将"，去扫雪，当然，我和他们一起，有活，大家一起干，一起分担。

东北人对雪绝对是有着特殊感情的。虽然天很冷，雪还在下，但是娃们在我的带领下，一边听我讲着当年我上学的时候家乡是如何清理积雪的趣事，一边你争我抢地扫着地上还没有被压实的雪花。由于清扫工具有限，在九年级的同学将教室门前的雪扫完以后，我让娃把他们的大扫把借过来，娃问我："老师，他们只扫了自己班级前面的雪，我们为啥就得把整个教学楼前的雪都扫了呢？"我说："他们都初三了，得抓紧时间学习啊，完成了自己班级的任务就可以了。再说了，现在还没上课，我们多干一点，就当锻炼了身体，有啥不好的呢？"娃看看我左手握着的扫把，没再说什么了。

人多就是力量大！我带着五个娃，我们六个大扫把，排成一排，用力推着地上的积雪，一起把积雪推进了前面的花坛里。倘若哪个娃跑得快了或是谁推的雪被落下了，大家都会喊他慢点或是快跟上啊，旁边还有几个小笤帚跟着，这样，一趟下来很大面积的雪就清扫完了。没用得上下课的十分钟，教学楼前的积雪全都清理干净了。在我们一起欢快扫雪的过程中，很多其他班级的娃都在一旁看着、笑着，他们也一同分享着我们的快乐。

第二节课的时候我就发现，太阳出来了，雪肯定挺不到下午的体育课，但是我答应了娃们，我就要"一诺千金"啊。下课铃一响，我就把事先准备好的纸壳分给了四个小组，每组派四名代表，我们就利用还没化的雪，尽情地玩一把。其实这个游戏的创意来自东北的"雪爬犁"，四个娃一组，一个人蹲着，一个人推他，另外两个人拉着他，大家同一起跑线，蹲着的娃脚踩在纸壳上，看哪组先到达终点，就算赢啦。娃们也很聪明，蹲着的都是体重轻、个子小的，拉人的都是力气大的，推人的是要掌握好方向的，虽然短短的课间十分钟，但是几个回合下来，大家都是其乐融融的。不用我说，他们也明白雪就是在边下边化，他们现在能玩玩，已经很开心啦！

记得我在上高中的时候做过的一篇阅读《教育，应当手拿青草》，讲的是教育孩子不能强硬，更不能一味地灌输，要讲求方法，懂得引导，这自然是对的。在我被叫"郭老师"的这些日子里，我越来越发现，对娃的教育，就当潜移默化，你做的，都在他们眼里，久而久之，也就记到了他们心里，他们自然就会懂得：自己该做什么，如何去做，怎样才算做好了。

看着娃们快乐地进入教室准备上第四节课，我眼望天空的晴，雪花的莹，还有教学楼前地上的干净，我想，此处应该有一句潜在的台词，那就是"功夫在人"吧，哈哈。

小小题签法，对娃用处大

郭 璋

今天是娃们期末考试的第一天，晚上批完卷子的我真的好开心，好有成就感。政治，第一次月考全班 42 个人，23 人不及格，期中考试，17 人不及格。铛铛铛铛……期末考试，3 个不及格，而且人均分 80 啦！我太激动了，一时间竟不敢相信，但理智告诉我，没错！这，就是我的娃！

一切情绪平静，该思考一下成绩取得的原因了。我把当年自己用的学习方法"题签法"，如今用到娃的身上，也是很奏效啊。所谓"题签法"，就是将全册书所有的知识点的问法都写在一张竖条纸上，编好序号，并标好每个问题在书中的页码，在背题的过程中只需运用好这个小小"题签"。无论课上课下，我总会出其不意地问某个娃，第多少题，你站起来背一下。能对答如流的娃自己心里肯定也是高兴的，其他的娃不仅羡慕而且紧张，如果是自己被突然叫到，会怎样呢？总有娃回答不上来的，我自然不会在娃"窘迫"的时候说什么，一个眼神他就知道自己接下来该做什么，至少没答上的题肯定是要背得滚瓜烂熟的，下次再被问到，定要一雪"前耻"！

就这样，每天紧张而又刺激的"题签"一问一答，进行了两个星期，我知道是时候该练练兵了。刘家洼没书店，我只能在网上给娃们买复习的卷子做，语文倒是好买，政治就难挑了，淘宝卖家总不能把题拍给我看看吧。好在我遇到了良心卖家，不仅题好，而且物流也快，赶在总复习前题都到了。

全班 42 个娃，不是所有人都学有余力地可以多做点题，有些娃能把基础掌握了就很好了，于是，我采取自愿的方式，把一本题分开，谁想做就来拿一张，做好了再来找我对答案。就这样，你做完的给我，我做好的再传给他，看着娃们很高的积极性，我的心也踏实了许多。我不担心他们的成绩三校联评排第几，我只希望每个娃跟自己比有进步，这样，对娃来说，有付出，就有收获，循序渐进，定会更好。

看到今天他们的成绩，我知道，买题的六十几块钱没白花；我知道，每天起大早开空调预热教室没白做；我知道，每个晚自习过后往黑板上抄习题没白写；我知道，明天告诉他们这个好成绩，他们定会高兴地笑，对他们，我的心没白操。

第一天，第一课

郭　璋

新学期的第一天，第一节就是我的课，我特意穿了一件红色的大衣，我好想我的娃儿们啊，这红色是给他们的惊喜。

我一走进教室，站上讲台，说："上课!"娃儿们齐声回答："老师好!"个个都惊奇地看着我，有的人还不好意思地笑笑。我知道，他们肯定惊讶于日常深色系着装的我今天也太"红"了，但是，娃娃们注视着我的这感觉，真好!

待他们坐好，我并没有马上开始讲课，我和每一位同学用眼神交流了一次，我一直都坚信，透过纯洁的眼睛，你可以看到一切。两分钟过去了，我笑了，娃儿们也笑了，笑容当中，我一点都感觉不到天气的寒冷。我嗔怪道："你们，想我了没?"大多数的同学都用腼腆的笑容应答着我，突然有人冒出一句："我都想死你了!"让大家笑得更开了。我看着这个坐在第一排的小淘气蛋，又看到他有冻疮的手，我问："你来说说，过年都玩啥了啊?"他笑嘻嘻地说："去我爷爷家，和弟弟妹妹们耍，还放炮哩!"我问："是不是就顾着放炮了啊?"他立马明白我的意思，严肃地说："这不是!"说着，要把写好的一厚沓作业递给我看，我示意他下课再看，他还胸有成竹地看看同桌把作业准备好了没有。

笑过以后，我和娃儿们一起严肃认真地回顾了上学期的学习生活，大家对期末取得的成绩都感到很高兴，此时的表扬是应该的，从每个人脸上的表情都看得出来"鼓励"二字的"化学效应"。"但是!"我的话锋一转，说，"新学期，我们还是要执行好以往的'旧规矩'，不迟到，不早退，按时交作业，这些我们都不再重复。初一的下半年，我们不仅要巩固好基础知识，而且要提升我们的阅读水平和写作水平，本学期每周一篇作文是雷打不动的!"说到这里，我看到有人深吸了一口气。说实话，这对娃，对我，都是一个挑战。但是我相信，只要我们一起努力，就没有攻不下的难关。我又说："我相信你们可以，你们相信自己吗?"全班呐喊："相信!"我说："好!让我们一起来学习新学期的第一课《从百草园到三味书屋》，大家把书翻到第2页，让我们来齐读课文……"就这样，我们一起开始了新学期的第一课!

其实，我和娃们都知道，如今我在刘家洼的日子可以说是在倒数着过。我很珍惜跟他们在一起的每一天，我不去想自己离开这儿时的情形，我只想把握现今的每一轮朝阳、每一抹黄昏、每一个片刻；因为，一个班，一颗心，一个家，一生情!

如沐春光

郭 璋

我们班有一个"特殊"的娃，可能，我所讲的文化知识她都不懂，从我支教到现在，她也几乎没跟我有过对话，但我知道，我每天所说的，她，听懂了。

还记得我第一次留意她是上学期刚开学不久，她的同桌跟我反映体育课的时候她躲在角落里哭。我私下里问她原因，她深低着头，一句话都不回答。我又找其他同学了解情况，开始大家都"遮遮掩掩"，后来在我的再三追问下，终于有人说出了实情：班里的一个男同学在体育课集体跑步的时候"吓唬"她，还踩她的鞋子。我看得出，她本身就是胆小的娃，再加上这个淘气的男孩"以此为乐"地捉弄她，她肯定特别委屈，但又不敢说，所以只能一个人偷偷地伤心了。

这件事在我看来可小可大。这只是学生之间发生的小摩擦，批评犯错误的同学，安慰受到伤害的同学，学校每天都会发生诸如此类的小事。但是，如果"强者"以"弱者"伤心和胆小为乐趣，长此以往，就是大事。我不愿去设想任何不好的后果，我只希望我的娃儿们的心理都能健康发展，懂得用心关爱他人、帮助他人，所以这件事我必须严肃认真地处理。

当天的晚自习，上课铃响毕，我就问："大家知道体育课咱们班有人哭了吗？"没有人回答。我又说："知道这位同学为什么哭吗？"还是没有人回答。我很严肃地说："她哭，是因为有人欺负她。那么，欺负人的同学是谁呢？"班里鸦雀无声，大家都在你看看我，我看看你。接着，我说："我给这位'勇士'两分钟时间，自己站出来，不要等着所有人的目光都投到你身上！"我能感觉得到教室里静得好像所有人都屏住了呼吸。我扫视全班，直到视线落在那个男同学身上，他很纠结地看着我，表情很不自然，一分钟过去了，他更不自在了。终于，他慢吞吞地起身，站直了，满脸悔意地看着我。

所有人都看着他，胆小的她把头埋得更低了，我换做平日里的语气说："走过去，给她赔礼道歉，当着全班同学的面，直到她说原谅你为止。"他走过去，她怯怯地站起来，但还是低着头，他说："对不起！"她张了张嘴，但是没有声音。第二次道歉，男同学的声音加大了，更有诚意，她稍稍抬了抬头。第三次，男同学涨红了脸，声音大得估计屋外都听到了，而且他流下了悔恨的泪水。她呢？我非常清楚地听到她说："原谅！"这件事就这样化解了，从那以后，再也没发生过类似的事情了。

今早，我提前十分钟到教室去开门，她来早了，就站在门口，看到我还是怯怯的样子，往后站了站，我开了门，她也跟着进来。屋子里很冷，我打开空调，暖风吹出来，迎着暖风，我赶紧搓搓手。此间，我以为她一直都没有看我。我一转身的工夫，她拿着班里的盆子出去了。我正纳闷她去干吗了，忽然看到她端了一盆水回来，放到了讲台上，还是一句话没说。我看着回到座位上的她，她就抬了一下头，就看了我一眼，真的，一秒钟的四目相对，她说："老师，暖手！"看着眼前的这盆水，我发现，是一盆她特意去开水房打回来的热水，瞬间，我明白了！

当我把手伸到水里的刹那，真的，打心底里温暖。我的感觉只有四个字可以形容：如沐春光。

打开天窗

郭　璋

今天，我收到一份礼物，确切地说是给娃儿们的礼物，来自在美国读研的我的大学同学，是 60 张美国风景明信片，他说："带给孩子们，让他们看看不一样的世界！"

晚自习，我已迫不及待。

一进教室，娃儿们就注意到了我手中的包裹，我故意没有提前拆开来看，我要和他们一起分享这份喜悦。在我拆包裹的过程中，仿佛全班同学都屏住了呼吸，我故意拆得很慢，有的娃按捺不住了，小声说："是不是吃的啊，我都闻到香味了。"他的同桌也在那里随声附和："好像真是诶真是诶，我也闻到了。"他俩的对话把我逗笑了，他们也都笑了。

露出了"庐山真面目"的礼物让娃儿们都惊呆了。说实话，这结果我想得到。我不惊讶于他们不知道明信片是做啥的，那么，又到了传授知识的时刻了。我高兴，娃儿们也都很认真地听着。我说："大家知道这是从哪里来的吗？"所有人都摇摇头。我又问："大家看看认识这上面的风景或是名胜古迹吗？"大家也都摇摇头。"这是我大学的同学，他现在在美国读研究生，给你们寄来的一美元一张的明信片哦，他希望让大家看看美国的风景。"娃儿们个个都很宝贝似的看着我手里的明信片，我知道，他们很期待尽快拿到，亲自"摸一摸"这国外的风景。我又问："谁能告诉我明信片是做什么用的？"一个调皮的娃抢答："写信用的！"大家都哈哈大笑。我说："其实他说的没错，明信片确实是有书信功能的卡片，它的邮寄不需要信封，只需要贴上邮票便可以投寄。"我看到有的娃把我所说的正在快速记录到自己的"百科小本"上，我好欣慰。

激动人心的时刻到了！我走到每个娃的座位跟前，将明信片的图案背对着娃，让他们每人抽取一张，谁都不知道自己会拿到什么样的风景，就像人生路上时刻充满惊喜，时刻都有期待一样。我捕捉每一个娃将明信片翻过来时的表情，这将是我，也是娃们以后人生路上的美好回忆之一，没错，是我们在一起的共同时光。

课前五分钟的时间，分发完礼物，课还是要中规中矩上的。这是个约定俗成的规矩，不用我多说，娃儿们用自己最快的速度完好地将礼物收起来。看着他们已经有的这些好的习惯，让我担心一个寒假的事，他们开学回来全都变成"猴孩子"可怎么办，现在看来，我真是多虑了。开始讲课前，我对他们说："你们要好好努力，看看你手中的风景，说不定哪天，这风景真的就会出现在你的眼前，到时候可别忘了把这张明信片寄给我啊！"娃儿们都笑了。说实话，我真的期待有那样的一天，最好快点到来！

听着自己讲课的声音回荡在教室，看着娃儿们专心致志的样子，我忽然想到当初来的时候自己的踌躇满志，好像定要教出几个上"北大、清华"的娃一般，当然，有过碰壁，也有过伤心，有过失落，因为我不能接受有的娃什么都不会，但时至今日我发现，我的到来，对他们来说最大的意义就是：打开天窗，带他们一起，看这美好世界！

莫负人间好春光

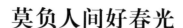

郭　璋

过年回来，一到刘家洼我就深有体会：天，暖了！而且会越来越暖了。今早跑早操的时候发现，耳边不再是寒风呼啸，换作了温暖的春风拂面，阳光照在身上痒酥酥的。

下午有我三节课。第一节是政治课。昨天讲的内容一共有三个知识点需要掌握，只有三个！我留了作业，要娃儿们将这三个问题背下来，他们也答应得好好的。可是，结果呢？

一上课，我就"例行公事"地提问。第一个问题很简单，被叫起来的四个同学基本上都能背下来，但是离我的要求还有一定的距离，我没有说什么。第二个问题有点难度了，我总是会让大家一起背诵一遍，然后再单个叫人起来回答。在集体背诵的过程中我就发现，有很多娃明显"底气不足"，我还是没有说什么。叫起一名同学，背诵得磕磕巴巴，第二名干脆背不上来了，第三名是平时学习比较认真的，也说得模棱两可。我打断了他的背诵，说："都坐下！"娃儿们紧张地看着我，他们知道在我这里，字数越少的"命令"越可怕。我沉默了十几秒，问："昨天布置的作业我没有说清楚吗？"没有人回答，一个个小脑瓜都埋得低低的。我又问："是不是忘了规矩了？为什么不把该完成的任务完成，不把该记住的东西都记下，是不是觉得我太仁慈了？"

我看到有人偷偷地抬头看了我一眼，又赶紧把头低下。全班还是鸦雀无声。

我又沉默了十几秒，说实话，我非常想发火，我很生气，我想知道上学期娃儿们的学习劲头都哪儿去了！就连好同学怎么也都不听话了呢？我的眼睛望向窗外，看着窗外的一切都是那么暖洋洋，我的心，渐渐平静了下来。我知道，现在的事实就是他们没有将该掌握的知识记好，我再怎么发火、着急、生气又有什么用?！现在我能做的，也是我最该做的，就是帮助他们，我们一起，利用最短的时间将落下的东西记住。但我要让他们知道问题的严重性。于是我依然黑着脸说："给大家十分钟的时间，十分钟之后我再提问。如果再达不到要求，下节体育课大家都不要上了！"这一说可倒好，娃儿们立马精神百倍，生怕一周才上两节的体育课因为自己的错误而溜走一节啊。我开始计时，娃儿们开始用心的背题，我注意观察他们的表情，有的紧蹙眉头，有的闭着眼睛，有的同桌之间互相考着，我心想，孩子就是孩子，激将法永远都是管用的。

聪明的娃儿们果然没有辜负我的期望，十分钟后的测试都顺顺利利地通过了。他们所期待的体育课是否上的结果我没有说，我说："好了，利用剩下的半小时，我们要完成这节课的内容，大家都紧张起来，不要瞌睡啊!"看得出一个个都有话要"说"的架势，但是迫于对我的"害怕"，大家都不敢怒也不敢言了。

下课铃一响，我就去跟体育老师沟通，下节体育课我带他们上。娃儿们看着我拍着篮球回来都高兴极了，尤其是男生，争着抢着要跟我一伙，女同学们在场边给我们加油，上节课紧张压抑的气氛，随着比赛的开始早就烟消云散了。

好春光，不如和娃儿们痛痛快快打一场篮球；好春光，不如教娃儿们踏踏实实学点知识。娃儿们，请谨记：青春年少正当时，莫负人间好春光！

在"孤独"的日子里

郭　璋

　　周末的校园真是安静，可以用万籁俱寂来形容。我从没想过做志愿者支教服务的日子会如此"孤独"。早已习惯了喧嚣和人群，虽然半年都已经过去，新的学期还是会不太习惯，显得有些浮躁，甚至做什么都抓耳挠腮的，静不下心来。

　　本以为周末会睡个"好觉"，可是到了 6 点半，已经不需要闹钟的提醒我就自然睁开了眼睛，习惯性地看看门上的窗户，然后告诉自己：嗯，今天是个晴天。起身洗漱，吃饭，开门开窗换换空气，打扫卫生，一切都收拾妥当后坐在桌子前，打开视频没看两分钟就觉得没什么意思，或者说没什么意义，因为我知道我还有任务没完成。

　　我打开电脑，对着空白的文档发呆。因为我不喜欢有压力的生活，我愿意听从内心去写一些东西，当然，会被"要求"完成一些材料性的文章，不是不能写，而是有些抵触。就像每个人都有想要拒绝长大的冲动一样。没有灵感是可怕的，不能把人憋死但绝对会把人憋疯。于是，我开始翻看之前写过的东西，纯粹的日常点滴，记录生活而已。看着看着，不仅要感叹时光的流逝，更有欢乐、有感动、有满满的正能量，更重要的是对我个人而言：有成长！

　　从第一篇文章开始的不太顺利，到越来越能找到切入点，再到现在的得心应手，这其中有很多的细枝末节不被他人所知，是的，只有我自己最了解。每一篇文章、每一个故事背后都有太多的回忆，之前之所以没有写出这些"像样的"东西，真的就是没有经历，正如那句话所说：

只有走过足够多的路，见过足够多的人，做过足够多的事，才会真正长大。而今，我依旧在路上，依旧需要做很多的事，依旧要继续长大，变得更强大。

此时内心的浮躁源于什么都已不重要，我清楚如今自己的得与失。得到的掌声和鲜花背后也会有怀疑和贬低，然而这些不好的方面很容易被我刻意地放大，伴随着他人或是自己给自己的压力，日子就显得不那么好过了，我会气馁，我会怀疑自己当初的选择，我看着已有的成果告诉自己：你已经努力了。但是，我还没有看到最终我期待的光芒万丈，那么，郭老师，请再坚持一下！务必不要懈怠，别说休息一些时日，哪怕一天也等不及啊。

有压力的日子总会觉得过得艰难，甚至不愿意跟别人多说一句话。在我最艰难的时候，依旧有人对我不离不弃，我的父母，我爱的人，我的朋友，此刻最值得我珍惜，不管我怎样，至少，他们一直都在。而那些怀疑过我、贬低过我的人，我不会记在心上，人情世故，冷暖自知。

什么样的日子都不会一蹴而就，从来就没有永远的安稳，更不会一路喝彩和辉煌，艰难坎坷、机遇挑战总会接踵而来，在过去、现在以及未来。郭老师，请保持着你的努力，请保持着你的坦然，因为，那些艰难的日子，终究会离你而去。

没有谁的成长是容易的，所有的答案都在路上。我确实应该感谢这些"孤独"的时光，感谢在这些时光中蹒跚的自己。在"孤独"的日子里，在一个人的日子里，我要做的只有一件事，让自己变得更优秀。郭老师，加油！支教团成员们，加油！志愿者们，加油！

大手牵小手

郭　璋

　　我很珍惜支教的时光，我也知道在刘家洼的日子越来越少，从没想过人生中第一次作为老师到学生家里去"家访"，是这样……

　　说来也巧，每次出门我都会骑上电动车，今天出门买菜都已出了学校大门才想起来没拿电动车的钥匙。算了，索性走走吧。

　　走着走着，我发现了一个熟悉的身影，她欢快地向我跑来，是我班上的一个娃。之前她就曾邀请过我去她家，而且高兴地告诉我她妈妈回来了，让我去见见。是的，我知道她妈妈是一个精神病患者，一直在县里治疗，那次她妈妈回家把她和弟弟都高兴坏了。但是，这次她见到我并没有提及此事，我没经思考就脱口而出："你妈妈还好吗？"她开心的脸上一下子就阴沉了下来，并没有回答我的问题。当我意识到自己好像问了不该问的问题时，她抬头看看我，她也发现了我的"窘迫"，一瞬间又恢复了笑容，很小声地说："我妈又犯病哩，还得回县上吃药挂针。她没在家，过年也没在家。"娃的话打破了尴尬，让我的心里既好受了点却又难过了许多。我不知道要说些什么，还是娃打破了"僵局"。她说："老师，我家就在前面。我弟弟跟我婆在家，我家还有一只羊，还下了碎娃哩。老师，咱们去看看吧！"我看着她的眼睛，纯净的不能再纯净，我没有勇气去拒绝，也顾不得没有事先说好就去家访的唐突。我说："好！"娃在前面一蹦一跳地带着路，一点儿都不像已经14岁的孩子，却也不忘时不时回头看看我跟上了没有。我的脚步也欢快起来，心情却很沉重，我也不知为什么。

我们很快就到了她"家"。进门前，她突然强调，这其实不是她自己家，这是她二爸家（二爸即二叔，娃不会讲普通话），她的眼神中有些我无法形容的东西。一进门，娃马上又高兴起来，大声地告诉奶奶："我郭老师来哩！"一位老人出门迎接我，还擦了擦手，我急忙迎上去，老人不好意思地跟我握握手，很是激动。进了屋子，弟弟在看动画片，看得很入神，嘴角挂着微笑，看到我进屋很是惊喜，姐姐一个眼神，弟弟依依不舍地关了电视，懂事地站在一旁听我跟奶奶讲话。说实话，奶奶的口音很重，我要仔细辨听，大概意思我懂了：两个娃都不容易，妈疯了，过年俩娃去医院看她妈，她妈都不认得自己的娃。爹还在外打工，三四年都没回来，经常联系不上。就我们老两口靠种点玉米养活这俩娃，现在住的是她二爸（二叔）的屋子。说到这，娃突然跟奶奶要钥匙，一定要我去她自己家看看，眼神里充满了渴求和坚定。奶奶把钥匙递给她，姐弟俩在前面带路，我们一起，去他们家，真正的他们家。

说实话，看到大门的一刹那我就明白了先前自己为什么会感到不安。进了大门，整个院子包括两间窑洞，由于太长时间没人住（从谈话中得知，至少有四五年了）我只能用一个词来形容：破败不堪。娃们丝毫没有不好意思或是其他情感掺杂，他们高兴地给老师看自己曾经生活过的地方，弟弟还在地上捡起儿时的玩具给我玩，又跑到院子核桃树底下去拾落了的已经自然风干的核桃给我吃。我知道自己一直是微笑的，可是面对着娃儿们灿烂的笑容，我的笑显得那么无力。我注意到屋子里有一张娃爸妈的结婚照，姐姐用衣角轻轻擦掉上面的灰，笑笑。这一个动作，几秒，我真的受不了了，再也控制不住自己的眼泪，我走出屋子，偷偷擦去泪水，弟弟看到了也走出来，说："郭老师，是不是屋子里灰土太大进了眼睛了？"看着他使劲抬头看我到底怎么了的一副纳闷的样子，我"破涕为笑"地点点头。

我把两个娃送回到奶奶身边，娃们非要送我回学校，我拒绝了，但他们还在坚持，我只好让他们把我送到离他们二爸（二叔）家最近的路口，我转身看着他们离开。我眼前的情景是这样的：姐姐和弟弟并排走着，很自然地，大手牵小手。

　　愿你们今日所受的苦，都能变成未来生活中的礼物。愿你们所走的路，纵使风雨飘摇，内心的阳光也足够好。是的，以后的路，都要大手牵小手，你们姐弟俩，一起走！等你们都长大成人，能自食其力，日子，会越来越好。

女生节里的"教育"

郭　璋

这学期的思想品德课主要内容都是涉及青少年如何快乐地度过自己人生中最美的花季，这其中也有预防违法犯罪，如何明辨是非的方面。我一直都在考虑怎么去给他们讲一些所谓的、需要"隐晦"着点说出口的话题，今天是个节日，我知道，机会来了。

下午的班会，我把周末让娃背的知识点检测完，顺顺利利，娃们不紧张，我也高兴，气氛和谐而又美好。我说："来，大家把书本都放好，坐直了，让我们来一场别开生面的思想健康教育课！"娃们一听，都严肃起来，个个都用迷茫的眼神看着我。我当然希望以下的谈话和互动是轻松愉快的，所以为了缓解娃们的"压力"，我说："咱们之前一起学的李宇春的歌叫啥来着？"娃们异口同声："《和你一样》"接着，我们一起合唱了这首积极向上的歌曲，课堂充满了欢乐。

趁热打铁，在歌声依旧绕梁的时候，我的问题开始了。我说："大家知道今天是什么日子吗？"娃们都面面相觑，突然有人来了一句："今天是'三八妇女节'的前一天！"大家都被这话逗乐了。我心想，好啊，一切按照我所想的进行下去吧。笑过之后，我说："没错，今天就是'妇女节'的前一天，今天也是一个节日，大家猜猜叫什么呢？"娃儿们开始七嘴八舌地讨论了，有人说叫"三七节"，还有人说叫"女人节"，娃们的脑洞大开，真是让我哭笑不得。

待娃们声音渐渐小下来，我说："其实，今天的节日叫做'女生节'，它起源于 20 世纪 90 年代初，是由山东大学发起的专门给未婚女性过的节日，主要是为了关爱女生，展现高校女生风采，开始是在各地大学流行，现在也逐渐普及到了社会。"娃们听得聚精会神，不仅女生们如此，男生们也都正襟危坐。我继续说："老师想借今天这个节日给大家说说我们身边的一些事，一些你们可能会觉得敏感的话题，这些内容大家可能不好意思讨论，但是对于青春期的你们这也是务必要了解的。"我看到娃儿们都睁大了眼睛，似乎，他们意识到了我要讲的东西，我要教给他们的东西是很重要的。

我说："其实，我们身边有很多不安全的隐患存在，只不过我们所在的刘家洼由于地理位置和发展程度等原因，我们不常见而已。就像十几年前曾经发生的'马加爵案'，马加爵是一名在读大学生，却因琐事连杀四名舍友，而后开始逃亡。我们了解他的经历可以知道，他的学习成绩一直都很优秀，甚至曾被评为省级三好学生。那么，我们想想，有再高的文凭却不懂得人性，那还有什么意义！他最终的结果怎样？大家可想而知。"我知道将社会的阴暗面讲给娃们听他们会接受不了，就像有的女同学已经表现出害怕的神情，但是我要让他们知道，青少年也是犯罪高发的群体，有太多是我们应该注意防范的。于是，我接着说："大家不要简单地只觉得这件事情很恐怖，在这个案件的背后，告诉我们什么？就像大家现在的这个年纪，我们容易冲动，往往不会控制自己的情绪，在自己冲动时更不会考虑事情的后果和问题的严重性，总觉得不管自己怎样，甚至天塌了，都有家长顶着。但是，大家有没有想过，一旦你所做的触碰到了法律的底线，全天下又有谁能替你顶着呢？所以，遇事，多想想老师今天和曾经给你们讲过的那么多的案例，不要一时冲动，甚至就因为什么哥们儿义气之类的将自己最美好的年华关进铁窗，这是一个很严肃的问题！"全班，鸦雀无声。

"这就是我今天要跟大家说的第一个话题，那么大家是做好了自己该做的，自己不去触碰法律。但如果是别人，你身边的一些人，甚至是你的亲戚、朋友和邻居，他们做了一些对你，伤害你身体和心灵的事呢？"我看到有好几位女同学都不好意思地低下了头，有的男生也把视线从我的脸上移开，我知道，重点的地方来了。我又说："大家每天所看到的这个社会，或者说你们每天生活的这个环境，上学、放学、回家吃饭、睡觉，没什么不好的事情发生，但是你们要知道，天使在人间的同时，恶魔也会出现在我们身边。我们，尤其是女同学，一定要知道在日常生活中提高警惕，要学会保护好自己，如果，当恶魔真的出现的时候我们应该怎么做呢？"一个娃脱口而出："跑！"没有人笑话他的唐突。我又继续问："真正当这件事情发生在你身上的时候，你又能跑到哪里去呢？"这次的提问没有一个人说话了。我继续说："不用我再说破，大家也都懂我讲的不好的事情指的是什么。出于我们习惯性的保守，尤其是胆小怕事的同学，如果那样的事情真的发生在自己身上时，那么第一时间你不会做别的，只能干一件事情，就是哭，那么哭过之后呢？事实已经不能用泪水去冲刷、更不能掩饰了，那么我们真正需要第一时间做的应该是尽最大的努力保护好自己，或是去医院检查治疗、解决或是通过其他渠道解决，坚决不能让那些丑陋的行为对我们的身体造成更大的二次伤害。因为有些伤害，一分一秒都等不得。"说到这，我注意到全班的同学都与我的目光相对。"如果说身体上的伤害是可以痊愈，那心灵上的呢？如果是你，你会觉得多少钱能买走你人生中最不好的回忆？"全班依旧是安静，好像空气都已静止。我接着说："所以，我们的身心受到了伤害，为什么要让犯罪分子逍遥法外？那么，我们最有力的武器是什么呢？""法律！"娃儿们齐声回答。"没错。我们遇到这样的事情，法律才是我们的武器！"我看到男生们个个都"义愤填膺"，好像"坏人"就在眼前，他们立即想要把"坏人"绳之于法，女生们也都目光坚定。接下来的，我不说，他们也都是知道的，此次教育该适可而止了。

我看了一眼表，还有两分钟放学，我让全体同学起立，同桌面对面站着，所有男生要真诚地对女生说上一句："女生节快乐！"这下可好了，班里"炸"开了花，大家都不好意思，真的是男生尖叫，女生发笑。唉，我只能用出我的"杀手锏"，清了清嗓子，板起了脸，娃们瞬间会意，虽然还是不好意思，但该说的祝福都说了，该表达谢意的也表达了，这节课，完美！

　　下课铃响了，我看着学生们出门，很多娃都长舒一口气，我也发现，在同桌对自己说"女生节快乐"后女生仍绯红的小脸和男生看似镇定的表现，啊哈！下一次班会的主题，我知道了！可是，娃们知道吗？哈哈，让我们期待下一次"春"心萌动的话题吧！

在自己喜欢的领域里打一场漂亮的硬仗

郭　璋

　　最近的压力很大，来源于新学期课程难度的加大，娃们学起来整体上很是吃力；来源于个人太过感性，总是日有所见就会所思、夜也有所梦，吃不下饭，睡不好觉；来源于需要完成的任务太多，哪怕是我自己给自己定的目标，而这一切的一切，都要用心做好。

　　白天上课很累，尤其是连着两节，虽然不同学科，但讲课的人依旧是我，娃们难免会有一些视觉疲劳，课上开个小差或是溜个小号也是可以理解的。但是，我一向都是对娃们严格要求，有时候甚至连我自己都会想娃会不会"恨"我，就如我当年讨厌老师"多管闲事"一样。

　　今天上课，下午第一节是语文课，第二节是思想品德课。语文课还好，第二节思想品德课就开始有人打瞌睡了。没错，就是昨天夜里快12点了还给我朋友圈点赞的两个娃。他们是这学期新转过来的，很明显，他们还不太懂规矩，还没有摸清我的脾气。我眼看着我让背诵知识点的时候，这俩娃眼睛眨的频率逐渐变慢，最终，还是没能在我已提高讲课分贝的情况下坚持住，躲在书的后面，闭上了眼睛。我在教室来回踱着步讲课，我看到，睡在书后面的娃，睡得那么香甜，我确实不忍心打扰，但我不能不打扰！我停止了讲课，几十秒过后，全班都发现了异样，大家都安静地看着他们俩，没人敢说话，毕竟，没人敢在我的课堂上这样做。一分钟过去了，睡着的俩娃没有了我的声音催眠也都"惊醒"了。我也是当过学生的人，自然知道课堂上有老师讲课声音陪伴的睡眠哪怕是5分钟，都比课下睡50分钟还要香。全班同学都屏着呼吸，等待着我"开炮"！这俩娃也一瞬间精神得不得了。

真的，当老师就好像半个侦探，一定要随时做好和学生们"斗智斗勇"的心理准备。我当然知道他们为什么瞌睡，又有谁能睡到半夜而特意爬起来给老师发文章下一秒就那么巧的点赞呢?！看着他们惊恐的样子，我只说了一句话："明天，把你们的手机带来！"他俩呢？都纳闷地、更为惊恐地看着彼此，其他娃则偷偷地窃笑着。

我知道他们两人的家都离学校远，俩娃都是住在学校附近的托管所，父母肯定是为了跟娃联系方便才给娃带的手机，但是父母肯定不会相信自己的娃半夜不睡觉玩手机，而将小憩的时间移到了课堂上。我自然不是真的想控制他们的手机，但我会把娃的手机亲手交到他们托管所负责人的手中，并说明情况，我是真的想为他们好啊！就像当年我的老师，对待我们一样。

待我走到第一排一个笑得格外开心的娃身边，我知道他是在幸灾乐祸，他也住在那个托管所，我跟他说了一句话："明天，别忘了，把你的手机也带来！"他僵住了笑容，无辜地看着我。我小声地说了一句："别说你没有手机，谁的 QQ 能 24 小时在线！"虽然只有我们俩听得到我们的对话，他立马就"泄气"了。

我知道，我打心底里喜欢支教的这段日子，我也喜欢当老师，多年来我更是钟爱写作，这些，都是我所喜欢的领域。而最近的这些压力，我丝毫都不会带到我的课堂，带给我的娃儿们，我要做的，只是努力做好眼前的事，一天一天成长。

郭老师，既然你已选择并投身到自己喜欢的领域，那么，在等待破茧而出的日子里，不要着急，不要沮丧，在自己喜欢的领域里打一场漂亮的硬仗吧！在这样的战役中，所有的坚持和努力，都会在自己的成长中刻下印记，无论结果如何，我们终将成为更优秀的自己！加油吧！

郭老师的另一个名字

郭　璋

每天，最放松的时刻莫过于午睡的半小时，可是，偏偏总在这个时间，娃儿们或一伙儿或单个，总爱站在我宿舍门外喊："报告！"让我不得不从床上爬起来开门，看看娃到底有什么"大事"。

时间久了我渐渐发现，其实娃儿们眼中的"大事"，在我看来无非就是一些"邻里相争"之类的小事而已，怎么两人就非争得面红耳赤，好像要老死不相往来呢？听到"原告"委屈地陈述，虽然大多他们都只会说方言，我不能逐字逐句听明白，但大概意思我还是会懂，或者干脆娃们知道我这个老师的"脾气"，干脆自己"告状"时自带一名会说普通话的娃做"翻译"，这样既省时间又便于沟通。因此，每当有娃一边陈述，另一个娃在一旁叽里呱啦地翻译时，我总是忍不住想发笑，但是我不会因为娃前来告状的内容而笑，因为有句话说得好：在孩子的世界里，多小的事都是大事，因为他们的世界小。

"原告"陈述完毕，我会让他们回去把"被告"请来。我站在宿舍楼的门口，在三楼居高临下地看着"被告"火速赶来。一般情况下，从"被告"走路的姿势和急迫的表情，十有八九可以推测，基本案情已属实，但是，还绝不能妄下定论，倒是要听听"被告"的说辞如何。通常情况下，"被告"也可能会自带"翻译"，这说明他并不理亏，本来两个人的纷争就是一个巴掌拍不响嘛！这样的"案件"很好处理，两个人叫到一起，把事实陈述清楚，利害关系分析一遍，再加之幽默诙谐的东北语言，俩人都忍不住乐了，好了，拉拉手，你俩还是好朋友。

娃都腼腆，让俩男生拉拉手，都不好意思，此刻，我总会"黑"下脸说："快点！还让不让老师休息了？"有些娃一时还不能从刚才吵架的气氛中走出，想敷衍着拉一下，这可是不行的，必须发自内心，倘若需要反复几次拉手动作的，别说双方忍不住大笑，我也是忍不住的。

一桩"案件"结束，我不会马上就进屋，我会看着俩娃怎么下楼，去教室的路上是否有语言的沟通等。毕竟，孩子就是孩子，总是会很快忘了刚刚的不愉快，只记得老师"强迫"自己和同性同学握手有多不好意思罢了。我喜欢看他们在回去的路上两人你追我赶、一同到教室门口的默契，毕竟是数学的午间自习课，谁又会喜欢单独喊"报告"呢？俩人一起，多有底气！

今天中午，我刚躺下，突然门外有人敲门，喊："报告！"仿佛自带音效一样，我突然好像听到两排人浑厚的"威……武……"，开门的一刹那，是个女娃，一个人来的，她用很快的语速说了一大堆方言，我只完整地听明白了一句。女娃说："他在桌上非要画线，只给我一点点地方，我没法写字哩！"我说："你把同桌叫过来，你俩一起过来！"看着她跑去叫同桌的背影，我转身进屋，坐在桌前等待俩娃一同前来。就这么干等着有点尴尬，我手里握着鼠标把玩，很快俩娃也进屋了，鼠标被我轻轻拿起又放下，音效又来了，仿佛有惊堂木一敲，"升堂！"

没错，郭老师的另一个名字，请叫我——郭青天！哈哈，我很喜欢，因为，这是支教日子中实实在在的生活！我希望，我宿舍的门，总能接住娃前来"禀报"的路，无论大小，无关事故。

愿 42 个娃健康快乐每一天

郭　璋

支教的日子已走过大半，越来越发现，我真的喜欢当老师的感觉。我喜欢看着 42 张聚精会神的脸，42 双渴望的眼睛，我愿意把我所知道的一切都教给他们，但是，在这个过程中，总有一些事情，我真的无能为力。

现在的季节，乍暖还寒，每隔几天，班里总会出现空着的座位，我也总会接到学生的假条，是的，他们生病了。在我的印象当中，班里的很多孩子都因为生病请过假，头疼脑热居多，少则半天、一天，若遇到发烧咳嗽严重的则需要一周去休息。慢慢的时间久了，对于每个娃的体质我也有所了解，很多我根本想不到的先天疾病也都会暴露在我的眼前。我没有办法将那些可怕的字眼同我面前这些活泼可爱的娃联系到一起，但现实就是如此残酷。

今天下午第六节课是体育课，娃儿们一般都会第五节课一下课就全拥到操场，迫不及待地等着体育课的到来。我总是习惯性地跟他们一起上体育课，我喜欢和娃们一起打羽毛球、打篮球和丢沙包，我们一起追逐，一起欢笑。还没上课，我走到教室门口，门虚掩着，我在心里嗔怪道："贪玩的娃，班级里没人了都不知道把门锁了。"我走进教室去拿锁头，当我转身要出门的一刹那，透过桌椅板凳的缝隙，我清楚地看到，在靠窗倒数第二排的过道上居然躺着一个娃！真的，一瞬间，我冷汗全身。来不及犹豫，我赶紧跑上去，我不敢立马拉他起来。因为我知道他的心脏先天就不太好，小学时也曾有过昏倒的事情。此时此刻，我把所有的紧张和着急，尽可能地化作最温柔的手法，慢慢地、慢慢地扶他起来，他眼睛微睁，小声地跟我说："老师，我头疼。"说着，就流下了眼泪。就这一句话，让我心疼不已，我多想替娃分担痛苦，但是，我又真的无能为力。我扶他靠着墙在椅子上坐下，我庆幸自己支教之初就将所有学生家长的联系电话都存在了手机里，我以最快的速度拨通了娃家长的电话，好在娃家离学校近，等待的 5 分钟，仿佛过了 5 个小时一样漫长。看着娃渐渐平稳的呼吸，也不再那么难受的表情，我悬着的心也放了下来。把娃送走，看着他和父母离开的背影，我的心里说不出的滋味太多了。一方面，我真的觉得娃学习的时间不应该被耽误；另一方面，我真的觉得娃不应该遭受病痛的折磨；还有一方面，对于我眼前的这些活生生的"无能为力"，我不能放弃任何一个力所能及！

操场上正在奔跑的娃儿们，其运动的魅力尽显在每个人的身上，很多的娃真的就是因为缺乏运动而导致体质太弱，稍微一变天就会感冒、发烧。那么，我能做的，我力所能及的，就是带着他们，多多锻炼，就像课文中背的那样，舒活舒活筋骨，才能抖擞抖擞精神！

快步向前，我加入到娃儿们的欢乐当中。我同他们一起，虽然我也笑得开心，但这背后，我还是有一点点的放心不下。因为我希望，42个娃，健康、快乐每一天！

一个拥抱

郭　璋

往往有时候我要求学生做的，比如：要学会表达自己的内心情感，要学会说出感谢，要学会用肢体语言等，然而当真正发生在我自己身上的时候，我却也会同他们一样，腼腆的，不好意思的……

马上又要到期中考试了，我的心又开始不由自主地紧张起来，或许是因为同学们上学期期末考试成绩进步很大，或许是因为同学们支教跟娃儿们在一起的日子真的越来越少了。

对于文科的学习，我认为阶段性的测试十分考验知识掌握得是否牢固，而同一个知识点不同的问法和考法又考验学生的随机应变的分析能力。我深知，死记硬背远远不够，配套的习题，多多练习才是硬道理。

跟上学期一样，我在网上早早就买好了练习题册，但是由于学校没有大型的打印设备，我只能利用有限的资源，将政治习题的选择题部分复印下来，全班 42 个娃，需要复印 21 份。

是的，即使是两个人一份资料，娃儿们也十分开心，更是无比的珍惜。我将 9 沓，每沓 21 张，正反面都有题的资料发到每两个人手中时，全班同学一个不约而同的动作映入了我的眼帘：每页纸，每个娃都在写自己的名字！我突然想起自己当年对待老师每天发下来的雪片儿一样的资料，再看看如今我们班的娃儿们，我真的好想对当年的自己说："要学会珍惜！"

期中考试的范围我一共归纳和总结了 120 道选择题，说实话，我自己做了一遍也不能保证全都做对。但是，为了激发娃儿们的学习积极性，我说："这节课的任务是做前 60 道题，全对的重重有赏，要啥都行，除了要命！"娃儿们一听，都乐了，不用我去安排，同桌两个人自行分配，开始做题。有的同桌之间还进行比赛，看谁做得快，但是，没有一个同学在习题上乱写乱画的。因为他们知道，这一份资料是两个人共有的"财富"。

看着他们"热火朝天"，却又稳扎稳打，我真的很欣慰。不到 40 分钟，很多同学就做完了，他们胸有成竹地挺直了腰杆，一副势在必得的样子。我注意到还有没做完的同学，虽然是零星的几个，但是他们都显得十分焦急。我说："做完的同学，仔细检查，不要因为小小的疏忽而错失了奖励！没做完的同学，继续耐心认真地做，我们晚自习再对答案。"其实，我看得出，娃儿们都紧张却也期待着答案的揭晓。

终于迎来了激动人心的晚自习。要是平常，我早就将答案一股脑儿地写在了黑板上，但是我记得高中英语老师曾经考 100 个选择题，一个一个公布答案是何等刺激。于是，我长舒一口气大声地问："都——准备好了吗？"大家异口同声地回答："准备好啦！""第一题选 A，第二题选 C，第三题选 C……"每公布一题的答案，就会有不只一个人小声地说"耶"，我没有去制止。公布到三十几题，开始有人叹气了。到第四十题，我停下了。我看到有的娃垂头丧气，有的娃则信心十足，我说："继续吗？"有个调皮的娃来了一句："必须的！"而且，他还模仿我标准的东北腔儿。大家哈哈一乐，紧张的公布答案继续进行。

当我说完第六十题的答案，全班安静了。大家你看看我，我看看你。我以为没有人全对，正要"感叹"他们太过自信、仍需努力的时候，一个女同学小心翼翼地举起了手，其他的娃都向她投来了赞许的目光。我说："非常好！老师都不一定全能做对。说吧，你想要什么奖励呢？"我看着她，全班的娃都看着她，她轻轻地走到我身边，小声地说："老师，我想要，一个拥抱！"一瞬间，我脸红了，说真的，我怎么也没有想到。我感觉小说里的桥段好像就发生在了现实，看着娃们期待的眼神，看着她缓缓伸出的手臂，我知道，我该做什么。

我觉得，我这辈子都不会忘记被自己的学生拥抱是什么感觉，就像呷香茗，就像看花落，就像听雨声。一个温暖的拥抱，那感觉不似家中，胜似家中，便湿了眼，一瞬间，世界美好而又安静。

日光温柔照耀时

郭　璋

　　最近一直都在奔波，整个人也忙忙碌碌。

　　从支教的第一天，从写下的第一篇文章，我根本从来就没有想过我所谓的记录生活会在万物复苏的春日里带给我如此多的"惊喜"。

　　5月4日，我在渭南师范学院接受"渭南市五四青年奖章"；5月6日至19日，接受"西部计划"优秀志愿者事迹分享会培训，以及在我的母校西北农林科技大学等10所高校进行事迹分享活动。说实话，作为一名支援"西部计划"的志愿者，作为西北农林科技大学第十七届研究生支教团的一员，我感到无比骄傲和自豪。我知道，这一切荣誉的背后，是我的42个娃，他们自带光环，一直激励和鞭策着我要用爱心换真情，走在支教的路上。

　　与我的娃儿们近半个月没见，今天，走进教室前的我还是有些许紧张的。我像往常一样采取了"迂回"战术，没错，我成了那个当年的我最"讨厌"的——教室窗外的一双眼。我预期的是会有娃和我四目相对后仓皇地躲开，然后小声地告知全班："老师来啦!"很不幸，今天的娃儿们很反常，所有人都视我于不见。矜持了几十秒，我终于忍不住了，推开了被关得很紧的门……

　　"欢迎!（啪啪）欢迎!（啪啪）欢迎欢迎欢迎!（啪啪啪啪啪啪啪）"，全班的娃尖叫也好，欢呼也罢，都在竭尽全力发出自己最大的、最喜悦的声音。真的，一瞬间，我懵了，我感觉好像在做梦，我教过的那些不善言辞、害羞内敛的娃儿们都哪儿去了？换做了涨红了脸的我，一只脚在讲台下，一只脚正要踏上讲台，停在半空，一时间，我根本没有意识到自己是在哭还是在笑。娃儿们看着这个向来严肃的郭老师如此不知所措，都笑开了。当我走上讲台拿起粉笔准备写下课文题目的时候，黑板上的四个大字映入眼帘："欢迎回来！"顿时，又一股暖流涌入心间。我背对着娃儿们几秒钟，我需要这几秒来调整自己的情绪，我不能让他们看到我眼里的泪水，此时，谈及"离开"这类的词语太感伤，我真的会受不了，我想，娃儿们也肯定受不了的。

讲课的时候，我看着一双双聚精会神的眼睛，我突然想起了自己在做分享报告时曾说过的一句话："人生就是不断地放下，但最遗憾的是，我根本舍不得告别。"没错，我害怕类似于电影中的桥段发生在现实的生活，即使我再怎么做好心理准备，再怎样想象出无数种我离开时的情景，我相信，当这一幕真正来临时，我肯定会……

一节课的时间总是过得太快，突然间下课铃就响了。我拍拍手上的粉笔灰，整理好书本，抬头的瞬间与很多娃的目光相遇。若是换做平常，娃儿们一下课早跑出去耍了，但是今天他们的举动反常，他们的眼神我懂，是不舍，又不好意思表达，更不愿意直接问我何时离开。

我像平常一样，走出教室，进入温暖的阳光中，微微眯起眼，回头再看一眼坐在教室里、目光依旧投在我身上的娃儿们，我在心里大声地说，当老师离开时，不要伤心，更不要哭泣，一个爱你们的郭老师走了，还会有千千万万个比郭老师更爱你们的支教老师来！

2015 年，日光温柔照耀时，我来；

今年，日光温柔照耀时，我会离开；

以后，无论雨雪阴晴，对你们的关注和爱，我答应你们，我一定永远都在！

停电的日子

郭 璋

来到刘家洼不多时日，我就发现了一个不是规律的规律：停水停电，总是"咔嚓"一下，突如其来！而且，从来就不知道什么时候会再来，只能静静地等待。

还记得第一次在教室经历突然停电的情景。

晚自习我正在讲阅读，很有意思的文章，讲得我激情澎湃，差点就唾液横飞了，娃儿们也听得正酣。正当我声音突然提高以示此处为重点的时候，教室的灯，不！是整个刘家洼所有的灯！一瞬间全灭了！突然间眼前一片黑暗，我本能地喊出了我的家乡话："哎呀，我的天呐！这是咋的啦！"娃儿们都被我纯正的东北话逗乐了，当眼睛还在逐渐适应黑暗时，我发现娃儿们都无比淡定，而且每个人都在从书桌里翻找着什么东西似的。我心想，不会他们要收拾书本准备放学了吧。

正当我满心不解之时，离我最近的娃说："老师，你有打火机吗？"我被这样的一个问题给问懵了，突然间我恍然大悟，学校在开学时给教师配备的生活必需品里真的有打火机。待我取来打火机，娃儿们的一系列连贯的动作解开了我心中所有的疑惑。一个人接过打火机，点燃一支手指般长短的蜡烛，接着，打火机和被点燃的蜡烛继续被传递，就这样，不到两分钟的时间，全班 42 个娃桌子上就立起了 42 根小蜡烛。我站在讲台向下望去，仿佛置身烛光的世界。烛光摇曳，我们上完了还剩下十几分钟的自习。

说实话，现在回想起当时的情景，除了温暖人心的娃儿们在烛光下学习的画面，我还记得满屋子的蜡烛燃烧后的气味和烟，呛得人咳嗽，辣得人眼睛疼。放学时，还有人不小心碰倒了蜡烛，还好灭得及时，否则点燃了书本，后果真的不堪设想。

今天，早上6点多又开始停电。等啊，盼啊，真的就到了该上晚自习的时候，电，还没有来。

天色越来越暗，娃儿们知道我不允许他们再点蜡烛，但是为了继续听课，他们也都极力地把眼睛挨近了书本。我们班教室在一楼，窗户前面还有楼梯挡光，看看窗外，确实比教室明亮太多，我索性对娃儿们说："带上椅子，我们去外面上课!"娃儿们一听，都乐了，大家整齐地把"课堂"搬到了室外，虽然有晚风微拂，但至少光线看书是足够了。有意思的是，本该是一男一女坐在一起的同桌，此时好像约好了一般，都分开了，男生一组，女生一组，中间留出一块空地，是给我的。我说："咋不按照教室那样坐了呢?"一个调皮的娃说："人家不好意思啦。"大家都被他逗得哈哈大笑。

真的，我还从来没想过自己会在室外给娃儿们上课。我讲完所有的内容，还剩5分钟放学，娃儿们唱起了我新教他们的一首歌——《宁夏》。没有伴奏，没有灯光，但我知道，在停电的日子，我们每个人内心都明亮且温暖!

看着他们稚嫩的脸庞，欢快地唱着歌曲，笑容挂在脸上，我真心希望，岁月能待他们好，许他们明媚，予他们温暖，怜他们坎坷，赠他们一世平安。

原来，我是这样的"郭师"

郭 璋

我是一个很"严肃"的人，这一点，我自己也无比地认同。虽然在课堂上我也会时不时地用东北话讲几个段子逗得娃儿们哈哈大笑，但是据我观察，没有一个娃是笑起来没完的，他们面部表情都是收放自如，我们相互"配合"，一节课下来，紧张刺激、幽默充实、节奏感极强。

我一直都觉得自己是42个娃的大姐姐，从年龄上看确实也是如此。但是最近，当回忆如潮水般汹涌而来的时候，我突然发现记忆的小涟漪中，娃儿们，居然是这样看我的。自我的"反思"，开始于三天前的一堂语文课。

那天，当我踏着上课的铃声步入教室，我习惯性地扫了一眼每个人的书桌，看到那上面有摆放整齐的前一天布置的家庭作业、这节课需要使用的书本和必不可少的批改使用的红油笔。当快速走过每张桌子，我也不知何时练就的扫一眼就知道哪个娃的作业没完成好，我想，这或许是挂在脸上的不自在的微表情吧。而且，在快速巡视的过程中，凡我经过之处，目之所及，哪里地面不整洁，娃儿们就会像被触碰了开关一般：弯腰、拾起、将垃圾扔进垃圾桶、奔回座位、坐好等待上课。一系列动作，一气呵成，最重要的是要赶在我走上讲台之前，而且这一连串的动作要轻悄无声。

当我重新回到讲台开始讲课之前，再次扫视，确认与所有人目光相对一次，这感觉好像是在对暗号，倘若哪个娃没跟上节奏，是会遭到来自前后左右眼神无情提醒的，一般人都会因此而面红耳赤，我呢? 根本无须多言。这么冗长烦琐的叙述过程，其实按时间计算，不过仅需3分钟而已。

那天新学的课文里有一个词"战栗"，我问大家："知道这个词是什么吗?"娃儿们异口同声地回答："知道!"我又问："谁能举个例子说说?"一个平时沉默寡言、很老实的娃脱口而出："就是给你背书时候的感觉!"说实话，娃举的这个例子让我怎么都没想到啊!而且，看着其他娃也都露出赞同的神色时，一瞬间，在心里我有无数的疑问，汇聚成我脱口而出纯正的东北话："咋的呢?"（此处就是为什么的意思）这一问可倒好，娃儿们开始细数我考他们背书的各种细节了。有的说："紧张得大脑空白，因为你只给每人一次机会!"有的说："背书必须一次成功，不能重复背过的话，停顿不能超过三秒!"还有的说："在底下自己背得好好的，可一上讲台就都不记得了，连声音都发抖!"娃儿们看着我惊讶的表情，突然间由一个人的"禁声"蔓延到了一片，很快蔓延到了全班。我没有说什么，我们又像往常一样紧张刺激、幽默充实、节奏感极强地上完了那节课。

回到宿舍，我仔细回味娃们的话，以及之前的一些点滴。他们明明是课间，我还有三个教室的距离到班里，就听见有人在大声喧哗，可当我刚看到教室的门，全班瞬间鸦雀无声;他们明明是下课正在室外活动，看到我向教室的方向走去，一个个好似脱缰的马儿，都赶在我进到教室前坐好，待我说上一句："这不是下课么?"又再从屋子里跑出去玩;他们明明在很高兴地打篮球，看我走过去，知道我要和他们一起，突然拿球的娃会停下运球，把球递给我，其他的娃也都以十分"庄严"的表情看我投球!天啊，这样的细节简直不能再多!我不想再回忆!

真的，凡此种种，只能说明一个问题，原来，我在娃儿们眼里是这样的"郭师"!他们，真的很……哦不!是非常非常怕我!

我确实"难过"!可这"难过"仅持续了几秒钟而已，是因为有句古语叫"严师出高徒"吗?哈哈，我笑而不语。

我只知道，从他们的世界离开，将是我最后最深的惦念，我只希望，念念不忘，必有回响……

心有香息，我曾嗅过

郭 璋

嗯，没错，今天是 5 月的最后一天。自觉不自觉地，我开始了离校日子的倒计时。

今天，娃儿们进行了本学期第二次体质检测，我，有一个重大发现！

还记得我第一次走进这个班级，是一个炎热夏日的傍晚，一进门还没来得及登上讲台，扑面而来 42 颗跳动着的心散发出朝气蓬勃的气息，说实话，那时的我，是非常紧张的。我也看得出，娃儿们也紧张，毕竟，我们彼此都不熟悉，但当我露出笑脸，当我用东北话做自我介绍把大家逗得哈哈大笑的时候，整个班级一片热火了。气氛很美好的第一堂课结束了。放学的时候，娃儿们一个个从我身边走过，直至最后一个娃跟我说："再见"。我终于在心里窃喜，太好了，我们 43 个，我是个子最高的，一种莫名的优越感油然而生。嘿嘿，从今以后，这 42 个娃全归我管！

可是今天，时隔不到一年，娃儿们好像拔了节的竹子，还没有量完所有男生的身高，就已经有 5 个娃的身高超过了我，不觉间我发出感叹："哎，时光匆匆如流水啊，等你们到初三，估计我都认不出哪个是哪个了！"娃们听了，哈哈大笑起来。确实是，初中，真的是娃儿成长最快的时期，无论身体还是心理。眼看着落在房檐上的喜鹊在梳理羽毛，远处村民们袅袅的炊烟也已升起，恍惚间，烟尘散尽，时光流转，仿佛自己也一下子回到了恰如他们灿烂美好的少年时。"哎呦，怎么下雨了!"没等我再多"文艺"一会儿，豆大的雨点簌簌地落下，一阵凉意拉我回到了现实。

我们是在室外测量身高的，娃儿们并没有因为突然下雨而四散跑开，大家是在等待我的一声令下。我害怕娃儿们淋雨着凉，一时情急竟语塞起来，与一个娃四目相对后愣是叫不出他的名字，反而脱口而出："那个谁啊，去把那啥搬到那儿去，大家快进食堂躲雨，快!"这话我一说出口自己都觉得好笑，完全没有明确主旨和中心意图。但是，娃懂我，没等我话音落下，大家就抬起测量仪器往食堂跑去了。没错，我就是这个意思。等我跑进食堂，娃儿们早已重新排好了队继续测量身高，我又与刚才那个娃目光交汇，我俩呢? 都不约而同地笑了。

晚自习时提问古文的基础知识，紧张刺激的时刻又来到了。我要求提问时所有人都目视前方，不能再看书了。我抬起头扫视全班，用眼神代替语言，给娃信号："到你背诵了!"每一次被叫到的娃都准确无误地知道我是在叫他。说来也神奇，我也不知道何时课堂上的提问省略了叫名字这一环节，只是总有那么一瞬间，我想表达什么东西，言语已是多余，娃儿们懂我，一个眼神，已然交汇万千!

下了自习，等到娃儿们都离开了教室，我偷偷地将明天"六一儿童节"的礼物都摆放在每个娃的座位上。我知道，明早一来，娃儿们必定喜笑颜开，一天都会有好心情，精神满满。突然间，我觉得黑板有点空，应该布置一下，我想写上自己平时不太好意思直接表达的话，抬手，笔落，黑板上留下这样的话："感谢此生遇见你们! 感谢有你们的每一天! 老师永远爱你们!"我承认，写完后我都不敢多看一眼，一想到离开，真的太伤感。我有点后悔表露心迹尚早，但我又没有勇气把说出的话再擦掉。

世界上最远也是最近的距离，就是心与心的距离，越是情感深厚的人，越不愿过分地表白，淡淡处之，默然感知，往往，言语又是多余。因为，心有香息，你嗅到过吗? 我曾嗅过!

一念浅愁，一念深爱

郭　璋

今天进行了本学期第二次月考，考完政治还有半小时放学，我就迫不及待地批阅起了卷子。顿时，教室里的气氛紧张起来。

看着手里这张 48 分的卷子，我真的不敢相信自己的眼睛，反复计算了好几遍，可事实就是如此，零星的得分相加的娃就是我心目中曾经得过满分的他？我抬起头，与他四目相对，或许是娃心虚了，或许是我眼神中的失望已不需言语表达，总之，我们都明白了对方的意思。他试图逃避我的目光，可就当我公布下一个人的分数时，我感觉得到，他偷偷地在看我，观察我的表情，我立即回击给他一个大大的问号，这次，娃，深深地把头低下了。

我有点后悔自己太着急，我想如果夜深人静批卷子知道他是这样的分数，我可能会考虑很多，不会像现在这样"鲁莽"。说实话，我真的很气愤，最让人不能理解的就是明明很聪明，明明可以努力学习取得好成绩，最终的成绩却不如天资一般的常人。是的，古时候那个伤仲永的故事除了令人惋惜之外，打心底里在乎仲永的人们，他们的心里是不是也同现在的我一样呢？我知道，我们俩，都在等待放学的铃声。

有时候，一分钟很短，可有时候，一分钟真的很长。终于，放学的铃声响起，娃儿们跟我说"再见"后我并没有离开教室，我慢慢地整理着试卷。他呢？也在慢吞吞地整理着书本。我们彼此都心照不宣，我们在等待教室没有其他人。

他站在我面前，仍旧低着头，他知道我在看着他，愧疚多于腼腆的表情挂在脸上，然后小声地开口了："老师，借我手机用用，我给我妈打个电话，说晚回去一会儿。"我把手机递给他，他走出教室，我并没有听他是怎么和妈妈解释的，此时的家长比我的心情更紧张。

我们绕着操场慢慢地走，一圈又一圈。

我知道自己是个急脾气，我真想把心里的疑问和怒气一股脑地全都倒出来，但是，我知道，这个虽然已经比我个子还高但还不是成年人的他，是我的学生，是个正处在青春期心智不成熟的娃。谁不曾叛逆，谁又不曾迷茫，更何况，谁不曾了解自己成长的时候最讨厌老师和家长做哪些事呢？于是，我选择深呼吸，然后用心去倾听。娃开始有一句没一句地用普通话跟我聊天，我意识到他可能真的不习惯说普通话，或者说，有些东西他还不知道用普通话如何去表达。于是，我说："你说方言就行，虽然我不会说方言，但是我能听得懂。"娃显得轻松多了，我们的谈话也渐渐地进入了主题。

其实，我的内心一直是紧张的，我急切地想知道娃成绩下滑的原因，但我害怕有些原因是我无法通过心灵的疏导能改变的。有些时候，对于"聪明"的娃，一些话点到即可，他明白，我也不用多问，自己想说自然就会跟你倾诉，哪怕句句都不在重点，但字里行间都是有用的信息。他从暑假开始说起，跟谁在一块，每天都做些什么，去了哪里之类的，一直到现在，每个周末都是怎么度过的。从他的解说中我发现，"手机"这个词出现得很频繁，而当下流行的手机游戏他也都门儿清，就像他说的，也不知自己是咋回事，做个啥都特别容易上瘾。

已得到了答案的我知道我们的谈话是时候该收尾了，看着已经黑透了的天空，我说："走，送你回家！"他笑了笑说："老师，我比你胆子大，再说我跑起来你又撵不上我。"没等他说完，我们已经来到了学校大门口的电灯下，我严肃的表情让他立即说不出话来。

我借了门卫的手电筒，光在地上形成了一个亮圈，我们循着只有一点点光亮的路走着。我尽量控制自己的语速，一句一缓地说："还记得上学期第一次的月考，语文你答了 97 分，全班只有两个人取得了这样的好成绩，我还听说你上小学时还得过年级第一名。现在看来手机游戏的魅力还真是大啊！"他在黑暗中惊讶了一下，我庆幸自己说中了要害，继续说："你知道我想象中的你能答多少分吗？"如我所料一般，他不语。我知道，此时的他，最需要的就是得到期待和肯定并受到鼓励，及时地点醒他，拉他一把，可能明天的太阳再升起时，他整个的心境就换了天地。我说："在我心里，永远都是答了97分、上台领奖的那个你！"

　　说完之后，我不知怎么突然心中一阵难过，或许是因为离别在即，黑暗中，我知道他哭了，虽然无声息，其实我也哭了，因为我不知道以后我还是否有机会能这样走进娃的心里。

　　送完娃回来的路更黑，手电筒的光照亮脚前的坑坑洼洼，我对自己说，也是对娃说：人生没有白走的路，每走一步都算数！

白说？不白说！

郭　璋

自觉不自觉地，我发现，我养成了一个习惯。我喜欢把我看过的书推荐给娃儿们；我喜欢把我接触到的新鲜事物分享给娃儿们；我喜欢把我新学的"技能"，哪怕是如何去除衣服上墨水这样的"小窍门"，也都迫不及待地告诉他们！一直以来，我都没有留意，他们到底记住了多少。

前段时间，我参加的"陕西省西部计划优秀志愿者事迹分享会"让我结识了梦楚老师，她的"建议"让我有种"万木丛中一握手，使我衣袖三年香"的感觉。这种感觉，从小到大这是第二次。第一次给我这样感觉的人是我高中的语文老师，没错，从此学习语文便成了我的乐趣。梦楚老师的一句话让我激动了很久，待我内心平静，我知道，这句话，已经深深地扎根到我的心里了。寂静的夜，我感受到内心一颗种子的萌发，我早都等不及把这句话"交给"我的娃儿们。

第二天上课，在听写字词的过程中，我悄悄地在黑板上写下了这句话：唯有实力才能让情怀落地。我期待在听写结束时娃儿们看到这句话时的神情，我更加期待他们跟我一样瞬间因为走心了而动力满满。嗯，我好像预期错误了。我多么期待他们给我以"一拍即合"的眼神，可是娃儿们的表情在告诉我，他们并不太懂我想要表达的意思。我的热情有些减退，我继续尝试让他们自己动手查查"情怀"的意思，手快的娃大声地公布出答案："一种高尚的心境、情趣和胸怀"。说完之后，基本上全班还是没什么太大的反应，说实话，此时我真的感到有些失落了，要我怎么解释他们才能明白呢?！看着他们既疑惑又想弄明白的神情，一瞬间我脑子里开始过电影一般回放。其实，很多次我给他们教的东西，可能真的就是我单方面地在"灌输"而已，这样的眼神我看过很多次，只是我没太在意。在思考的同时，我仍旧一直是在解释这句话，突然我停下了讲话，我有些自嘲地笑笑，娃儿们有点惊讶，我说："好了，不扯淡了，我们开始学习新的一课！"其实我内心的独白是："唉，从开始到现在，我讲了太多的东西，白说！"

当我得知 6 月 6 日我的母校将公映新版的学校宣传片时，我真的超激动、超自豪！第一时间得到了高清视频的我飞奔到教室，真的一点都不夸张，娃儿们看着上气不接下气的我都"吓"得够呛，大家都以为我要宣布什么类似于我要提前离开的"不好"的消息，一个个都紧张地看着我。当我举起手里的 U 盘，他们才恍然大悟，原来老师是要给我们看视频啊！一分钟不到的时间，娃儿们迅速带着自己的板凳找到最佳观影位置，等待我按下播放键。嘿嘿，我故意卖了个关子，没告诉娃儿们播放的是什么。

当开篇出现"西北农林科技大学"几个字，顿时全班鸦雀无声，娃儿们悄悄地回头看我然后笑笑，他们知道，这是我的大学。接着，当画面上一轮红日升起，万千学子呼喊着"诚朴勇毅"的校训，画面切转到美丽的校园美景，此时的娃儿们再也按捺不住内心的惊讶开始感叹："哇！真美啊！"无须我多言，宣传片《西农，一所画中的大学》的主演思远出现了，我，和我的娃儿们一起，随着思远的脚步，开始了在我的大学中温馨而又美好的旅程。

观影结束，娃儿们开始了讨论，我看着他们一个个用方言深情并茂地诉说着自己的感受，是那么的惊叹，又是那么的向往。我问了一句："谁想去西农看看？说不定，我可以把你带去呦!"这一问可倒好，全班立马沸腾了！我又说："那好，那我看看谁记得刚才都出现了什么建筑，有三个大字的建筑是哪里？"看得出，娃儿们都在努力地回忆。是的，这是他们第一次"见到"大学，经常听我说的大学如今就真切地呈现在他们眼前；虽然触摸不到，但我知道，他们真的很感兴趣。于是，第二遍带停顿的和有我的讲解的宣传片开始播放了，在我的带领下，娃儿们"参观"了西农的图书馆、教学楼，还"品尝"了西农的小苹果，还跟各个社团的哥哥姐姐们"打了招呼"！下课前，我对娃儿们说："这就是我的大学！我多么希望有一天你们也能自豪地对我说：'老师，从今以后，西农也是我们的大学啦！'大家说，好不好？"娃儿们异口同声的叫好声响彻了天际！下课铃响起，充实而有意义的一天，结束了！娃儿们，再见！

对了，我不得不说一个让我感动至极的细节。在观看宣传片的时候，我注意到我们班上一个成绩一直名列前茅的女娃，手握着笔，目不转睛地看着大屏幕，生怕落下任何一个画面，笔下是她的语文课本，她在语文课本上工工整整地写着一个名字：西北农林科技大学！我小心翼翼地用相机记录下了这一瞬间，生怕打扰了她的梦想之旅……

看着这个有梦想的娃儿，我内心的独白你应该猜得到：平日里的话真的白说？其实，不白说！

终于，我变成了自己当年讨厌的模样

郭　璋

"可怜天下父母心！"今天，在我内心深处的某一个关口，这句话喷涌而出，一瞬间，全身好像过了电一般，我也终于理解父母口中说"恨铁不成钢"时内心的复杂了。没错，我很生气，生娃的气！

事情要从这学期刚开学我刻意埋下的伏笔说起。

新学期，当然要发新书、新本子和新练习册。练习册是要留做家庭作业的，练习册后面有答案不用说谁都知道，发下练习册的第一时间，我就让每个娃把答案部分撕下来，并且写上自己的名字和学号，交了上来。这一招是跟我初中的班主任学的，当年的我最讨厌老师这个做法，每天的作业很多，有了答案岂不是"方便"很多？

上了一个星期的课，有一天晚自习快结束的时候，我当着全班同学的面把一份答案夹在了我的练习册里，放在讲台上，然后，有意无意地就忘了带上，放学了，我第一个走出教室。

这招儿是跟我妈学的，她总是屡试不爽地给我以考验，比如在茶几上放两块钱，还是四张五角的，这在当年对小学二年级的我来说真的是"巨款"，最终我没能经受得住小食品的诱惑，提心吊胆地带走了其中一张五毛钱，吃完没忘了擦嘴，包装袋却丢在了自家的垃圾桶里。证据就这样被发现的，当我被堵在英语补习班门口的时候，我只记得我妈一句话都没说，就拿着那个小包装袋，微笑地看着我，从小我就知道，此微笑并非彼微笑，大事不好！挨打的时候我硬是不掉泪死扛着，姥姥在一旁一边阻挠她闺女一边说我："快认个错吧，要不打起来没完啊！"我疼得实在受不了了才认错求饶。真的，皮肉早就不疼了，教训却深深地铭刻在了心里，这样的错误永不再犯！虽然我知道自己错了，但是当年真的讨厌我妈以这种形式对我进行"考验"，我会觉得她不信任我，会委屈，甚至会怀疑自己是不是她亲生的。

如你所想，第二天上课，练习册的位置没动，但是里面的八页"答案"都不见了。检查作业的时候，我把练习册拿在手里，不时地翻动着，轻描淡写地说了一句："作业，是要自己动脑思考完成的啊！答案在手，作业是无忧，可是考试呢？信不信？我现在就知道'答案'在哪里！"说完，我抬头巡视，一个坐在第一排而且学习很不错的、非常聪明的娃在与我四目相对以后，不知怎么就显得不那么自然了。我顺着过道慢慢地向前排移动，边查作业边说："我给你机会，请尽快让我看到你的真诚！"说着，来到了第一排，我轻轻拍了一下那娃的肩膀。第二天，我的门缝里塞进来八页"答案"。

你肯定觉得关于"答案"的问题应该到此结束了，我也这样以为。可是今天，时隔三个月，"答案事件"又重现江湖了。说来也是奇怪，我也没有想过，到底我是从何时开始学会"趴窗户"的，哪怕是我自己的课，进门之前我也会悄悄地来到窗前"侦察"一番。"窗外的那双眼"简直就是我学生时代的噩梦。最讨厌老师惯用此招，百发百中不说，还时不时来个一箭双雕！

从教室后窗绕到前窗，还没有娃发现，正当我准备进屋的时候，一个娃顺手把一本练习册递给后桌同学的时候与我的目光交汇，他一个哆嗦，我敢说，电光火石之间我发现了异样。我进屋后开始讲课，一切正常，课程结束进入自行背诵阶段，我照例走下讲台开始"巡视"。在走来走去的过程中我发现，原来高中班主任不管穿什么鞋走路都一点声音没有，来到你身边都不会被你察觉的功力真的不是一朝一夕练就的，不知不觉中，我模仿了起来。我就这样无声无息地来到刚才那个娃的身边，突然拿起他的练习册，他紧张地看着我，伸手要拿回去，却又没敢，有话要说，却又欲说还休，他前后左右的四个娃，神色也跟着紧张起来。我知道，肯定有事，而且，事儿还不简单！

课文我才刚讲完26课，可是这个娃的练习册居然做到了最后一页！所有问题没有不写的，写了的也没有不对的！我看着他，他看着我……

我走上讲台，台下鸦雀无声。我没有说话，一个手势，示意全班坐好。"所有人，按座位顺序，练习册，交上来！"娃儿们知道，命令口吻的短句说明，我生气了，突然间都好像受过特种兵训练一样迅速而又整齐地排好了队。不出我所料，以刚才的娃为中心，一米为半径，他前后左右娃的练习册和他一样雷同，谁会相信这纯属是巧合？

这五个娃，我是一个一个叫到跟前，与其四目相对，我没有任何表情，就给每个人一个字："说！"四个娃都坦白说是我时不时放在教室的练习册上有答案，他们"加班加点"誊写的。我内心自责：还是我太大意了！我又问："谁是第一个这样做的？"他们的目光一齐投向第五个娃。我最不愿意看到的一幕，上演了。这个娃，很委屈，很不服气，甚至哭了，自始至终都不承认。是的，他是个孩子，我可以理解他可能是因为害怕我，所以不敢承认自己是最先犯错的，可是，自始至终我并没看到他的后悔和歉意，只是一味地辩解自己不是第一个，甚至向其他人逐个发起"还击"，这样的态度还说得过去么？他不是小孩子，他什么都明白，他对自己的所作所为都没有勇气去承认错误，一次两次，三次四次，就这样一直下去？我多希望自己真的就是小题大做，真的就是多此一举！

放学的铃声响了。

在回宿舍的路上，我真的很生气，也想了很多。明天我怎么处理这件事才最合适？我想，在不"刺激"叛逆期的他们的同时，真的要让他们知道，敢作敢当并且诚实坦荡才是最重要的！

我还是没忍住，偷偷跑到学校大门口，像每天一样"监视"娃儿们放学后是否往家的方向走去。突然看到对面玻璃窗里映出了我的脸，虽然模糊，但我知道，终于，我变成了自己当年讨厌的模样。

看着娃儿们的背影，我怀着一颗敬畏之心祈求：

请让我以勇气改变我力所能及；

请让我以宁静接受我力所不逮；

同时让我以智慧去理解两者的分际。

味之时光

——郭老师用小厨房来记录支教的日子

郭　璋

　　来到刘家洼的第一天，我看到初生的太阳干劲十足，能量满满。可是，第一顿早饭，由于炊具和食材还没准备齐全，所以只能吃泡面凑合，来自吃不好饭就不开心的我为此还难过了一会儿，打死都不承认想家的我此时也有点一鼻子酸了呢。

　　初来乍到，我需要知道哪里才能买到做饭的食材！我估计娃儿们怎么也不会想到这个新来的支教老师在和大家第一次见面的班会上自我介绍一结束，就问了一个这样的问题："这儿，哪有卖肉的？猪肉、鸡肉、牛肉……啥肉都行！"我至今还记得娃儿们一个个惊讶的眼神，他们四下用方言讨论开了，有的还哈哈大笑，我也记得我站在讲台上一脸认真努力听娃儿们讲的方言到底是什么意思，可想而知我听的结果，就像在听一门"外语"。后来渐渐熟悉，有的娃告诉我，他们还以为我要在刘家洼开饭店呢！哈哈，娃这脑洞，也太大了吧！

　　毫不夸张地说，不到一个星期的时间，刘家洼街上哪里是卖什么的就被我摸清了，就像我妈说的："不管你离家多远，我们都不担心，走到哪儿都得看看好吃的在哪儿，肯定饿不死！"真是，知女莫过母啊！谁让我是资深吃货又无师自通地喜欢做饭呢！

　　很快就迎来了一个人的世界，周末的校园真的太寂静了，只听见鸟鸣和风声。刚开始我是真的不适应，总有种抓心挠肝的无聊感，就连平日里最难得的睡到自然醒都不知反复了几个来回，虽然有网络但各种电影或是综艺节目也都看腻了，总之，那种连个说话的人都没有的"寂寞"前所未有。安静的日子被一阵阵饥饿感打破，太好了，迅速出门买菜，我有事做了！

于是，一到周末就是我改善伙食、自我陶冶情操的时间了。我的小厨房，带给我太多的满足和欢乐。

因为上大学，从东北来到西北已经快五年的我总结出一个规律：人什么时候最想家？除了遇到困难、无助生病这些基本情况外，馋的时候最想家！又馋又饿还懒得做饭的时候尤甚！最想在家时"饭来张口"的日子，最想妈妈做的每一道我爱吃的菜的味道，深夜想起，甚至都能闻到饭菜香激动地流出泪来。所以，我勇于尝试，不断创新，做了几道家乡的特色菜。吃起来，也觉得还凑合，但总归是差点什么味道，或许这就叫乡土情结吧，不不不，太深邃的东西我可不愿再去想。

从我小厨房的窗户可以看到，每当夜幕降临，家家户户的炊烟升起，我都会极力地嗅空气里飘散的各种饭菜的香，偶尔有一两个放学回家吃饭的娃跳进视野，画面很温馨。再回头看看我的小厨房，储备的柴米油盐酱醋茶是那么的丰裕，感觉很满足。

来刘家洼以前，我很期待这段未知的时光，然而来到以后，我欣喜地发现，这是我不可多得的"味"之时光。再香的味道也会飘散，然而记忆会深存脑海。就像我时刻都记得在家的时候妈妈做的饭菜的味道！

"VIP 专座"上的娃

郭 璋

每个教室或许都有很"特别"的座位，每个班集体肯定会有需要让老师放在"眼皮子"底下的娃。很凑巧，我们班有两个这样的"VIP专座"，就在我讲台的一左一右；很荣幸，我们班还有两个离不开我眼睛的娃，他们就坐在这两个专座上，日日伴我左右。

这俩娃性格迥异，其共同点却一拍即合，简单地说可以归结为两个字：懂我！而且我也一直觉得，此懂非彼懂，是真的懂。

他们俩也跟其他人一样，彼此间的座位每周都进行轮换，但不管是谁离门近，只要是一我进到教室走上讲台再环视班级，不到五秒钟，很多次都是我刚要抬手示意关门，手抬起还没等放下，门就"自动"关了。讲课的时候，突然粉笔用完，正当我回手去拿一支新的笔时，发现粉笔盒已经空了，抬头的一瞬间，这俩娃已经跑出教室去领粉笔了，前后楼的距离，可他们只用了不到20秒。我讲完课准备留作业，我说："今天的作业是……"中的"是"话音还未落，两人就比赛似地拿出练习册递给我，总是让我做出"为难"的选择：到底是接谁的好呢？索性都拿过来吧！

这样的事情有太多太多，让我一直都觉得心灵感应是很神奇的、很美好的东西。

有时夜深人静，我会一个人偷偷地自责，对这么"懂事"的两个娃我是不是要求太严格，不就是爱说点话、调点皮吗？至于每天都盯得这么紧，事无巨细地都要问一问、管一管吗？我很害怕自己的做法会适得其反，谁又不是从逆反的年龄走过来的呢？为此，我会陷入深深的纠结当中。我知道娃是真的聪明，把学习放在一边不说，同样是玩，我就演示了一遍三步上篮，娃们自己练了几次，但是谁都没有他俩得要领，动作标准到位，一气呵成。聪明的小脑瓜让你不得不服气的同时，两人却也都爱耍耍小聪明，作业不好好完成，想方设法地偷偷懒，被发现了还知道很识大体地装装可怜。不用多说谁都知道，往往这样的学生最不能疏忽，你的一不留神真的可能造成娃的巨大滑坡，到时候再想管，十匹马可能都拉不回来喽！所以，我必须狠下心地继续冷酷下去。

不巧我生病了，卧床三天没进教室，第四天终于有了力气下楼，还没走到教室的我就听见他俩在教室前面耍宝，他们知道是自习课，而我又生病了，山中无老虎猴子就称了大王。我出现在门口的一瞬间，这两娃吓了一跳，堪比国家一级演员一般的演技瞬间将嬉皮笑脸换成了一本正经地背书，说实话"收拾"他俩的过程我是强忍着笑的，真是应了那句：人生如戏，全靠演技。我在他们面前，无时无刻不在扮演严师的角色呢？两人跟霜打过的茄子一样悻悻地放学回家了。

躺在床上的我又开始了新一轮的纠结，不怪娃，怪我，是我没尽到班主任的职责才让娃懈怠了。突然间，我的门响了，门外传来两人小声的嘀咕，我开门一看，竟然是讲台左右的"哼哈二将"。立刻我就变了腔调："这么晚了来学校干啥？赶紧回家！到了家，让家长给我回电话！"这俩一听让家长回电话便急了，赶紧你一言我一语地抢着说："老师，你批评我们的时候嗓子都哑了，我给你拿来了'西瓜霜'，可好吃了，还管治嗓子！""老师，他那个不行，我这个'金嗓子'最好使！"他们好像突然又想起了我说的不要买东西给我的话，俩人异口同声地说："这是我自己家的，不要钱，不是新买的！"说着，他们就把药塞到我手里然后撒腿跑了。我看看手里的半包"金嗓子"和一板"西瓜霜"。我猜想自己当时的表情肯定很怪异，是该继续严肃呢？还是该满眼感动呢？

等了不到 10 分钟，我接到了两个电话，内容基本一致，娃都已安全到家，他俩还都不约而同地在家长想要多跟我聊几句的时候大声地告诉家长："我们老师生病了，这么晚了就不要打扰老师休息啦！"然后就挂了电话，我知道，娃啊，是怕我"告状"吧。哈哈，这点小心思。

今天这俩娃一个因病、一个因事都请了假。看着左、右手边空空的座位，我这心里就好像少了点啥。我承认，我对他们的关注会多于比较听话的、让人省心的娃，但这并不是因为他们坐得离我最近。

其实，每个娃在老师眼里都有一个属于娃自己的"VIP 专座"，教书育人，不是一碗水端平，而是要对娃讲专属于他或她的话！

感谢支教遇见你

——写给我最爱的娃儿们

郭　璋

命运的安排好神奇

一年的师生是天意

彼此陌生到相知相依

不知不觉已默契

我愿陪着你回忆

希望你 别怪我太严厉

遇见你

一起学习也疯闹玩耍疯闹游戏

遇见你

庆祝的节日充满欢歌笑语

遇见你

写下日记 我想用心去

珍藏这美丽

不放弃 力所能及

无聊的日子变有趣

学会了一切靠自己

你们的笑脸是我的动力

没准备好离开这里

约定好多事没开启

最后发现其实未完待续

希望你

无法改变出身更要努力

希望你

真的用心用力去开创天地

希望你

当我们分别时不要哭泣

我要祝福你

相信你 不会负期许

我心里默念你名字

可能再也见不到你

多年以后若你能想起

希望你嘴角扬起

感谢支教我遇见你

感谢此生让我遇见你

是我今生最难忘的专属美丽

离别不说"再见"

郭　璋

　　最近的情绪一直都很乱，纠结于是悄悄地离去还是轰轰烈烈地与娃儿们告别。此时的我变得紧张而又胆小，最后几天的课上无论讲什么，都尽量避免谈到离别，我怕眼泪决堤，我要给娃儿们留下最美好的回忆。

　　离开刘家洼的日子正式进入倒数一位数的时候，娃儿们开始有了一些异样的举动。每当我打开宿舍的门像以往一样"监视"班级情况时，远望的一刹那总会与一两个娃的目光不期而遇，起初我以为那是偶然，但渐渐地发现每次都要换人，而且经常以同桌的形式出现。就连我去班里上课的路上，也会有娃跑在我的前面去班里通风报信，喊得话已经不是以前的："老师来啦！"而是换成了"郭老师还没走！"待我走进班里，娃儿们早已坐得笔直，目光如炬地看着我的每一个动作。从他们脸上我看不出任何的不自然，反而是我自己，从一个"监视者"变成了"被监视的人"，很是不习惯。不管我出现在学校的哪里，总会有娃的眼睛跟随着我，我不点破，他们也不多说，我们心中都明白这反常的举动是为了什么。

　　一天下课铃刚响，天突然下起了大暴雨，非常大，感觉雨水就像从天上泼下来一样。我想起了还在室外充电的电动车，急忙跑进大雨里去拔充电器。本来我是想把车也推到避雨的地方，可是雨太大了，我不得不放弃了。就当我进屋再从窗户看电动车时，原来一直在充电的电动车不见了！我刚上楼不到两分钟，难道这车也嫌雨太大自己跑了？正当我打了伞要出门去找车的时候，我看到四个男生，没错，是我的娃，他们抬着我的车奔跑在雨里，以最快的速度把车移动到了避雨的地方。我想大声地叫他们回去，可我一开口喊出第一个娃名字的声音就被淹没在了雨里。看着他们不顾衣衫淋湿、又怕我发现而快速跑回班里的背影，我真的很感动，眼睛不由得湿润起来，或许，这就是潜移默化的作用，如今的他们早已懂得为别人做事不图夸奖只求心里感受到付出的快乐真谛，我很欣慰。看着他们的笑脸，我总会忍不住感叹：师生一年是天意，命运的安排真的好神奇。

如今，每节课下课铃一响，我不再喊"下课"，因为我怕听到娃儿们说"老师再见"。我不愿意给娃儿们连我都未知的期许，就像离别时约定俗成的规矩：都要说一声"再见"，然后会挥手告别。但是，如果对他们说我会回来看他们，真的离开这里以后，我不能保证一定就能回来看每一个娃，能和他们每个人再相聚，所以离别在即的我们，不说再见。

当我得知下周三是确定的离开日期时，这周五放学，我看着他们远去的背影，拿出手机，刚想记录最后一次送他们出校门的情景时，突然有一个娃回头发现了我的举动，可想而知，所有的娃都回头看着我，我又陷入了手足无措的境地。我以为自己已经湿润的眼圈会引起他们的共鸣，然后大家一起痛哭流涕到昏天黑地。可是我错了，他们笑了，很自然地笑，笑着跟我挥手，笑着跟我说："下周一见！"

懂事的娃儿们，懂我的娃儿们，真的谢谢你们，离别我们不说"再见"，微笑着期待下一次相遇，发自心底我想说，我感谢这一年支教你们在这里！

作 者 简 介

何志宇 男，中共党员，内蒙古自治区包头市人，2015届林学专业毕业生，西北农林科技大学第十七届研究生支教团成员。本科期间，曾任林学院团工委组织部部长，曾荣获"校级三好学生""优秀学生干部""优秀团干部"等多项荣誉。曾服务于陕西省渭南市澄城县赵庄镇中学，担任八年级（2）班班主任，讲授数学课，获"优秀教师""优秀班主任"荣誉称号。现为西北农林科技大学林学院林学专业研究生。

与孩子们一起生活的时光

何志宇

不知不觉一年的时光快过去了，可以和孩子们在一起的时间也越来越少了，想起这一点，我的内心便不由得有一种悲伤，自己也不敢想象要离开时的场景，因为我的生活中已经不能没有他们了。

依然记得第一次与孩子们相见是在 2015 年 8 月 23 日，每一个孩子和他们的家长来我的宿舍里报名，这也是我人生第一次担任班主任。每个孩子都是用很好奇的眼光看着我，从他们的身上我也看到了什么叫做质朴和单纯，从他们的眼神中可以看得出来他们都很喜欢我这个年轻的像大哥哥一样的班主任老师。

作为班主任的我深知自己责任的重大，要对每一个孩子负责，不仅要关心他们的学习，而且要关心他们的身体健康与心理健康。大部分的孩子都是留守儿童，父母都到外地去打工，只有爷爷奶奶陪着他们，这也使他们的成长和教育都出现了很多的问题。我也要慢慢地摸索如何讲好每一堂课，如何走进孩子们的心里，如何让他们健康快乐地成长。

一名班主任的生活真的很辛苦，每天早晨 5 点 50 分起床，6 点 15 分进班里看他们是否都安全到校，陪他们开始上早读。晚上 20 点 50 分下晚自习，21 点 15 分去学生宿舍检查，看看他们是否都盖好被子乖乖地入睡。渐渐地我也习惯了这样的生活，习惯了我的生活中有他们，他们也习惯了生活中有我的陪伴，到现在我发觉，这种习惯已经成了彼此的一种离不开。

　　就这样，与孩子们一起走过了一天又一天，在这短短的一年中，他们也让我感受到了我从未有过的幸福。我仍然记得在 2015 年的教师节发生的事情。在往年的 9 月 10 日，都是我给我自己的老师送去祝福，可是现在自己也成了老师，我的内心也希望收到孩子们的祝福，可是白天学生们没有任何举动。上了一天课的我，21 点 15 分检查完宿舍后拖着疲惫的身体回到宿舍，我以为这个教师节就这样平平淡淡地过去了。快 22 点的时候，突然有人敲我的房门，我开门后原来是几个班干部的家长，他们都满脸焦急地告诉我孩子们还没有回家，我的心立刻提到了嗓子眼。因为这三个班干部都是女生，这么晚了还没有回家，我的脑子里立刻出现了很多电视里演过的不好的画面。我穿着拖鞋，拿着手电筒和家长去街道上找孩子们。当时的我就像疯了一样，万一孩子们出了事情我该怎么对家长交代。

　　正当我和家长要报警的时候，我们看到远方三个孩子的身影，我跑上前去不管不顾就是一顿训斥，她们三个人低着头没有说话，而这时她们从背后拿出了一份精心包装的礼物和一些信封送给我，用含着抱歉的语气对我说："何老师，教师节快乐，对不起让您担心了。"当我看到这一切的时候，我傻傻地愣在那里，不知该如何回答，我强忍着眼泪，带着歉意地说了一声"谢谢"。回到宿舍后，我流泪了，看着这些祝福的信和那件礼物，我真的第一次体会到什么叫做幸福，后来我才得知，这件礼物是全班同学用五角、一元凑了 20 多元给我买的，因为白天都在学校不能出去，所以她们三个班干部连夜去买礼物为了在教师节送给我。对于城里的孩子来说 1 元钱真的可能不算什么，但对于他们来说，一元钱可以买一个菜夹馍，就是一顿午饭的钱，每当想到这一点的时候，我都会觉得这份礼物算是我人生中收到的最珍贵的礼物。我也不知道该用什么样的话语去表达我的感谢，我只能用精心地备课、认真地上课、仔细地批改作业、周末给他们补习功课来表达我对同学们的感激之情。

　　功夫不负有心人。在过去的四次大型考试中，我们班的数学成绩排名全县第一，全年级前十名，我们班有七个娃的八门功课中所有功课的平均成绩排名第一。每次考完试出成绩的时候都是我最幸福、最骄傲的时刻，我也会经常在我的朋友圈晒幸福。我不喜欢给我的学生带上一个"贫困"的标签，我也没有在网上向社会、向爱心人士求助过任何物资，我不希望别人用异样的眼光去看我的孩子们，但我会用我自己的工资给他们买一些需要的生活用品，每次考试所得的奖金我都会给孩子们买好吃的，我们一起分享喜悦。

在支教的一年中，生活中的苦与难对于我来说并不算什么，支教给我的人生却带来一笔无比珍贵的财富。它让我知道了我身上的责任有多么重大，让我知道了奋斗的意义，让我明白了在中国还有很多孩子还不能做到吃得好、穿得暖，还不能受到好的教育，我作为青年人有责任、有义务尽我的一份力。

我想对我的孩子们说，老师不能一直陪在你们身边，明年老师离开之后，你们依然要努力拼搏，明白奋斗的意义，生命虽然给了你们一个比别人低的起点，那是想告诉你们，天将降大任于斯人也，必先苦其心志，劳其筋骨，饿其体肤，最终才能走向人生的成功。

作 者 简 介

罗心欣 女，中共党员，陕西省咸阳市人，2015届食品科学
与工程专业毕业生，系西北农林科技大学第十七届
研究生支教团成员。本科期间曾任院团工委女工部
副部长，曾获"校优秀团员"等荣誉称号。曾服务
于澄城县北关中学，讲授生物课、地理课，现为西北
农林科技大学食品学院食品科学专业研究生。

情系澄城

罗心欣

2015年夏天，我以西北农林科技大学研究生支教团一员的身份来到澄城县支教。在县团委短暂帮忙后，我被分到北关中学任生物课老师。刚来到这个县城，来到这个学校，说真的，有点不太适应。一是感觉县城交通不便，回家要换乘好几次车；二是这里的方言很多我都听不懂，交流的时候有些不太自如；还有，我怀疑自己能被当地的老师、学生们接受吗？总之，尽管天天上课，帮其他老师批改作业，却只是机械地工作、被动地应付。见到其他老师时，我也只是礼貌地打个招呼，学生对我这个刚来的小老师也躲得远远的。我在感到清静的同时，感到更多的是一丝孤独，似乎感觉自己只是一个过客。

直到有一天，我从咸阳坐在返回北关中学的车上，邻座大爷一口地道的渭南话，却让我莫名地觉得亲切。我们随意地聊起来，当他听说我在北关中学支教时，异常激动地说，他的外孙就在北关中学读初一，我还对他说起有大学生在学校支教的事儿。

"大学生支教不容易吧，在我们澄城还待得习惯吗?"老人关切地问我。

那一刻，我觉得时间过得真快，转眼间已经半年多了，最初的不习惯和最初的辛苦都显得无足轻重。澄城这座小县城给予我的温暖又多了一份，而我对澄城的眷恋也浓了许多。

我喜欢澄城淳朴的民风。四五千年的历史，使澄城县充满了厚重感。也许她不像许多新兴城市那样时尚，但她骨子里的朴素让人一见如故，毫无初来乍到的陌生感。尤其是那些传统的特色小吃，让我这个吃货大饱口福。我曾经在同事的介绍下，把水盆羊肉、旋面和麦子泡这些特色小吃都吃了个遍，我惊叹澄城居然还有这样的人间美味！我的很多同学看到我在微信朋友圈分享的各色美食照片，都好生羡慕。我感谢这次支教，我钟情于澄城。

我也喜欢北关中学的师生。他们热情地接纳了我这个新来的支教大学生。校长为了让我尽快进入这个新角色，特地把我和另一位老教师安排在一个办公室，让那位老教师每天带着我，帮我熟悉从备课到讲课的所有流程。那位老师还曾经一篇篇地检查我的备课笔记，也曾经节节不落地出现在我的课堂上。有他坐在教室里，我很快就克服了站在学生面前的紧张感和初为人师的生涩感。我还记得那天早晨，当我像往常一样为他泡好茶，递给他时，他说："孩子，好好干，你适合当老师。"

尤其是班里的那些学生，个个活泼可爱，就像我的朋友一样。在学校里，我经常协助举办各种大大小小的活动，每天看着学生们出早操，真的是一件令人赏心悦目的事情，同学们整齐的队列和响亮的口号都唤起了美好的一天。还记得那天，我们举办了一次以"故乡"为话题的班会，当我提到了鲁迅先生的文章《故乡》时，要求每个学生都谈一谈对故乡的情感时，有一个孩子突然问我："老师，你想家吗？你的故乡是什么样的？"我愣了一下，然后告诉他们："说不想家是假的，但既来之则安之，澄城虽然不是我的故乡，但和你们在一起，我也不算独在异乡为异客吧！"学生们听完都笑了。那次活动也变得更像一个交流会，我们一起谈论故乡，彼此的距离也一下子拉近了。也正是在这样的交流中，我对澄城有了更多的了解，也渐渐胜任了北关中学这份支教工作，忽略了其中的不习惯与辛苦。

一直以来，我对生物这门课就有着浓厚的兴趣，所以在北关中学支教我也选择了这门课。可我发现现在的学生都不怎么爱上生物课，我心想，如果能把大自然的美展现在学生面前，他们不喜欢生物才怪呢！在讲述《开花和结果》一课时，我让学生亲自去摘了一些花，自己动手解剖花的结构，大家伙既紧张又兴奋地解剖、观察着小小的花，感受到了大自然的奥妙。这堂课非常成功，只要把学生吸引进去了，激发起学生的兴趣，所有问题就都迎刃而解了。每天在学校看着学生们那一张张充满着求知欲的脸庞，让我对他们美好的未来充满信心。

曾经，我因为不习惯环境的改变，因为繁重的作业批改任务和公开课任务等，而变得寝食难安，其实这些都是一种成长的磨砺。当学生带来家长亲手制作的面食和自家种的水果时，当同事们周末热情地邀请我去家里做客，当校领导来看望我们，对我们的生活嘘寒问暖时，我知道自己已经融进了澄城，爱上了北关中学的支教生活。

从我踏入澄城起，我就是一名志愿者；进入北关中学，我就是一名普通的教师。情系澄城，我将支教进行到底。

助初三学生家长疏解内心烦忧

罗心欣

今天我如往常一样正在办公室备课、批改作业，这时一位学生家长进来说要找她孩子的班主任王老师。可不巧王老师出去办事了，办公室只有我一个人，我就问她有什么事可以帮她转告。只见她面色凝重，说起了她的孩子。

她说："我娃已经上初三了，再有两个月就要中考了，成绩却次次退步，从最初的326名退到430名，这次考试又退到了440名。这成绩就考不上重点高中啊！我还发现她心思就不在学习上，闲下来就要上一会儿网，有时候一天还要换三身衣服。孩子虽然平时学习也认真，辅导班也上着哩，可不但没效果，名次还退得厉害。娃平时也很烦躁，每次考试我比她还紧张！我问她学习情况，她也不愿多说，我实在没办法才来向老师求助，看看她在学校是啥表现。"

看到这位家长一直皱紧的眉头，我连忙给王老师打电话询问这个学生的情况。电话中王老师说娃并没有啥异常，就是前段时间有些浮躁，心态不太好。这时我猛然想起之前碰到过这个学生，是个腼腆文静的女孩儿，学习很认真，但没想到退步得这么厉害。我虽然没有带过毕业班，也不像正式老师那么有经验，但以我对她的了解，我对家长说道："您别担心，我知道她平时学习很认真，现在成绩退步了，是不是娃分心了？青春期的娃注意力有些分散是正常的。我知道您关心她，恨不得把所有重心都放在她身上，可她愿不愿意接受呢？娃一回到家就看到您焦虑的样子，这无形中产生的负担便使得她不愿再与您沟通了。顶着不小的压力，她不得不寻找其他方式转移注意力，放松自己。这时家长该做的就是让娃娃放松，在生活中与她交流，再从中发现她的问题，共同探讨解决方法，制定学习计划，这样您便一定能成为娃的良师益友！"

家长听着我的话连连点头，拉着我的手说："小罗老师，你说得对着哩！有时候就该给娃放松些，我要做好家长的角色，了解娃的情况后，先分析原因，再对症下药，及时帮助指导她！我要对她有信心，与她共同进步！"

看到家长脸上泛起的笑容和眼睛中闪烁的希望，我也松了口气。对于这位家长的困惑，我也只是浅谈了一些自己的想法，希望能帮到她。作为一名刚来不到一年的老师，对于管学生这一套确实没太多经验，但我一直在学习该如何与娃娃们"斗智斗勇"。逐渐我发现多站在娃的角度考虑问题，一切困难都能迎刃而解。作为家长也应多想想娃的感受，可怜天下父母心，哪个父母不想自己的孩子将来有出息呢？但要是这个"心"操得过了，也许会适得其反、揠苗助长。有些家长就是希望娃永远都听自己的话，但是孩子总会长大，娃越大，家长与娃的矛盾也越多，家长说娃不听话，娃说家长不理解自己！特别是处于叛逆期的初中学生，家长更难与他们相处。中考是学生经历的第一次选拔性考试，升学的压力越来越大，家长的期望也越来越高，但是学生们综合能力的提升不是短时间内能完成的，所以我认为家长的心态很重要。家长良好的心态能让娃娃感到轻松和鼓励，多给娃们一点空间，试着让他们独立面对问题，让他们感到家长的信任，在这其中培养娃娃们的成就感和责任感，他们就能迅速成长起来。

在这不到一年的支教生活中，每天都会有这样或那样的事情发生，想来这一年就像是一本有趣的故事书，每一天都是崭新的一页。而我就在这本书中畅游、冒险、学习和成长，与书中的每一位学生和家长共同努力前行，在这其中有荆棘坎坷困惑，也有"柳暗花明又一村"的喜悦，感谢我所遇到的它们让我收获和成长。我的脚步不会停止，我会一直在属于我的这本书中继续我的人生旅行……

做一名优秀的教师

罗心欣

刚来到澄城县城，来到这个学校，我的确有点不太适应。语言不通是初来澄城工作和生活的一大难题，在学校大会和授课中出了不少笑话。但我利用课下时间多与学生交流，听得多了，当地的方言也能渐渐理解了。这里的淳朴民风和当地人的热情让我深深地爱上了这片土地，最初的不习惯和辛苦，都显得无足轻重。

初为教师，我努力做到不断更新理念，认真学习先进的教育教学理念和教学方法，重视教学的艺术性和创造性，并将从专业书籍或优秀教师那里学到的东西运用到自己的教育教学实践中，及时反思，及时总结，不断提高教育教学能力。我认真听课，认真评课，积极参加集体备课，努力上好每一节课，认真反思教学过程，反思失败的教训，并在反思中不断提高能力，不断总结成功经验。课下我还利用休息时间对学生进行辅导，记不清有多少个中午、数不清几次放学后和学生在一起探讨学习问题和学生谈心。

在学习先进的教学理念和教学方法的同时，我还积极负责学校的各类活动工作，主要有学校队列队形比赛，家长会节目的训练及彩排、管乐团展演、趣味跳绳比赛、北关中学 2016 年元旦汇演节目的编排，以及会场布置、全县第五届中小学生运动会开幕式的校园集体舞排练等。虽然工作繁杂琐碎，但我并没有退缩，我总是积极主动地争取锻炼机会，遇到困难主动向其他老师请教学习，在较短的时间内便熟悉了工作，明确了思路，凭借着大学期间担任学生干部历练的工作能力，我出色地完成了领导安排的各项工作。

齐茂振（左二）

作 者 简 介

齐茂振 男，中共党员，安徽省淮南市人，2015届动物医学专业毕业生，系西北农林科技大学第十七届研究生支教团成员。本科期间曾任动物医学院学生会主席，曾获"校级优秀学生干部""优秀团干部""社会实践先进个人""优秀毕业生"等多种荣誉。曾服务于澄城县安里镇学校，担任八年级班主任，讲授八年级数学和八年级生物课，获"澄城县优秀志愿者"荣誉称号，现为西北农林科技大学动医学院临床兽医学专业研究生。

从没有水的早晨开始

齐茂振

"任老师，水龙头怎么没水了？"我一脸懵圈状，敲开了隔壁任老师的门。

"哦，早晨水龙头一般都没有水，到下午可能才会来水。你要用水桶给自己接点水囤着才行啊！咱们这边供水比较紧张，一般不会全天供水。"任老师，这位在基层教育岗位上工作了三十多年的老教师，像一位老长辈一样，给我介绍了当地的用水经验。

这就是我来到安里镇学校的第一个早晨，一个没有水的早晨，我开始了为期一年的支教生活。

开学第一天，我早早地来到教室，想亲自迎接每一位前来报到的学生，争取做一名称心称职的班主任。"老师，您是我们的班主任吗？"一个个子不高，身材瘦弱，皮肤并不是那么洁净白皙的男生问我，"怎么我们以前都没见过您？""是的，我是今年刚来的老师，刚刚大学毕业，来你们学校参加支教。"我说话的同时看了一眼教室里的其他学生，教室里一共只有23名学生，说句心里话，这与我想象的场景有很大差别。

记得我们小时候上学，开学时都会让爸妈给自己买一套崭新衣服，男生理个精神的小平头，女生扎着马尾辫，大家都背着可爱的新书包来学校报名。而看着现在教室里的这23名学生，他们没有穿着崭新的衣服，而且有些男生的脖子上有明显的汗渍和灰垢，不敢多说，至少一个星期没洗过澡。开始我很是不解，就算家庭条件差一点，买不起新衣服，洗个澡该是能洗得起吧？后来，在这里的生活经历让我理解了这一切。切身体验，我刚来的三个星期就没有洗过澡，最多就是拿毛巾擦洗一下，因为我所在的安里镇就没有澡堂。安里镇，地处渭北，地势较高，土质黏性较小，很难存住水。因此，当地人对水是非常珍惜的。

我是一个生活在淮河岸边的孩子，从小就没有感觉到缺水，印象中我们家乡只会有洪灾，不会有旱灾。人们常说："走千走万，不如淮河两岸"指的就是这里丰富的水资源吧。曾经，我看到过保护水资源的宣传片，听到干旱地区的人一辈子可能就只能洗上三次澡的故事，我觉得那些都是编出来骗人的，然而在这里生活了一段时间以后，我深深地体会到干旱地区人民对水的感情。虽然这里没有缺水到那么严重的程度，但是人们对水的利用真是非常充分。有一天晚上我检查宿舍时，看到学生倒一盆水准备洗脸洗脚，只见他们一个一个轮流洗脸，然后再轮流洗脚。就这么一盆水四个学生共用，在我们看来这可能是很不卫生的，可是他们觉得这水来之不易，如果他们多用了，家里的庄稼就没有水来保证良好的收成。在这里工作的老师也是一样格外珍惜用水。我隔壁的老师在洗衣服时，放的洗衣粉很少，基本上连泡沫都看不见，我曾问过老师为什么要这样做，他说："少放点洗衣粉，洗衣服不浪费水啊，洗衣粉放多了，得多洗好几遍才能冲干净！"而且，我看他把洗完衣服的水倒进一个水桶，留着拖地时再用。

2015 年 10 月 11 日，澄城县团委组织开展了一次"保护母亲河，植树造林"的活动。我们一行人来到王庄镇北边的一个"林场"，说是林场，但是，来了基本看不到几棵树。听当地人说，这里的树成活率很低，假如没有保护措施，树是基本上活不了。的确，看看这黄土，看看这风沙，植物怎么能在这地方生长？更别说庄稼了。按照当地人的指导，我们找了很多油桶，装满水后在瓶口处扎一个小孔，放到刚种下的小树旁，这样基本能让小树在前几个月里不会断水。忙碌了一天，我们共植树两百多棵，希望这些小树都能成活，给这片土地带来一些希望！

良好的习惯是一点点养成的，回到大学以后，每次到水房洗漱，我都会拿着脸盆，小半盆水就足够我洗脸洗脚，而以前都是直接打开水龙头冲着洗完，不知不觉就会浪费很多水。

俗话说，不持家，不知柴米油盐贵；我想说，不到干旱地区，不知水资源稀缺。这应该也是我支教这一年的一个重要收获，体验了农村生活的不易，感受了缺水的艰辛！同学们，请珍惜现有的良好生活环境，请保护你身边尚且充足的水资源。若你不信，我邀您到西北地区走一圈。

不想收拾行囊

齐茂振

"齐茂振，毕业于西北农林科技大学，中共党员。西北农林科技大学第十七届研究生支教团成员，服务于陕西省渭南市澄城县安里镇学校，担任八年级班主任，兼任数学、生物老师。我的支教宣言是：用一年不长的时间，给他们的人生带来一些改变！"

这是 2015 年 8 月我刚来服务地时的简介，一年的支教时间真可以说是"弹指一挥间"，当我接到本学期的期末考试通知时，才意识到我的"教师生涯"即将结束。

有些人说："小齐，你马上就能'解放'了！不用在这偏僻的农村学校，每天为了准备一天用的饮用水不停地往水龙头那里跑；吃着你吃不惯的面食、馒头；还要跑到 20 多里路以外的县城去洗个热水澡。"是啊，我马上就能回到大学里了，过上无忧无虑的大学生活了，但是，为何我就没有一点点的兴奋呢？我的同事也是我的朋友——叶老师，他的一句话让我明白了，"我们学校来过很多支教、实习的老师，你是我见过最有'主人翁'意识的一位老师。"是的，我觉得我已经融入这个集体，每一件事都是以一名正式老师的身份去做，当我知道我要离开安里镇学校，当我知道我要离开我的学生的时候，才意识到我跟这里的学生、这里的老师已经结交了深厚的感情和友谊。

最近每一次给我妈打电话时她都会跟我说，抽空把自己近期用不着的东西收拾一下吧，别到走的时候着急忙慌的。有很多次我都拿起了编织袋，但是到现在我连一件东西都没有装好。我妈总是说我："你都懒成啥了？收拾个行李磨磨唧唧的。"其实，我的心里最明白，不是我懒，不是我磨叨，而是我不想装。因为我不想看到那一包包装好的行李，因为完全收拾好行李就意味着我离开的日子到了，因为我不想这么快就离开我的学生们。每当放下装行李的编织袋，我都会拿出手机看看我这一年的经历，从2015年还叫不全每一位同学的名字，到现在成为学生们最亲近的老师，有时我竟然会成为其他老师"羡慕嫉妒恨"的对象，因为学生跟我亲近、对我好。

看着一张张照片，我的脑海中也会浮现出一幅幅画面。

刚开学时，校园里杂草丛生，学校安排班主任带领学生在课余时间除草，开始我还真有点接受不了。因为对于我这个一直在城市里生活的人来说，从来就没干过除草的活儿，我心里对学校还有点不满。但是看着学生们熟练的拔草动作，积极热情地干活，我又有何理由抱怨呢？现在想想，我以前上学时好像也有劳动课，而我们的劳动课是干什么呢？好像就是老师拿着课本给我讲讲如何使用镰刀、铁锨和锄头，而到现在我也不知道怎么使用镰刀。倒不如让学生们切切实实地去做一下，既能真正学到本领又能做到劳逸结合。

周末是我在这里最无聊的时间，因为整个校园就只剩下我。有一次，几个学生过来找我，我本以为是有什么事，后来一问，原来他们是作业完成了，在家也没有什么活干，就想来学校找我玩玩，也算是陪陪我了。我一想，我为什么不能利用周末的时间为学生们做一些事呢？于是我到街上买来肉和蔬菜，我给他们做饭吃，让他们尝尝我们家乡菜的味道。虽然我的厨艺比不了饭店里的大厨，但是学生们都觉得我做的饭菜味道很好，看着他们美美地咥（咥，die，陕西方言"吃"的意思）着，我心里洋溢着说不出的幸福感。

后来我基本上每个周末都会带着几个学生到周围的地方转转看看，有时也会带他们进城看看。因为我听一个同学说，他基本上几个月甚至半年都不会进一次县城，爸妈都在外地打工，就奶奶在家照顾他，所以……其实，乡下孩子有乡下孩子的好处，他们没有网吧，不会整天想着上网玩游戏；他们没有 iPad（平板电脑），不会成为现代社会中的"低头族"；他们有着纯真的笑容和善良的心地，他们有着大自然这个最美好的儿童乐园。

时间就是这样无情，当你想让它走慢点时，它却依旧"我行我素"。这一年，我跟我的学生们度过了美好的一年；这一年，我在安里镇学校度过了美好的一年；这一年，我将永生难忘！

在这即将结束的时刻，我想再给自己一个简介：齐茂振，教师，就职于陕西省澄城县安里镇学校，担任八年级班主任，兼任数学和生物老师，喜欢和学生做心灵上的沟通，擅长鼓励教学法，与学生建立了深厚的友谊，是学生们最喜爱的老师（自封）。工作愿望：希望每一个学生健康成长，做一个懂礼，重孝，感恩之心长存的好学生。

作者简介

张相德　男，中共党员，山东省泰安市人，2015 届动物科学专业毕业生，系西北农林科技大学第十七届研究生支教团成员。本科期间曾任"新动力动画制作中心"会长，曾获专业奖学金等多种荣誉。曾服务于陕西省渭南市赵庄镇中学，讲授物理课，获得"优秀教师"的荣誉，现为西北农林科技大学动科学院遗传调控专业研究生。

纪念一年的点点滴滴

张相德

一年的时间说长也长，说短也短，对于每个支教的大学生而言都有一段属于自己的难忘回忆。这段回忆快乐也好，痛苦也罢，都是我们人生中最宝贵的财富。离开的那一刻，我甚至不敢相信自己就要离开这个地方。这一年虽然过得平淡，但是我对赵庄镇的情感早已融入生活的点点滴滴中。我已习惯了每天在那吵人的上下课铃声中醒来，习惯了站在那三尺讲台上，手上、身上都沾满粉笔末，习惯了面对我那些让人头疼、又让人心疼的孩子们。

一年的时间，真的太短了！

去支教之前，我已经做好了充分的准备，这一年，不管条件多艰苦，我都能坦然面对。然而当真正到了赵庄镇的时候，我实在不敢相信自己的眼睛，恰逢集市，街上虽然不算繁华，但是小超市、商店、小吃摊应有尽有。学校有教职工楼，每位教师都有独立的住处，房子里有独立卫生间和厨房，还有一张大床。良好的生活条件完全超出了自己的想象。如果非要挑出点不足的地方的话，那就是这里没地方洗澡，洗澡只能去县城，但是对于已经做好吃苦准备的我来说，这些条件已经足以让我喜出望外了。

刚来的一个月，多少还是有点不适应，语言沟通确实有困难，但是一个月时间差不多就适应了。学校作息时间跟其他地方略有不同，学生的时间安排得很满，学生每天都是在学习中度过的，学生唯一的活动时间可能就是体育课。学生每天凌晨5点半起床开始早读，早读之后再吃早饭，晚饭时间是下午4点半，然后就是晚读和晚自习，晚自习是上课的，所以学生做作业的时间很少，导致一部分学生经常抄袭。学校的老师都很热情，经常在教学上给我一些指导，生活上也多有帮助。通过跟其他老师的交流，我能深入地了解每个学生的性格和家庭状况。初中生正处于青春期的叛逆阶段，每个学生都开始有自己的小想法，自尊心很强烈，所以必须处理好跟学生的关系。在之后的教学过程中，我也是逐渐地喜欢上了这个讲台，喜欢上了这群孩子。

开学第一天，我第一次跟孩子们接触，学生们都感觉很新奇，而我看着一个又一个陌生的纯真面孔，上完了我人生的第一堂课。我带的是两个班的八年级物理，课程并没有什么难度，是声学的知识。下课后，有个孩子过来找我聊天，我当时内心很高兴，没想到学生也这么热情，居然主动找老师聊天。但是当他问出第一句话的时候，我有点难以接受甚至有点生气，他说："老师你联盟（一款网络游戏）什么段位了？"在我的认知中，这不该成为老师和学生的聊天话题，所以我条件反射地没有给他好脸色。事后我就有点后悔了，这不是跟学生的正确交流方式，我应该好好跟他谈谈话的。之后的接触中，我也慢慢认识了这个孩子，人很聪明，就是太过叛逆，经常做出一些不尊重老师的行为。临别的我给了他这样的留言：我知道你不爱学习，但是你年纪还小，总要做些有意义的事情，而不是像现在这样每天混日子。所以尽情去做些自己喜欢的事情，不要让时间白白地流逝，人生的路很长，走好开始的路，不要等到最后才后悔。也许我的话没法立即改变他，但他在以后的生活中总能明白，我们不都是经历了各种事情之后才慢慢成熟的吗？

我们常说老师的职责是教育，教书育人，我觉得作为一名合格的教师不仅仅是在教学上有傲人的成绩，而且最主要是要在育人工作上做得出色，我们的责任是教会孩子们如何做人。有一次在课堂上，有个孩子受了委屈，上课的时候一直在哭，他前面有个女生却一直在笑。下课之后我把那位女生叫到跟前对她说："为什么别人哭，你却在一边笑？如果换做你受了委屈在那里哭，但别人在旁边笑，你是什么感受啊？"这些孩子年纪还小，他们可能还不太懂得如何去尊重别人，而我们的职责就是教会他们人与人之间应该相互尊重，以及同学之间应该如何相处。2 班有个孩子名叫小龙，他每次犯错却总是千方百计给自己找理由，我亲眼看到他犯错却死不承认，甚至有时候没理由可找直接就说："我就是没完成作业嘛。"他从没跟我道过歉。有一次我实在气不过，就打了他一下，然后他就开始顶撞我，后来还把他家长叫过来谈了话。第二天，小龙来找我，哽咽地对我说："老师，我错了！"我当时内心很震撼、很感动，这是他第一次对我说"我错了"这三个字。人不能总是以自我为中心，做错了事就应该认错，很多年后，他一定会明白，大丈夫就应该能屈能伸，要有责任与担当！

我经常在课堂上给孩子们讲一些做人处事的道理，我没法做到马上改变他们，但是我的话肯定会深入他们心中，几年后他们在经历了一些事情之后，就能明白我说的话。临行时候，我在黑板上写下了这样的话：我们都是平凡的人，但是也可以活得不平凡。这句话出自长篇小说《平凡的世界》，我希望孩子们都能通过自己的努力活出属于自己的精彩人生。我经常对学生们发脾气，好多孩子就觉得我是讨厌他们，其实恰恰相反，我是发自真心地关心他们，所以才会恨铁不成钢，才会去管教他们。换位思考一下，我们就能理解我们的父母。老师的一些做法、说的一些话可能会使我们产生一些情绪，但是这也正是因为老师们关心我们，希望我们有个好的前程。

感谢校团委给予我们这次支教的机会，才让我们体验到一段不同的人生经历，让我们对于生活的认识更加深刻，这些必然会成为我们今后人生道路上的宝贵财富！

作 者 简 介

张瑶 女，中共党员，陕西省宝鸡市人，2015 届土地资源管理专业毕业生，系西北农林科技大学第十七届研究生支教团成员。本科期间曾任院科创部部长、杨凌区村主任助理、班长等，曾获"校优秀学生干部""校优秀团干部""校优秀团员""优秀志愿者"等多种荣誉。曾服务于渭南市澄城县刘家洼中学，担任八年级班主任，讲授物理课、计算机课，获得"星级教学能手"荣誉，现为西北农林科技大学经济管理学院农业经济管理专业研究生。

风雨再大我们一起走

张　瑶

2015 年 8 月 23 日，我初次踏入刘家洼学校，郁郁葱葱的大花坛和满校园的树木是我对这里的第一印象。暑去寒来，寒来暑往，光阴荏苒。一年时间就要匆匆地过去了，我是多么想让时间过得慢一点、再慢一点，这里有太多的情我舍不得。这一整年日日夜夜陪伴着我的孩子们，我们一起早操早读，一起上课下课，一起放学吃饭，一起互道晚安。我的每一个学生就像我自己的弟弟妹妹那样深深地牵动着我的心，和他们在一起的一点一滴都将是我这一生最珍贵的记忆。

乡村学校教师资源的匮乏，让每一个老师都必须身兼数职，我的工作是当八年级 54 个孩子的班主任，兼任孩子们的物理老师，以及七、八两个年级的计算机老师。刚刚接手我们八年级这 54 个孩子组成的大家庭的时候的我很胆怯。虽然我曾在学生会担任过主要干部，也带过很多学生做过很多活动，但是当看到 54 个孩子求知的眼神时，我感觉到的是肩膀上深深的责任感和使命感，他们对我来说就像是一张张刚刚展开的人生之卷，等着我去指导和帮助，稍有不慎就可能会给孩子的心灵造成不可挽回的影响，所以我的一言一行都必须要慎重、再慎重。

支教之前，我就学习了很多关于支教方面的知识，以及很多支教前辈的经验，也专门请教了我当年的班主任，并了解到很多他们多年带学生的经验。这一年，我凭借着他们传授给我的经验，以及和孩子们在一起自己慢慢摸索出来的"门路"，和孩子们度过了幸福的一年，这些经验有些只可意会却无法言传，但是大体总结起来就是以下六个方面。

一、言行举止"十思而后行"。做一名人民教师，无论说什么、做什么都必须要树立起一个榜样，让孩子们在潜移默化中慢慢养成良好的言行举止。

二、赏罚分明，爱威并施。对待每一个孩子最重要的是要多鼓励，多和孩子沟通，多了解孩子的内心，让他们感受到老师的关心和爱。不过，一些调皮的孩子要严肃对待。一开始当班主任必须要拿捏好和孩子之间的关系，不可以让他们只把你当成"大姐姐"，而必须是老师，一旦失去威严就会很难再管理好学生，无法管理学生那就很难有良好的环境去教育学生了。

三、孩子的家庭。当班主任一定要了解每一个孩子的家庭情况。对待上进心不大的孩子要多谈心，多做一些家访。很多孩子学习进步不大，除了孩子自身的原因，其家庭也是一个非常重要的因素。

四、多和有经验的老师交流取经。多了解孩子以前的情况，这样更加有利于全面了解这个孩子的情况。

五、调皮孩子多谈心。一定不允许任由他们调皮捣蛋。可以适当地给予他们一些班级的小职务，让他们承担起责任，这样一方面防止了他们不听话，另一方面又使他们为整个班级作出了贡献。

六、备课需认真。孩子们正处于"十万个为什么"的阶段，因此在备课的时候，一定要将所有可能的知识点都准备好，所有可能的问题都要作详细说明。教书就像种树，小树刚种下去时生长可能不明显，但是日积月累不马虎、不偷懒、不间断地施肥，小树长大了就必然是栋梁之材！

这一年中，孩子们所取得的成绩是我感到最欣慰的事，从一开始的方法不对，到后来的举一反三，让我看到他们的付出和努力。我们班月考考过五校联评的第二名，从一开始的第四名、第五名，一跃跨了很大一步，当然，成绩会有起起伏伏，但是我看到的是孩子们的坚持不懈和刻苦努力。同学们每一堂课都认真听讲，每一次作业都认真完成，每一章习题都仔细研读，从他们身上，我看到的是进步的熊熊火焰，我看到的是一个个不屈不挠、勇往直前的战士。虽然孩子们的学习条件没有那么好，但是他们从不抱怨，停电的时候，他们点燃蜡烛上晚自习，下雨了，他们也从不因为道路的泥泞而停止上学的步伐。每一次看着他们，我总是那样的感动；和他们在一起，我每一天都是那样充实。

周末的时候，孩子们有时候会回到学校来和我一起上自习、写作业，我备课，他们看书、做作业，有不会的题就会过来问我。在他们眼里，我就像他们的"百科全书"，什么科目的问题都可以问，孩子们常常说长大了要上我的大学，要像我一样读硕士、再读博士；他们说，还要像我一样去支教，帮助更多的孩子，把我手中的"接力棒"传下去。每每听到他们说这些，我都会热泪盈眶。或许在学业上我教给他们的是杯水车薪，离他们了解学习整个世界还差很多。但是感恩、拼搏、正直的人生观，正确的价值观，宏伟的世界观则是我能留给他们的最好的礼物！

刘家洼，八年级，这54个名字我都会深深记在心里，往后的日子里哪怕我不再陪伴他们，可是我的心也会和他们在一起，我会继续帮助他们，支持他们，用心陪伴他们走过人生的每一个选择。我会在我的大学等着他们来做我的师弟师妹，真心地祝福他们梦想成真！

作者简介

周海渊 男，中共党员，陕西省延安市人，2015届园艺专业毕业生，系西北农林科技大学第十七届研究生支教团成员。本科期间曾任园艺学院学生会主席，曾获校"优秀学生干部""优秀团干部""优秀社会实践个人""优秀毕业生"等多种荣誉。曾服务于丹凤县棣花镇中心小学，讲授三年级英语、二年级体育和一年级音乐课，获"陕西省优秀西部计划志愿者"称号，现为西北农林科技大学园艺学院园艺专业研究生。

不忘初心，让爱飞翔

周海渊

老李，一位普通的乡镇体育老师，现已年过半百，也默默地为体育教育事业奉献了三十余年。老李家住在离棣花镇不远的李家湾村，我每天早上睁开眼，就刚好能听到他摩托车发动机熄火的声音，老李来了！

学校早操的总指挥，每天从未落下，即使是感冒，即使是嗓子发炎，似乎他的"一二一"已经成为这所学校的冲锋号角。有人说，搞体育的人，都是五大三粗、头脑简单的人，他不是。早操结束后，他会在网上学习体育专业知识，不断地提升自己的专业水平，或者拿起文学巨著，认真拜读。下午上课的时候，我和老李则是在操场上各占半壁江山，他带高年级，我带低年级。无论是足球课、乒乓球课，他的教学思路都十分清晰，我也在默默地学习。足球队的队员们和他的感情最好，他也像对待自己孩子那样对待他们。前一段去县上比赛的队员，都是他培养了三年的精英，虽然我们的参赛服和装备不如绝大多数的代表队，但是老李的队伍用实力征服了赛场，男子足球最终荣获全县第二名。

我和老李在一个房间住。他经常把自家种的核桃拿来给我吃，有时候饭后我没来得及洗碗，回来后发现饭碗早已被他收拾干净搁到柜子里了，每到周末，老李都会邀请我去他家，阿姨做的饺子是极好吃的，吃出了家的味道，老李给了我父亲般的关怀。

在这所学校里，像老李这样为教育事业奉献了大半辈子的老师有很多，在他们的身上，我学到的不仅是教学方面的经验，而且更多的是那种永不止步的信念和精神。我想，支教的时光也许是有限的，但志愿服务的精神是无限的，愿所有的志愿者们都能不忘初心，让爱飞翔！

我不仅仅想做个"孩子王"

周海渊

支教的日子，一段有诗和远方的生活。我经常提醒自己不能单单做一个"孩子王"，而是要做一个严慈相济的好老师。

在今天的体育课上，我把孩子们分成五人一组游戏，游戏过程中姜乔娜摔倒了，她哭了，我小跑过去把她扶起来安置在操场边上，安慰过后，我把目光移到了与她同组的四位同学身上，他们还在继续游戏。我随即吹响哨子，示意集合。有些孩子不解，有些孩子还有些不开心，因为我打扰了他们玩耍的兴致。

同学们，今天我们的游戏是不是分组游戏？那么每一组是不是一个小集体？如果你的集体中有同学摔倒，那么你应该怎么做？我发现与姜乔娜同组的孩子都低下了头，脸红扑扑的。好，现在，与姜乔娜同组的同学去做你们该做的事情。四个孩子都跑到姜乔娜跟前，有的问她摔到哪儿了，有的同学再三向她表示歉意。没想到，小姑娘却含着泪回应大家，说是她自己不小心摔倒的，不怪你们。这时离她最近的李泽雯也在不断地揉搓着自己的眼睛，眼泪也在眼眶里打转。

同学们，今天这个游戏是一个团队游戏，无论你们团队中缺少谁都无法在比赛中取得好的成绩。在你们的学习生活中，需要你关心身边的同学，培养团队合作的精神。我想，他们这一小组给大家上了生动的一课吧。伴随着下课的铃声，大多数的孩子们若有所思，但很快又沉浸在课间活动中了。

陕北安塞腰鼓，陕南丹凤舞起来

周海渊

黄土高原，高粱地之前

"百十个斜背响鼓的后生，如百十块被强震不断击起的石头，狂舞在你的面前。骤雨一样，是急促的鼓点；旋风一样，是飞扬的流苏；乱蛙一样，是蹦跳的脚步；火花一样，是闪射的瞳仁；斗虎一样，是强健的风姿。

"壮阔、豪放、火烈得震撼你每一个细胞，好一个黄土高原，好一个安塞腰鼓！"

丹江之畔，凤冠山之麓

"梦回宋金边城，漫步清风老街，清澈的丹江，多彩的田野，也曾深深眷恋笔架山灵秀，棠棣花烂漫，白鹭双飞，蓝天高远，荷塘碧浪，醉了神仙。"

但是——

一幕这样的画卷正在展开……

黄色的琉璃瓦，嫩绿的槐树叶，挥舞的红绸，淋漓的舞姿，隆隆的鼓点，雄浑的安塞腰鼓出现在了美丽的棣花。

2015 年秋天，作为西北农林科技大学第十七届研究生支教团的一员，周海渊与丹凤结缘。半年多的支教生活让他萌生了把家乡的"腰鼓文化"带到支教学校的念头。小伙子利用寒假回家的时间，积极与安塞县委取得联系，并把他的想法和领导进行了交流，最终获得支持。

经过几个月的筹划与准备，2016 年 5 月 9 日，安塞县委带着一批腰鼓器械和安塞一小的孩子们来到了棣花，周海渊心中的小愿望终于变成了现实。安塞腰鼓在丹凤舞起来了，周海渊也有器械教棣花小学的孩子们腰鼓了，要知道之前他教孩子们用的只能是自己制作的简易器材。孩子们看到真正的腰鼓，也都开心地上前摸来摸去，好像把失去好久的东西给找回来了。这天下午，安塞县第一小学的孩子们和棣花小学的孩子们用腰鼓交流，每一个动作，每一个鼓点，孩子们都很认真，因为腰鼓活动在他们的心中也埋下了友谊的种子。

有学校的老师问周海渊，你支教就一年时间，现在离结束的日子也越来越近了，你能把腰鼓给孩子们教会吗？"安塞腰鼓我从小学习，它不仅仅是一种表演，而且更是对我人格的磨炼，尽管练得过程很艰辛，打得过程很费力，但是能给观众带来震撼的视觉体验，我会尽我所能地把腰鼓交给他们，他们从中学到的不仅仅是那几个动作，而是那些鼓点。"是啊，也许支教的时光很有限，但是腰鼓文化真正地来到了丹凤，来到了棣花，却是永久的。

从此，安塞腰鼓将在丹凤这片沃土上扎根、生长、开花……

支教生活成为我一生的宝贵财富

周海渊

总有一群孩子是你想象不到的样子，他们渴望知识、渴望老师、渴望外面的世界。而这些，我们正拥有。

做一些小事，温暖孩子，温暖自己。而今，这样的日子已经结束了。也许我们所有人都没忘记自己来到这里之前曾许下的诺言，是时候问问自己，你做到了吗？曾经的豪言状语是否——付诸实现了呢？这是一段极为苦涩的日子，是发自内心的艰辛。曾经有前辈说过，支教，就是一场心灵苦旅，越到最后我越发这样觉得。

也许你会为课堂上一点点的成功而感到欣慰和幸福，也许你会因为孩子们的纯真带给你惊喜和感动，可是当你发现教室里将近一半的学生是"留守儿童"抑或身处特殊的家庭环境时，你也许会为他们悲惨的遭遇而感到惋惜，也许你也曾尽力为他们做过些什么，但是他们未来的路依然很艰难，因为很多事情我们已经无能为力去改变了。

也许这就是生活的意义吧，你必须要去面对一些你不想去面对的事情，还要去经历它。我还很想支教生活中曾遇到的每一个人，无论是我喜欢的还是不喜欢的，这些都是我的宝贵经历。一年棣花行，一生棣花情。我不会忘记那里孩子们的天真和对知识的渴求，不会忘记那里老师对我的关心和照顾，不会忘记我曾十分努力地在那块土地上工作、生活。支教的日子有过从迷茫到无助、再到游刃有余，有过从枯燥乏味到苦中作乐，可是到了要离开的那一刻，我甚至都不能勇敢地面对。回想起自己上课、改作业时给孩子们发的脾气，到最后孩子们递给我的小纸条，一句：英语老师，我再也不惹您生气了！尤其是到了最后离别的日子，好多次上完课感觉自己再多在教室里待一分钟都要开始飙泪。支教伊始，我就在日记中写过要用心经营这段幸福的日子，眼下我觉得这段日子被我经营得不错，就是短了些，快了些……

支教是个良心活儿，我希望若干年后，看到自己写下的这些话，回想自己的支教生活都感到问心无愧，并把这一年的经历当作自己一生的财富。

缑文彤（前排左五）

作 者 简 介

缑文彤　女，中共党员，甘肃省天水人，2015届信息工程学院电子商务专业毕业，系西北农林科技大学第十七届研究生支教团成员。本科期间曾担任信息工程学院学生会副主席，获得专业二、三等奖学金，"校级优秀学生干部""优秀团干部""社会实践先进个人"等多种荣誉。服务于丹凤县竹林关镇中心小学、棣花镇中心小学，担任一、二年级美术老师，三年级英语老师，现为西北农林科技大学信息工程学院软件工程专业研究生。

一起成长的日子

缑文彤

收获，并不都是有形的。支教的日子，与孩子们一起成长，点滴的平凡都是珍藏的记忆，每一份记忆都是满满的感动，每一份感动都是成长的收获。

2015年9月1日，是我正式支教的第一天。9月的竹林关阳光甚好，前一天到达服务地学校已经早早安排好了我们的工作任务。由于主管少先队要负责学校每周一升国旗，这一天早晨，洗漱收拾完以后我就提早来到旗台下面，等着第一中队的孩子们来提前熟悉一下升旗仪式的流程。人生当中会有许许多多的第一次，有些未知，有些已知，人们在经历这些第一次的时候总是因为各种各样的原因发生许多状况。前一天与学生约定好的7：05集合排练，却由于当天是新学期的第一天，各班需要打扫班级卫生而耽误了十几分钟，这让初次升旗的我心里慌乱了一番，我担心在正式开始前没时间彩排而误了新学期第一次的升旗仪式，好在学生们最后赶上了排练，并且一切都很顺利。就这样，伴随着嘹亮的国歌声，注视着冉冉升起的五星红旗，我的支教生涯拉开了序幕。

还记得初次登上注目已久的三尺讲台的感觉，紧张与期待参半，顿时意识到了履行神圣职责的开始。为了不辜负这种信任，我在课前尽心尽力地去备课，力争每一堂课都能给孩子们带来收获和回忆。

在美术课堂上，孩子们总是那么活跃，看到孩子们认真、积极的态度让我很是欣慰。虽然有时候他们也很顽皮，总是喜欢直接站起来，甚至走到别人的位置，还特别喜欢跑上讲台问我："老师，是不是这样画啊？"但我知道，这是孩子们难得的童真，是对画画儿的热爱，是渴望得到老师对他们的聪颖和乖巧的肯定。我收到了他们可爱的美术作业，也收到了他们用心的绘画礼物，心中承载着喜悦和感动……

口风琴兴趣课上，由于学校口风琴数量的限制，有些同学可能因为吹奏得不好而将要面临淘汰。课后有个小女生跑过来对我说："老师，我回家以后在纸上画个琴键好好练习，您能不能不淘汰我？"看着她那渴望留下来、渴望音乐的眼神，我竟一时说不出话来。我能做的也只能是极力保护这颗热爱音乐的梦想种子能够生根发芽。最后，在跟同学们协商后，有些同学需要两个人共用一只琴，但大家都很乐意。就这样，孩子们从对乐理一点都不懂到能吹出简单的音符，再到元旦前我们一起吹奏乐曲《新年好》《欢乐颂》。就这样，一步一个脚印，每一天都有进步，每一天都有收获，我跟孩子们简单地快乐着。

支教的第二学期，由于工作原因，我被调到了服务地的另一所学校——棣花镇中心小学。初来棣花时，迟迟不能适应，经常想起在竹林关的点点滴滴，想念那里的每一个学生，想念在那里支教发生的每一件事情，心里多少有一点失落和遗憾。棣花小学有一位体育老师，年过半百，大家都叫他"老李"。有一天午休时间，我跟老李出去散步熟悉新学校周边的环境，老李边走边给我讲述当地的故事。他说棣花以前只是个乡，前些年撤乡建镇的时候，把棣花和隔壁的茶房乡合并成了棣花镇。他本是茶房人，撤乡建镇后就变成了棣花人，起初每当别人问起他的家乡，他总是不情愿说自己是棣花人，但久而久之，大家都这么说，他也渐渐习惯并接受了这种说法，现在要是有人问起来，他会很坦然地告诉别人自己是棣花人。听完老李讲的这个故事，我恍然大悟，仿佛初来棣花的种种不适应统统都烟消云散了。是啊！只要不忘根本，热爱着这一片热土，无论它叫什么名字其实并不重要，重要的是你还能在这片热爱的故土上继续生活。这跟我们来支教是一样的道理，只要不忘初心，无论身在何地，只要尽自己最大的努力，用最积极向上的态度，把知识和欢乐带给孩子们，这才是最重要的。于是我很快调整好了自己的心态，再次全身心地投入到支教工作中。

支教的生活与孩子们朝夕相处，真心觉得每个孩子都是上帝派来的天使，无论是在哪里，他们总能带你找到孩童的纯真。他们会因为老师喜欢紫颜色而将自己画本上的花朵都涂成紫色，他们会因为看到辛苦打饭的老师还没有吃饭，但营养午餐所剩不多而放弃没有吃饱再盛第二次饭的念头。棣花镇中心小学地处贫困地区，学校的音、体、美教师资源紧缺，孩子们每日的课程几乎全是语、数、外这些主课，我们的到来自然要在这方面尽自己的一份力量。新学期，我给一、二年级的小朋友上美术课，我虽然不是科班出身，但一学期相处下来，多少给孩子们乏味的生活能带来一些生机。每当他们在教室看到你从操场走过来上课，孩子们总会激动地在教室里向你挥手，此时此刻，一种幸福感油然而生，你会觉得所有的付出都是值得的，你会觉得能为孩子们拥有一个色彩斑斓的童年添上自己的一笔是一件多么幸运的事情。

时间过得飞快，回想过去，教室里孩子们提笔绘画的那些画面依旧浮现在眼前，画不尽我们的希望与欣然；操场上那整齐的脚步声依然回荡在耳边，忘不掉我们稚嫩却坚定的信念；那些相视一笑的喜悦依旧萦绕在心头，诉不完的千万般思绪只存在我们心间。这一段逝去的时光将不再，但这段与孩子们一起成长的日子将会变成人生最宝贵的收获，永远珍藏在心间。

我与三年级二班

缑文彤

有一首歌是这样唱的："眼睛你要擦亮，记住我的模样，不要太紧张，我是三年二班……"就像歌词里唱的一样，支教这一年，我也与三年级二班有过一段别样的缘分。

初到棣花小学时，我被分配担任三年级二班的英语老师，从走进三年级二班教室的那一刻开始，我的心里就激荡起一种难以用言语表达的兴奋和温暖。这感觉，就像一股暖流，能够融化寒冷冬日里的每一寸冰封。当看到孩子们一张张纯粹而天真的小脸时，我便意识到自己对他们的那份最平淡而又最深刻的爱。我想，无论支教的这段时间里遇到任何困难，这一切都是值得的，我跟三年级二班的缘分就这样开始了。

开始上课之前，我私下里先跟班主任做了沟通。我了解到自从上学期开设英语课以来，我们班已经换过五名英语老师。三年级正处于小学英语的启蒙阶段，一学期就换了五位英语老师，孩子们的基础和习惯可想而知，许多学生连26个英文字母都写不到四线三格的正确位置。上完第一节课，我布置了家庭作业，第二天检查时，全班56名同学有二十几名都没写作业，我瞬时意识到即将面临的挑战。于是我一改往日上课轻松的氛围，转而变成一位"严师"，从自我要求开始，每天上课工工整整写板书，跟孩子们一起背课文，学生上课默写的单词，我都要亲自批改……有一次，我在课堂上问他们："你们心中的老师是什么样的？"大部分同学回答："温柔的。"我又问："那温柔的老师能管得住你们吗？你们听性格温柔的老师的话吗？"他们沉默了半天，都不好意思地摇了摇头。好在"严师"最终还是奏效了，他们的书写变得越来越整齐，也养成了良好的课堂习惯。最欣慰的是，在我们共同的努力下，月考中英语取得了全镇第一的好成绩，这点滴的进步都让我觉得所有的付出都是有回报的。

来支教之前，我一直在思考，我们来到这里究竟能给孩子们带来些什么？我们能教会孩子们什么？然而支教以后，我才发现，我想错了。反而那些只有八、九岁的孩子们教给我们的更多，或是说是他们唤醒了那些在我们内心深处沉睡的东西。他们是古灵精怪的小天使，会在课堂上提出各种天马行空的问题；他们是团结向上的小勇士，拔河比赛时勒红了小手也要拼尽全力；他们是互相陪伴的好伙伴，前一秒还在因为一点小事不开心，后一秒说声"对不起"，马上又和好如初；他们是暖心的"小棉袄"，会给没吃早餐的老师悄悄塞上一个小面包……上课的时候，他们总喜欢用写小纸条的方式来表达自己的想法和遇到的问题，我也会用同样的方式回信给他们。有一次，在批阅作业时，有个小女生在本子里夹了一张小纸条，纸条上面写着：老师，你的梦想是什么？看完后，我竟一时不知道怎样回答。小时候我们每个人都有属于自己的梦想，或许不着边际，或许天马行空，但我们心中总会种上属于自己的梦想的种子。进入大学后，生活和学习节奏都变得越来越快，走着走着，只顾前行，却忘记了为何出发，忘记了给自己梦想的种子浇水施肥，以至于我们好多人长大后竟把梦想给丢了。孩子们告诉我，他们的梦想是男生长大以后当绅士、女生长大以后当公主。我听了以后深受感动，希望孩子们能够一直保持这份童真。

美好的时光总是短暂的，离别的日子如期而至。我临走前送给三年级二班56个孩子每人一枚小小的书签，书签正面是国内外著名高校的校徽和标志性建筑，背面亲笔写上了属于我与三年级二班每个孩子之间的回忆。一枚小小的书签承载着我对每个孩子的希望与祝福，愿他们快乐成长，将来都能考上自己心仪的大学。

一年的支教时光结束了，这是我最幸福的时光，也将是我最眷恋的一段日子。感谢支教，感谢三年级二班的每一个小天使，最美的棣花，最美的时光，不虚此行，所以难忘此行！

一节特殊的美术课

缑文彤

像往常一样，这一天下午第一节课铃声一响，我走进一年级二班教室去给孩子们上美术课。由于"父亲节"刚过去不久，课堂上我好奇地问小朋友："同学们，上周末刚过去的'父亲节'大家有没有给爸爸送礼物呢？"话音一落，我期待小朋友会像平时提问一样，不管我问什么问题，他们每个人总会非常兴奋地在下面说出各种天马行空的答案，这次却出乎意料，小朋友们异口同声说："没有！"正当我为这样的回答感到好奇之时，平时班里最有想法的"机灵鬼"贾怡豪低声地说："老师，我们不知道要给爸爸送什么。"

是啊，一年级的孩子大多都六七岁，这么小的年纪，着实还不懂得怎样向父母表达自己的感谢和爱意，我灵机一动，或许我可以帮助孩子们给爸爸妈妈准备一份礼物。于是我拿起粉笔，对小朋友们说："同学们，虽然'父亲节'你们没有给爸爸送礼物，没有关系，今天咱们拿出彩笔和画本，亲手画一幅画儿送给爸爸妈妈，当作'父亲节'的礼物怎么样？"我的话音刚落，孩子们兴奋地齐声回答："好！"并纷纷拿出工具开始亲自为爸爸妈妈准备礼物。

从开学到现在，我们画过许多幅画，这其中有植物、有动物、有交通工具……今天要画一幅画表达对爸爸妈妈的爱，我决定教孩子们画爸爸妈妈的卡通形象，于是我先在黑板上给孩子们画了一个参考，剩下的时间交给孩子们，让他们自己来画心目中的爸爸妈妈。只见每个小朋友都认认真真先用铅笔画出图案，然后拿出彩笔小心翼翼地涂色，生怕由于自己的粗心和失误让这份礼物变得不完美。看着孩子们认真的样子，我感到分外的幸福和欣慰。

时间已近7月，我不知道剩下的日子还能给孩子们上几堂这样的课，我不敢去想，生怕离别来得太快。但在这还能抓住的日子里，我会尽自己最大的努力带给孩子们欢乐。这堂课临近下课时，大家基本都完成了自己亲手给爸爸妈妈准备的礼物。我看到许多孩子不仅画了画儿，而且在画儿的旁边写下了想对爸爸妈妈说的话，相信当家长收到孩子这份亲手准备的礼物时，一定会为孩子们感到骄傲。当然，这节特殊的美术课也定将成为我和孩子们之间的美好回忆……

作者简介

刘恋 女，中共党员，青海省西宁人，2015届园艺专业毕业生，系西北农林科技大学第十七届研究生支教团成员。本科期间曾任校团委科技创新部副部长，园艺学院团工委副书记，曾获"校级优秀团干部""校级优秀学生干部""社会实践先进个人"等多种荣誉。曾服务于丹凤县竹林关镇中心小学，担任学校少先队辅导员，讲授音乐、体育及少先队活动课，现为水土保持研究所水土保持与沙漠化防治专业研究生。

让支教的火种在西部传承

刘　恋

　　我的家乡在祖国的西北，从小支援我国西部教育事业的思想就在我的脑海中根深蒂固。我的母校位于青海省东部一座大山的脚下，沧桑的校园静静地沉睡在大山之间，推开尘封许久的大门，斑驳的绿荫后面是同样斑驳的楼房，龟裂的院墙前面是同样龟裂的操场。我的母校，没有数字化的教室，没有高高的图书馆，操场上铺满了细细的石子，宿舍里十几个人挤在小小的一间房。尘土飞扬的教室，破碎的黑板，还有昏暗的灯光下一个个伏案学习的身影……就是这样一所学校，却走出了成千上万的大学生，每年都有许多学子凭借优异的高考成绩走出大山，走出西北。连续几年，学校的高考升学率甚至一度超越青海省的几所重点中学。很多人都不理解，为什么在这样艰苦平凡的环境下，这所学校却能取得如此优异的成绩，但是作为从这里走出来的学生之一，我知道这功劳与一群可爱的人分不开，他们来自祖国的大江南北，但是有着同一个梦想——支援西部教育，为西北的教育事业贡献自己的力量。他们和现在的我一样，是一群看似平凡却怀揣梦想的当代大学生，他们离开繁华的城市来到这座小小的城镇中学，只为了给孩子们讲讲大山外面的世界。

　　这些来自北京大学研究生支教团的老师们，改变了我们的命运，他们带给我们的不仅仅是知识，更多的是努力学习、改变人生的信念。老师们竭尽全力地给我们带来更多的东西，讲述外面的世界，规划未来的人生，分享高考的技巧，这让我们对未来充满希望。打工、务农、嫁人，一个简简单单的理由就可以让一个学生永远离开课堂。这群支教的老师挨家挨户地走访，跟我们谈人生、谈理想、谈未来，让许多辍学在家的同学重新回到了课堂。他们写给中央领导的信，引起了新华社的关注，电视台来了，爱心捐款也来了，新的教学楼盖起来了，塑胶操场铺好了。支教的老师改变了学校的状况，更改变了成百上千学生的未来。现在回想起来，他们不仅仅是我的恩师，更是我学习的榜样。

2011 年，我顺利地考入了西北农林科技大学。西农是一所充满了人文情怀的高校，孙其信校长曾经引用过儒家经典《礼记·大学》中的一句话："大学之道，在明德，在亲民，在止于至善。"大学是科学与知识的殿堂，是精神与价值的高地。大学的根本使命是立德树人。在学校的引导和支持下，我身边的很多朋友都积极参加各类志愿服务活动。大二暑假，我跟随学校的一支"三下乡"队伍再次回到了青藏高原。我们白天去田间调研走访，晚上为孩子们辅导功课。在村领导的帮助下，我们在村委会的会议室里办起了课堂，每天都有家长把孩子送到这里来学习。离开服务地那天，孩子们走了很远的路来为我们送行，一张张泛着高原红的小脸上都是别离的不舍。转眼间到了 2015 年，我已经大四了，在就业、考研、出国、保研的艰难抉择中，我看到学校第十七届研究生支教团的招募通知，这让我心动不已。支教对于我而言，不仅是自身的奉献，而且是对社会的回报。我愿意到山区去，到学校去，站上三尺讲台，跟孩子们谈人生、谈理想、谈未来，跟他们讲学习的重要性，尽我所能去帮助他们，带他们看看外面的世界。

如今，我已经如愿地成为西北农林科技大学第十七届研究生支教团中的一员，接过支教这根接力棒，来到商洛市一所农村小学开始了自己的教书生活。虽然一个人的力量很渺小，但我知道有很多很多的人都在为西部的教育事业贡献着自己的力量，这力量终将汇聚成一条温婉而磅礴的河流，凝结成一种坚定不移的信念，支教的火种必将在祖国广袤的西部大地上继续传承下去。

桃花山下的别样青春

刘　恋

满载着行李的车从南校宿舍楼下出发，树上的知了聒噪地叫个不停，楼管阿姨向我们挥了挥手，一年的支教生活就这样拉开了序幕。穿过一个又一个长长的隧道，一点一点远离城市的喧嚣，满眼都是秦岭山系苍翠的群山。一路上的风景都在给我讲述着陕南人家淳朴的风土人情。

我们到达竹林关小学的那天，正是孩子们开学报道的日子，一个个小小的身影，一双双好奇的眼睛，叽叽喳喳地不停议论……我从车上跳下来，顶着烈日环顾四周，校园虽小但打扫得干净整洁，已经完全没有了五年前那场洪水留下的痕迹。

竹林关中心小学的校园坐落在桃花山下，桃花山的崖壁上有当代著名作家贾平凹题写的"桃花源"三个字。这里虽然不是陶渊明笔下《桃花源记》中所描写的桃花源，但这里土地平旷，屋舍俨然，有良田美池桑竹之属。除了桃花，竹林关还以竹闻名，校园里的一簇簇竹子坚持着自己挺拔的身姿，似乎在守护着这里每一个孩子的成长。

初见孩子们的第一面，我面对的是五十多个一年级的新同学。这是我登上讲台的第一天，也是他们上学的第一天。课堂秩序维持了不到10分钟便乱成了一团，有转来转去说话的，有打闹的，有哭的，有跑上讲台的，还有七八个要上厕所的……我用我最大的声音跟这群"小魔头"讲话，但没过一会儿嗓子就哑了，我只好不停地擦着额头上的汗水，一遍遍地看时间，在心里默默祈祷快点下课。就这样，第一天三个班四节课下来，我早已经是筋疲力尽。转眼间，我和这群"小魔头"已经相处了半年，他们在这半年里成长了许多，从当初在课堂上捣乱的"小魔头"变成了同学们的好伙伴和老师的好帮手。小胖墩小涵是一年级一班的体育委员，每节体育课上课之前，他都会帮着老师整队，一排一排地督促大家站整齐，带着大家跑步做操。"学霸"佳佳是一年级二班的班长，班里有一个身体有问题的女孩，佳佳每天中午都会帮她打好饭，把她搀扶到座位上，安顿好之后，佳佳才拿着自己的碗去排队打饭。一年级三班的小毅，经常在课余留下来帮助老师打扫教室卫生，只比拖把高一点儿的他能把整个教室打扫得干干净净。

他们简单、质朴，就像这里的小鸟，没有宽广的视野，向往山外的世界。2015 年秋天，我带学生去县城参加比赛，很多娃高兴得一夜没睡。他们看到县城里七八层高的楼房惊呼："哇！摩天大楼！"班里有哪个同学跟着外出打工的父母去过西安，其他同学都会羡慕得不得了。我不能带他们去看看大山那边的世界，不能代替他们外出打工的父母，只能多给他们讲讲外面的故事。我作为六年级一班的少先队辅导员，每周二的少队课我都会给他们讲一些课本上没有的知识，讲天文，讲历史，讲地理，孩子们都听得非常认真。前几天还有老师问我："学生怎么那么喜欢上你的少队课？"我听了心里特别满足。我在少队课上还和他们做了一个约定，同学们把他们的烦恼写在笔记本或者小纸条上交给我，我把回复写在上面私下还给他，并且约定好上面的内容不被他人知道。同学们很快接受了这种文字沟通的方式，他们也非常乐意敞开心扉，诉说他们的烦恼："我的个子长不高，我有点自卑。""我的成绩下降了，一考英语我就大脑空白。""我喜欢上班里的同学，我不知道怎么办。""我觉得我的名字很难听。""同学给我起外号，我很生气。""我爸爸在外面打工我很想他。"孩子们的问题很多很多，我也用文字的方式回复他们。时间久了，我们就经常在小本子上聊天，聊生活，聊学习，甚至聊他们喜欢的明星。很多性格内向、平时不爱说话的孩子也加入了进来，甚至其他年级的同学也开始在小本子上和我分享他们的

"秘密"。慢慢地，我发现他们爱说爱笑了，也不再依赖小本子了。他们常常来找我聊天，好朋友闹了别扭，也常常找我去"劝架"，本子里的烦恼变少了，欢笑变多了。

小小的村庄和闭塞的环境并没有磨灭他们的快乐，点滴的关怀总能得到他们千百倍的感激。还记得家访时，一间十几平方米尘土飞扬简陋的砖房，一张木板搭建的床，破碎的家具，一个小小的碳火盆，这便是他们生活的全部。一名一年级的小姑娘剪了自己及腰的麻花辫卖了钱补贴家用，一名六年级的女孩因弄丢了一支五块钱的钢笔而急得眼泪直流。破旧的布鞋，长满冻疮的手，兄妹二人争抢一个台灯学习的身影，无数次让我心痛。可我只是一个普普通通的老师，我只能尽我所能带给他们更多知识，让他们用自己的努力去改变命运。我告诉娃们要多读书，他们却告诉我没有书读，只能一遍一遍翻自己的语文课本。这个情况被西农的老师和同学们知道了，大家纷纷伸出援手捐钱捐物，很快孩子们收到了三百多本崭新的中小学生课外读物，于是，操场上、教室里多了很多伏案读书的身影。孩子们会秉承着竹小的校训——"坚毅有节，虚心向上"，终有一天，桃花源里的孩子们会走出大山成为祖国的栋梁之材。

山，遮住了太多人的目光，遮不住太多想要飞翔的梦想。路，远行的是外出谋生的父母，留下的是单纯朴实的心灵。我不愿他们生活在"留守儿童"的阴影下，"留守儿童"不是他们的代号，他们需要的不是同情怜悯，而是理解与陪伴。支教的日子里，我和孩子们同学习，共成长。星星之火，不求燎原，但求点亮心灯。

一封书信牵挂着一段秦岭温情

刘　恋

竹林关，秦岭东段南麓一个依山傍水的小镇；杨凌，国家农业高新技术产业示范区。一群可爱的孩子演绎了这一段跨越山水的故事。

故事还要从今年的春天开始说起，竹林关镇中心小学五年级的孩子们收到了一份特殊的礼物——来自杨凌高新小学的信件。当我抱着装满信件的纸箱走进教室时，讲台下是一双双充满好奇的眼睛。这是孩子们第一次收到一封属于他们自己的信件，一张张笑脸洋溢着兴奋，他们迫不及待地读了起来。虽然孩子们从未谋面，但一句句稚嫩的话语很快让孩子们彼此熟悉了起来。一周后，杨凌高新小学的同学们也纷纷收到了来自山里孩子们的回信，从此一张张信笺架起了一座座友谊的桥梁。

正当孩子们还沉浸在交到新朋友的喜悦中时，一个噩耗却从天而降。竹林关镇中心小学五年级一班的白李严被西安市儿童医院确诊为血友病，病情严重需要手术。白李严的父母都是地道的农村人，父亲年过半百还在工地打工，姐姐没念完初中便辍学嫁人。一天一千多元的治疗费用，以及高达 10 万元的手术费压垮了这个家庭，白李严在西安接受了基础治疗之后，不得不放弃手术回家休养。

很快，远在几百公里之外的杨凌高新小学的师生们也得知了这个消息，他们十分牵挂这位素未谋面的远方朋友。高新小学五年级二班的张宇琛是和白李严一对一的"拉手伙伴"，他听说了白李严的病情之后非常挂念，他拿出自己的课外书想送给白李严。张宇琛的同班同学党赋杰找到了张老师，询问白李严的病情。原来党赋杰在很小的时候也同样被确诊为血友病，经过治疗现在已经基本康复，他主动提出要和白李严联系，和他交朋友。在家长和老师的帮助和支持下，党赋杰和白李严互相通了电话，党赋杰在电话中鼓励白李严，并把自己的治疗经验告诉白李严，他告诉白李严不要害怕病魔要勇敢，希望他早日康复重返校园。

不知不觉就进入了夏天。6月1日是"国际儿童节"，白李严的病情依然牵动着高新小学师生的心。儿童节这天，高新小学的孩子们拿出了自己制作的手工艺品在校园里拍卖，他们将拍卖得来的所有钱款都捐给了白李严，老师们也纷纷献上爱心，在全校师生的共同努力下，全校师生共为白李严筹得医药费9959.5元。

6月14日，高新小学少先队总辅导员张老师等一行五人驱车近400公里来到竹林关镇中心小学，看望这些山里的小朋友们。出发之前，高新小学"手拉手"的同学们拿出了自己的课外书，用精美的盒子包装起来，一笔一画地写上自己的姓名，这些书籍将投入竹小"红领巾图书角"，供一届届的竹小学生阅读。学校还给孩子们录制了视频，这是他们送给自己伙伴的礼物。同行的还有高新小学五年级二班的窦玥瑶，一下车她就迫不及待地找五年级一班教室，她的"手拉手伙伴"是竹小五年级一班的刘奕，两个小姑娘见面后紧紧拥抱在一起。刘奕腼腆地跟我们说："窦玥瑶和我想象的一模一样！"她们还约定好，暑假窦玥瑶的爸爸妈妈会带她来刘奕家做客。

带着深深的牵挂，我们来到了白李湾看望在家休养的白李严，高新小学张老师代表全校师生将善款交到了白李严父亲的手中。白李严的妈妈不知如何表示感谢，于是用纸箱装了满满一箱自家包的粽子和一袋花生送给这些远道而来的好心人。

下午第二节课，高新小学的张老师走进教室，给竹小五年级一班的孩子们上了《长征》这一课。张老师讲得声情并茂，孩子们听得非常认真。孩子们学到的不仅仅是这篇课文，更有无私奉献的大爱。

　　这是属于两地孩子和支教团的故事，这不是结局而是开始……孩子们在长大，后面我们第十八届、第十九届的支教团员也随时间更替不断，在西农大研究生支教团和两校师生的共同努力下，这段跨越山水的温情将会一直延续下去……

梦回桃花源

刘 恋

　　一群高年级的男娃七手八脚地帮我把行李抬上了镇里去省城拉菜的顺路车，这个十几平方米的小屋瞬间变得空空荡荡，光秃秃的床板上还残留着阳光晒过的温暖。这个没有卫生间，没有自来水，经常停电，冬天没暖气，夏天没风扇的小屋却在此刻越发显得弥足珍贵。每一块地砖，窗纱的裂缝，天花板的蜘蛛网都见证了我从来到走的全部生活。那些曾经让我害怕的虫子似乎也变得友好起来。那些楼上楼下提水用的日子，那些打着手电筒上厕所的日子，那些周末留守校园的日子，那些吃浆水面吃到皱眉的日子，竟让我感到无比幸福。

　　寒来暑往，光阴荏苒。凝望操场上的核桃树，经历了秋的飘零，冬的沉睡和春风细雨的轻抚，在夏的气息里又一次长得枝繁叶茂，郁郁葱葱。树悄无声息的变化告诉我，一年的时光即将逝去。说起这棵核桃树，杨校长带我们打核桃的情景犹在眼前。那是我在竹林关小学度过的第一个周末，老师们都回家去了，剩下我们独自守着空荡荡的校园，恰逢杨校长值班，看我们闲得无聊，于是他拿起竹竿从树上打核桃给我们吃。如今再看这些核桃树还是原来那般郁郁葱葱，再看杨校长却添了许多熟悉与亲切。

　　盛夏的少先队大队部里异常闷热，我花了大半天的时间整理了这一年来学校少先队的各种资料。摆放得整整齐齐的大鼓和小号此刻也安静下来，不像往日鼓号队训练时那般热闹。孩子们制作的教师节的感恩卡片、国庆节的绘画作品、交通安全的手抄报都记录了昔日的光辉。箱子里的演出服和元旦演出时一样整齐漂亮。少队部里有一个属于我的纸箱，里面装着一年来孩子们送给我的礼物：画的画儿、做的贺卡、折的千纸鹤，甚至课外书上的彩图、玻璃球、路边拔来的四叶草都是他们送给我的礼物。我把它们摆在地上，竟占满了大半个屋子，也许在别人看来，这只是一箱废物，但对我而言，这是无价的宝贝。

隔壁的音乐教室由于期末复习已经很久没打开了，电子琴上落了薄薄的一层灰。从专业角度来讲，我是一个冒牌的音乐老师，除了小时候学过的那一点点钢琴，基本没有什么音乐功底，幸好一年级的音乐课简单，孩子们也喜欢唱歌跳舞，才没有让我太难堪。我和这150多个孩子一起唱歌、一起排练舞蹈、带他们上体育课、做游戏，偶尔也会临时充当一下班主任。"六一儿童节"的时候，校长让孩子们写下自己的梦想，几个小女孩写下了"我想成为音乐老师"，我看了以后备感欣慰。孩子们年纪小，也许这就是他们认可我的方式吧。如今就要离开了，最舍不得的就是这群可爱的孩子。清晨看着他们背着书包来上学，黄昏目送他们回家去，看着他们长高长大，从不会写字到会写完整的句子，从1、2、3到加减法。我记得每一个孩子的名字，也记得每一个孩子的笑脸，他们是我一年里的全部动力，是我力量的源泉，这将是我人生中一群最难以忘怀的人。

真的要说"再见"了，我要拼命记住这段支教的时光，在某个夜深人静的夜晚，想起桃花山下的校园，想起结满果实的核桃树，一次又一次地梦回桃花源。

作 者 简 介

王锐智 男，中共党员，河北省唐山人，2015届水利水电工程专业毕业生，系西北农林科技大学第十七届研究生支教团成员。本科期间曾任水建学院兼职辅导员，院团工委副书记，曾获校"优秀学生干部""优秀毕业生"等多种荣誉。曾服务于竹林关镇中心小学，讲授写字、体育课，获丹凤县"优秀教练员"荣誉，现为西北农林科技大学水建学院水利工程专业研究生。

孩子的心，可以是危险武器，
也可以是美好的工艺品

王锐智

当我看到他时，他正在拿着刚做好的"弓箭"准备射向一年级的小同学，我赶忙上前制止。我把他的"作案工具"拿在手上，后怕刚才如不及时制止会造成的后果，但同时又情不自禁地暗暗感叹这个三年级男生的想象力和创造力，反正我上三年级那会儿是做不出来的。我问他为什么要做这个，看得出来他很害怕，他战战兢兢地说他们刚学了课文《李广射虎》，他突然对弓箭很感兴趣，于是就做了这个拿出来玩。

我刚想批评他，并想将他交给学校的安全老师处理，突然又觉得这样做只不过能让他不再拿着危险玩具到处玩，除了让这个三年级的娃哭个鼻子也再没其他了。于是，我给他讲了刚刚可能出现的可怕结果，还问他还有没有其他同学也在玩等。在批评教育的最后，我说你的手还是挺巧的，并跟他说，你假如能用周末的时间自己制作出一件手工品，老师就不再上报学校了。看得出来他听完很兴奋，一口答应了我。"不许花一分钱啊！"我补充道。他连连答应，笑着跑开了。

周一一大早，他来找我，说要送给我一个礼物，我拿过来一看，是一个将一段竹子掏空削成的笔筒，特别好，这么粗的竹子一定费了他一番工夫。他跟我讲，周五晚上他爷爷从后院找来了一段竹子，他跟爷爷合作磨出来了这个笔筒。我夸他做得真好，问他是不是觉得特有成就感，他点点头。我说："这个漂亮的笔筒，老师送还给你，你用来装文具，但你更应该从中明白一个道理，你的手很巧，所以应该把双手用于创造出更多美好的东西，而不应该再误入歧途。"他感谢了我，并坚定地点了点头。

孩子的成长需要巧妙的引导，粗暴地对待也许就此毁了他们的创造力。

蒹葭萋萋　凉露未晞

王锐智

我又闻到了飘过来的炊烟。

晚归的牛儿低唱，孩子的背影跳跃，夕阳已经悄悄西下了，幻象飘浮，我仿佛回到了乡村姥姥家，她倚着门框，等待着贪玩的我回家。

哦，真真是幻觉，我哪里还是那个孩子。文字，可以任凭想象，生活，却是天天真实。

日出日又落，月升月又坠。来到竹林关支教两个月了，酷暑到寒露。

蓝天，白云，翠竹，篱笆，被花儿环绕，听风儿吟，有草儿香、虫儿鸣，还有嬉戏的顽童，微笑着的你我。

我和同行的志愿者说，和孩子相处最让人感到快乐。你对他是真的，他对你也是真的，就这么简单。

一个孩子打碎了我的杯子，第二天我的桌上多了一张纸条和 20 块钱，她说她很抱歉，想给我赔又怕我不喜欢，钱可能少了一点，但我如果不要，她会忐忑不安。我猜也许她没敢将此事告诉她的父母，这 20 块钱是她攒下的全部零用钱。

每每和有的孩子聊起他家的事，他缺着几颗牙的笑脸有时会变得暗淡，我突然明白，"留守儿童"思念起了一年见不了几天的父母，我的心被什么东西一扯，赶紧说："老师带你们去做个游戏吧。"他马上又咧开嘴笑，把我抱住。

曾经有人问我的支教宣言，我想了想，说了一句，希望我给他们带去外面的世界，他们给我带来内心的光明。

我给许多孩子讲了唐山、大连、云南都是什么样子。他们也给我送来了他们的画作，有他们内心的世界，也有对祖国的祝愿。

我很珍惜带着足球队员训练的一个月和去县上比赛的那几天。留不下的是伤痛和掌声，忘不了的是孩子们在大雨中被淋湿后发丝紧贴的脸庞和倒地救球的呐喊。

蒹葭萋萋，翠竹呢喃。我时常又会想念起那些远在天涯的朋友们。

转眼间，一起逃课的伙伴天各一方。心中的念想，落寂于遥遥的旧年间。我们相隔于远方，时光的莞尔，悄然的是漫过枝头的枯叶，而掌心的思绪，在秋风中渐渐凋零。偶尔会感怀那些老去的故事，偶尔会伤感那些已经远去的名字。

老朋友们，你们过得都还好吧？我这里能看见银河，很美。但深秋的夜空，风还是有点凉，寒夜褪色，思念还未散场。经常拨去问候的电波，希望收到你们幸福的回响。

蒹葭萋萋，凉露未晞，晚来凉秋，小心感冒，记得添衣。

蒹葭萋萋，凉露未晞，收获于感动，成长于悉悉。

蒹葭萋萋，凉露未晞，笃信未来，淡写过去。

蒹葭萋萋，且珍且惜。

王伟（后排左五）

作 者 简 介

王伟　男，系西北农林科技大学第十二届研究生支教团成员。

挥洒青春谱华章

王 伟

光阴荏苒，岁序更新，时间的沙漏总是在不紧不慢中把时间悄悄带走，再回首，我已经离开支教的那段日子六个年头。快乐的时光总是美好而又短暂，回想我在澄城县刘家洼中学的一年支教生活却恍如昨日，想想犹如那离别的日子当我还没有来得及酝酿离别的伤感，"再见"就已经脱口而出。

一年的时间真的很短，犹如白驹过隙，似在弹指一挥间。回首这一年的生活，这其中有苦涩、有寂寞、有孤独、有彷徨，但现在细细咀嚼起来，那一年的生活充斥的更多是喜悦、是快乐、是充实、是成长，快乐和成长始终是我对这一年最好的总结。有人说使人成熟的不是时光，而是经历。我不知道这一年的支教生活是不是使我变得成熟起来，但是我知道现在的我在面对困难的时候多了几分从容、几分镇定，嘴角也会在不经意间流露出自信的微笑。

这一年的支教生活我是在澄城县刘家洼初级中学度过的。在这里，有和蔼可亲的领导、热情助人的老师，还有那可爱纯真的学生。从饮食习惯、冬天取暖等生活问题，到如何上好课、备好课、做好课堂教学等工作上的问题，领导和老师们都给予我力所能及的帮助和无微不至的关怀。而那些可爱的学生们更是用他们的天真和真诚常常把我感动得热泪盈眶。所以，即使刚到这个陌生的环境中，我也能感受到家的温馨，感受到身在其中的自豪，也能够快速地融入这个大家庭。在这个大家庭里，我感受着温暖、经历着感动、品尝着幸福的滋味；在这里我充满激情，我尽己所能用一年的时间把自己的一切献给这片土地和生活在这片土地上的善良的人们。

作为西北农林科技大学第一届研究生支教团的成员，我们身上背负了太多的责任和殷切期望。在这一年中，我们如拓荒者般秉承着母校"诚、朴、勇、毅"的校训，脚踏实地地践行着志愿者的"奉献、友爱、互助、进步"精神，扎根基层，向实践学习，向人民学习，努力使自己在扶贫支教的过程中能够得到锻炼、得到提高、收获成长。

古人云："黯然销魂者，唯别而已矣。"在这里，我用一年的时间做了一辈子都会感觉到有意义的事。一年的时间让我爱上了这里，爱上这里的学生、这里的老师、这里的一切。面对当初的离别，我留恋、我不舍，但是我不会流泪、不会悲伤，因为在这一年之中我是用心在品味每个日日夜夜、分分秒秒，我的每一天都是充实的、快乐的。既然没有虚度这一年的光阴，那么为什么要在离别的时候流下伤心的泪水呢？

一年的西部之行早已结束，但我知道我的志愿者生活并没有因此而终止。自此之后，无论到了哪里，我都会记住自己曾经是一名光荣的中国青年志愿者，不但过去是，现在是，将来也还会是。我依然秉承志愿者精神，尽力去帮助身边那些需要帮助的人，把志愿者事业永远地做下去，将志愿者奉献之火永远传递下去。我同样不能忘记，在我的一生最美好的青春年华，服务于澄城县那个美丽的地方，正是在这里我收获了一生的感动，储藏了足够用一生去回味的美好回忆。

作 者 简 介

郑文文　女，江苏徐州人，2011 年 7 月毕业于西北农林科技大学经济管理学院。2011 年 8 月至 2012 年 7 月，参加第十三届研究生支教团志愿服务"西部计划"项目，服务于澄城县刘家洼初级中学，并获得"澄城县五四青年标兵集体"和"'西部计划'优秀志愿者"称号。

一份难以复制的纯净

郑文文

光阴似箭，日月如梭。凝望房前的绿树，经历了秋实清香的熏陶，寒冬风雪的洗礼，春风细雨的轻抚，又在新夏的气息里长得枝繁叶茂，郁郁葱葱。绿树悄无声息的变化告诉我，一年的光阴即将匆匆漏尽。我在刘家洼一年支教生活也将结束。有人说："使人成熟的，并不是岁月，而是经历。"我不知道，一年的支教时光是否让自己变得成熟，但这一年，一群纯净朴实的孩子，一片敦实厚土，一帮齐心协力的同事，让我一直用心去感悟一个不一样的人生。

初到刘家洼

回想起坐在去往渭南的那趟火车上，满心的紧张和忐忑，火车呼啸地开着，驶向一个对我来说完全陌生的地方。我不知道那里等待我的会是怎样的一段时光；我不知道学校的孩子会不会很调皮，会不会接受我们这样年轻的老师；我不知道学校的条件会不会像电视上说的那样差，学校的领导会不会只是让我们走个过场，不给我们安排实质工作；我不知道一群素未谋面而且经验丰富的老师，会不会接受我们这样的"短工"，能与我们和睦相处；我不知道在接下来的一年，我能给孩子们、给我自己带来什么。带着这样的心情，我走下火车，来到刘家洼，开始了我人生中一年的支教生活。

建在村子中间的刘家洼中学，整洁而温暖。孩子们略显羞涩的招呼，乡亲们热情洋溢的笑脸，学校领导和老师们关怀备至的问候，都让我紧张的心情放松下来。我开始喜欢上这里，喜欢这里深厚的土地，喜欢这里淳朴的人们，喜欢这里温馨的环境，喜欢这里纯净的孩子。我下定决心，尽自己最大的努力来践行我支教的目标——带给孩子们一片不一样的天空，让他们尽情展开想象的翅膀，自由飞翔！

三尺芬芳讲台

只有当你站在讲台上的时候，你才能真正体会到一个老师的责任和不易。在决定要来西部支教之后，我无数次幻想过自己登上讲台见到孩子们的那一刻，心情既喜悦又紧张。我仍然清晰地记得第一次走进教室的场景：孩子们齐刷刷地站起来，大声地喊"老师好"，那响亮清脆的声音瞬间给了我作为一位老师的自豪与责任，鼓舞着我用自己的努力回报孩子们。在刘家洼中学支教期间，我担任七年级一个班的语文老师和八年级两个班的历史老师。刚刚大学毕业的我，在由学生"变身"为老师的过程，着实经历了一番甜蜜的"折磨"。学校规定教师5：40到教室指导学生早读，这意味着我每天 5 点多就要起床，在慢慢地坚持中，大学四年养成的散漫的毛病在一个月内被我彻底甩掉了。习惯了每天的早起，习惯了在食堂匆匆吃点早餐，习惯了每天站在讲台上，习惯了每天有学生叫我"老师"，习惯了周而复始地批改、讲评作业，习惯了每天与他们沉浸在"为中华之崛起而读书"的雄心壮志，以及"给予是快乐"的无私奉献中。这些平淡的点点滴滴，组成我支教一年平淡宁静却充实精彩的生活。

教师是阳光下最灿烂的职业，是传道授业解惑者，他所承载的不仅是一个人的未来，更是一个家庭的希望。深知自己肩上义不容辞的责任，我更加明确了自己要做什么——想要给那些单纯而干净的孩子们一个充满希望的未来，想要让他们相信，贫穷和无知不会伴随一辈子，只要努力，一定会迎来幸福。我起早贪黑地备课，准备资料，批改作业；保持热情活跃的上课氛围，告诉孩子们一切伟大的价值，教育他们培养良好的习惯；利用周六、周日去做家访，走进"留守孩子"的内心……一步一步，我用一年的时间，去做这一件有意义的事！

感动的 N 次方

在这一年的支教之路上，我遇到过很多困难。我曾经因孩子们学习成绩不好而愁眉苦脸，因班级纪律混乱而大发雷霆，也因学生退学而感到遗憾与自责，但收获更多的是源源不断、数不胜数的感动。

作为教师的第一个教师节，我走进教室，孩子们没有像平时那样立刻站起来喊"老师好"，而是都站在那儿不说话，我以为出什么事了，正想问他们，班长突然说："祝老师节日快乐！"紧接着就是孩子们一起大声说："祝老师节日快乐！"这让我在那一刻热泪盈眶。这群可爱的孩子们，你们知道那一刻你们给予了老师多少温暖和感动吗？你们是老师最大的动力。

有一次上课，孩子们因为贪玩而没能及时完成我布置的作业，因为他们最近一段时间学习都很松懈，我非常生气。我理解孩子们学习辛苦，因此总是尽量减少作业量，他们却没有体会到老师的良苦用心。想着孩子们的贪玩和不懂事，不争气的眼泪在我眼里打转，我怕孩子们看到，赶紧走到教室外面，站到下课才离开。晚上放学的时候，班里有几位同学在屋子外面小声地叫"老师"，我出去一看，他们都低着头不敢看我，还递给了我一沓纸，就赶紧跑开了。我打开一看，都是孩子们写给我的信：有的孩子诚恳道歉，有的孩子表示以后会努力学习，有的孩子告诉我下次不要理会那些不懂事的学生，有的孩子还告诉我生气就不漂亮了。我不知道孩子们是怎么发现我哭了，但他们的懂事与体贴，像一股股暖流滋润了我的心田，甚至让我愧疚对他们不够耐心和宽容。

一年的画面，在脑海中清晰地一页页翻过，而感动无处不在。在我去热水房提水回来的路上，总有学生争先恐后地抢着提；冬天屋里冷，总有学校领导和老师嘘寒问暖，热心指导我们烧炉子，学生也在一旁帮忙砸煤；门口的垃圾桶，总有学生悄悄地倒干净了；各个季节的新鲜蔬菜，总有老师和学生给我们送来；教室里的多媒体，总有学生帮我打开，还把屏幕擦干净；45 分钟的课，总有学生要把自己的凳子搬给我坐，生怕老师累着……仅仅一年的支教，却承载着太多太多的感动，让我一辈子难以忘怀。

离别的珍重

时间总是不等人的，一年的时间，我已经完全融入这里。每天伴着窗外清脆的鸟叫，呼吸着刘家洼清新的空气，自己洗衣服，买菜做饭，查资料备课，上课，批改作业，闲着的时候和孩子们一起玩耍，这样的生活平淡而真实。也许，这样的生活中少了几分城市的喧嚣，却在这四季变换中，多了份感受自然清新的闲暇。轻抓几把泥土，手握几束鲜花，我们的心灵在微风中得以静静荡涤。也许，少了些许觥筹交错的炫丽，但可以静静地对着心灵思考，重新触摸校园这刚刚遗失的角落，沉淀下对生活的过滤，感悟支教别样的美好。也许，错失了几次朋友的聚会，但孩子们清澈的双眸中流露出来的期盼、信赖与求知的欲望，就如同那山泉一样明净无比，让人不由得心生爱意。

支教对于刘家洼的孩子们来说，是一次难得的机会。他们有了新的老师，从新的教学方法中获益匪浅，他们可以见识到外面的生活，学到更多不一样的知识。对于我来说，支教却是一段刻骨铭心的生活，令人一生都难忘的记忆，那里有我的学生、我的老师和我的同事，从此以后我的内心有了一个纯净的角落，那里珍藏着在这儿所有的付出与感动。

作 者 简 介

朱莹　女，吉林松原人。2011 年 7 月毕业于西北农林科技大学经济管理学院，2011 年 8 月至 2012 年 7 月，参加第十三届研究生支教团志愿服务"西部计划"项目，服务于澄城县刘家洼初级中学。

刘中启程　放飞希望

朱　莹

　　"到西部去，到基层去，到祖国和人民最需要的地方去！"青春选择，雄心万里，迈出大学校园的第一步我选择了做一名西部志愿者，有幸成为一名光荣的研究生支教团志愿者，在人生新的起点上，从服务开始践行自己的青春承诺。带着知识，充满激情，胸怀抱负；带着好奇与对志愿工作的渴望，我来到了美丽的澄城县开始践行"奉献、友爱、互助、进步"的志愿者精神。

　　还记得刚刚来这里时的情景，刘家洼中学校长和主任热情地接待我，为我介绍着乡里的风俗习惯，以及集市安排使我感觉到这里人们乡情的淳朴。"用一年不长的时间，做一件终身难忘的事，用生命中的七十分之一，营造一个人生的奇迹。"我心里一直默念着这句话，怀着满腔热血，一路上告诉自己一定要做出一番成绩来。青春是无价的，我要用生命的七十分之一去交换祖国西部的美好明天，我的收获一定也是无价的。

　　支教对我来说，是一次机遇，一次挑战，一次自我的考验，让我的人生观、价值观都有所变化。现在如果有人问我，人的一生中最幸福的时刻是什么，我想，既不是金榜题名时，也不是梦想成真时，我愿意回答说，是当看到孩子们天真烂漫的笑脸与渴求知识的双眼时。

　　也许到今天我仍然回答不了很多朋友向我提出的问题：你为什么选择"西部计划"？有时候我觉得，做一件事情并不需要回答为什么，就像感情没有为什么一样，重要的是我走的路是我心所指向的路。我认同自己的人生观、价值观和世界观，所以我选择我所坚信的，也选择我所信任的。

在刘家洼中学，我承担了初一一个班的英语课和初二全年级的政治课的教学任务。还记得第一次踏进教室，我拿着课本，带着花了几个小时精心准备的第一节课，在学生们满含期盼又有点害羞的眼神里走进教室，站上讲台，听他们说："老师好！"。老师，我的另一重身份，我的又一份责任。后来我明白，我面对的是一百多位再也忘不了的牵挂。

在刘家洼中学，我付出着、努力着、收获着、感动着。在学生专注的眼神里陶醉着，我享受着学生们带给我的每一份快乐。在这里，我体会到了什么叫做真正的感动，这里淳朴的孩子们在苦难面前的坚强和自信一次又一次地震撼着我的心。

生活中，感动无处不在。最深刻的是一次部分同学英语单词没背好，听写时错得比较多，那是我第一次生气，下次去上课时，黑板上写着："英语老师我们永远喜欢你！"我哭了，纵然坚强，也控制不住泪流满面。

部分学生课下把我当作姐姐看待，遇到问题便主动与我沟通，交流思想，我耐心倾听，帮助其分析，正确引导。我关心学生心理变化，正确指导。学生放假返校时，时常会给我带苹果、饺子和自家做的饼，虽然都是常见食物，可是对于我来说那充满了爱与关心。每当看到领导和同事们认可的眼神，看到学生们学习上的进步，听到孩子们说"老师好""谢谢老师"……自己所受的那点苦，又算得了什么？人的一生最幸福的就是能够做自己想做的事情，能够从容地接受挑战、面对困难。

在刘家洼中学支教，我长大了很多。我亲身实践着因材施教，在我眼里没有差生，只有学困生，学生不笨，只是没有找到学习方法、体会学习乐趣、养成学习习惯。在支教工作中，我学会了脚踏实地，学会了付出，学会了享受付出。虽然一个人代了英语和政治两门课，可是我用行动证明了志愿者精神。

不知不觉中，我在刘家洼中学的服务期即将结束。在一年的生活、工作中，有过欢笑和泪水，有过困难和坚强，有过放弃和坚持，有过感动，也有过收获。我每天都在孩子们琅琅的读书声中充实地度过，我生命中的每一分、每一秒都在平淡和感动中度过。一年的时间让我实现了从一名大学生到一名志愿者的转变，历经磨砺，摆脱了稚气，从幼稚走向成熟。在刘家洼，我学会了感谢。郭校长是一位严厉与和蔼并存的人，我不止一次在心里赞叹刘校长：他真是个好领导、好丈夫、好爸爸！我很感谢学校领导及其他老师们对我生活上和工作上的帮助，感谢学生和同事对我的关心和照顾。

我无法忘记学生们每天起早贪黑，穿着单薄的衣服来学校求学的身影。他们天真的笑脸和稚嫩的眸子里依然闪烁着求知的渴望，每当我想到这里，教书育人的责任感便油然而生，它在鼓励我，志愿者的身份和热情也在不断地支持着我。所以，我告诫自己不能退缩，不管遇到怎样的困难，一定要勇敢地坚持下去，不管支教多久，我都要全力以赴，尽自己所能，慢慢告诉同学们读书是为了什么。

有人说，信念是一个人心中的灯光，时刻照亮着人生的坐标；没有信念的人，他的眼中总是布满迷惘。有人说，信念是生命的焰火，绚丽着人生的过程；没有信念的人，他的生命就会暗淡无光。

有了信念，我打起十二分的精神去做每一件事。我一边为三个班的孩子们精心准备每一节课，一边自己摸索与他们相处的途径，并且不时向其他老师请教一些方法来应对课上和课后出现的各种问题。

支教生活让我在艰苦的环境中得到了磨炼，让我平淡的生活收获了一次次的感动，它将永远成为我人生经历中一笔宝贵的财富。我深刻地领悟到支教不仅是一种体验，更是一种责任。在这里，我懂得了怎样艰苦但快乐地活着，志愿者的生活是一种历程，你只有经历过才知道其中的酸和甜、咸和辣！

酸，那是因为我作为一名西部志愿者，在这里看到无数需要帮助、让人心碎的学生和事情，可因为我个人的渺小，心有余而力不足，无奈而心酸。

咸，那是因为我作为一名西部志愿者，在服务支教中，流过汗水，也流过泪水，在汗水和泪水中感到了人生的咸味，感到了泪水和汗水的价值。

甜，那是因为我作为一名西部志愿者，因为我的一点付出，身边的点点滴滴在慢慢发生着变化而感到心理上的满足和喜悦。那是一份牵挂，一生的积淀！

辣，那是因为我作为一名西部志愿者，感受到了我仅仅在做我应该做的事情，这里的学生和老师们却给了我许许多多火辣的赞扬，鼓励我继续向前。

酸、甜、咸、辣，作为一名西部志愿者的我，有幸品尝着、感悟着，这就是幸福！我会将这些点点滴滴的感悟印记在我的脑海中，刻骨铭心。

支教的经历是辛苦的，也是幸福的。虽然我曾为了让学生们学到更好的知识而备课到深夜，虽然我曾为了要盖过孩子们尖锐的嗓音而吼破喉咙，虽然我曾被学生们七嘴八舌的提问搞得焦头烂额，虽然我曾为了避免孩子们在玩耍中受伤而提心吊胆……虽然过得清苦、寂寞，但是每天能够看到清晨的第一缕阳光，听到第一声鸟鸣，能够呼吸新鲜的空气，自己洗衣服、做饭、备课、上课、批改作业，和孩子们一起玩耍，生活过得既充实又真实！学生们那一双双闪着灵光的大眼睛让我体会到传授知识的乐趣，学生们一声声清脆无邪的童音让我聆听到世界上最动人的旋律，学生们对世间万物的好奇让我感受到生命最初的美好，学生们恣意奔跑的身影让我迸发出青春的活力……

"有一种生活，你经历过，就知道其中的艰辛；有一种艰辛，你体会过，就知道其中的快乐；有一种快乐，你拥有过，就知道其中的纯粹！"我坚信，心中有爱才会成长，勇于奉献才会升华。作为"西部计划"志愿者中的一员，我要用自己的实际行动去发扬志愿者精神。今天，我是如此地庆幸我的选择。因为在与我调皮、可爱的学生的接触中，我深刻地体会到被需要的幸福和生命的意义，我体会到了师生的情谊，还有一个社会人身上所负担的责任和重量。

这一年的支教生活还是我人生的一个"加油站"，我将以此为新的起点，以奋发向上的积极态度、锲而不舍的精神、百折不挠的斗志，去迎接新的生活。年轻的我们，正值青春年华、正是朝气蓬勃、风华正茂的大好时光，要热情面对人生、面对生活，用逐渐成熟的思想和信念，支撑起时代精神的脊梁，用激情澎湃的热血和爱心，展现新世纪青年大学生的风采！也希望我的学生们继续刻苦努力学习，实现自己的梦想。

感念渭北平原的风情，无数青春在此绽放。青春洋溢的我们，热忱似火的我们，一起奋发向上，一起把"志愿者"这个响亮的称号，牢牢铭刻在澄城这片土地！我坚信：支教团志愿者，聚，为一团火；散，是满天星！希望在不久的将来，会有更多的大学生参与到西部支教的大家庭中，为祖国的教育事业贡献自己的绵薄之力。

在孩子们斑斓的梦想中启程，我们，在放飞希望……

作 者 简 介

张丹　女，内蒙古呼和浩特人，2011 年 7 月毕业于西北农林科技大学经济管理学院。2011 年 8 月至 2012 年 7 月参加第十三届研究生支教团志愿服务"西部计划"项目，担任支教团团长，服务于澄城县王庄镇初级中学，并获得"澄城县五四青年标兵集体"和"'西部计划'优秀志愿者"称号。

爱心点亮青春的日子

张 丹

"有一种生活你没有经历过，就不知道其中的艰辛；有一种艰辛你没有体会过，就不知道其中的快乐；有一种快乐，你没有拥有过，就不知道其中的纯粹！"我认为这不仅是对志愿者生活的感悟，而且是对教师这个伟大职业的真实写照。

2011 年 8 月，我以一名"西部计划"志愿者的身份，来到了偏远的澄城县。在此之前，我从来都没有想过自己会成为一名人民教师。怀着兴奋和充满好奇的心情，我来到了王庄镇中学，面对陌生、艰苦的环境，我的心境在不断成长，信念也愈加笃定。但作为一名西部志愿者，时常感到自己力量的渺小，在那里有无数需要帮助的人、感人肺腑的事，而我个人却心有余而力不足。很希望将我的经历分享给大家，使更多的人投入到志愿者队伍中去，去最需要我们的地方。

7 月的西安燥热难耐，我与其他近千名"西部计划"志愿者共同来到西安通信学院，进行为期一周的封闭式培训。聚是一团火，散是满天星。志愿者都来自祖国的四面八方，将在陕西省各个贫困县服务一年，支教、支农、支医、扶贫等。培训内容主要由两部分组成，队列练习及知识讲座，使我们进一步从身体、心理做好服务西部的准备。七日的蜕变，我们话别教官，各自踏上了属于自己的征程。

一行 30 人，经过两个半小时的车程颠簸，我们来到了位于渭南市北部的澄城县，县里的领导热情、亲切，为我们举行了欢迎会。当志愿者共同宣誓的那一刻，无数豪言壮语化成了我们内心最真实的写照：尽己所能，不计报酬，帮助他人，服务社会。践行志愿精神，传播先进文化，为建设团结互助、平等友爱、共同前进的美好社会贡献力量！

身后，是无数嘱托和期望，胸前是如许的热情和壮志。我怀揣着对教育事业的热爱，带着对教师行业的敬佩，投入其中。随后又经过 40 分钟车程，我来到了王庄镇塔家村王庄中学。学校四周开阔寂寥，对面是成片的玉米地和果树林。学校凹凸不平的地面，阴暗潮湿的房子，土砌的泥炉子，时而游走的甲虫。一个十多平方米的屋子中间用一个布帘子隔开既是办公室，也是我的厨房、宿舍，没有自来水，没有暖气，需要自己做饭、担水、生炉子，眼前的一切瞬时让我觉得有些出乎意料、心灰意冷。这对于我来说是一个很大的挑战，没有父母的亲情呵护，没有城市的繁华喧嚣，没有故乡的亲朋好友……

但是，当我听到领导们那一声声嘘寒问暖的问候，看到老师和学生们的关心和热情，他们又是帮我收拾房间，又是帮我搬行李，我失落的心情得到了些许的安慰。校长满脸歉意地对我说："丫头，可把你们盼来了，咱们学校条件不好，有啥困难跟我说，委屈你了！"我顿时感到心中一股暖流，这里需要我，也暗自下定决心，一定要竭尽全力，给孩子们、给校长一个交代。

在和老师们的闲谈中，我了解到学校的王老师从教师到后勤再到锅炉房，几乎在王庄镇中学度过了大半辈子；郭老师为了照顾生病的父亲，起早贪黑，但是从没耽误过一天的工作，连续几年被评为优秀班主任；在一场意外事故中左腿骨折的杨老师，年近半百还拄着单拐给孩子们讲课……在他们的身上，我看到了自己的渺小和幼稚；在他们的身上，我看到了一种伟大的精神：一种默默奉献、无私耕耘的精神！

仍记得开学那天，看到学生家长衣衫褴褛、风尘仆仆，显现出与其年龄不相符的苍老与憔悴，他们怀着满心的期待把孩子托付给我们，心中莫名生出一种敬佩之情，也深深体会到自己肩上的重任，我们背负着家长沉甸甸的信任。孩子就是他们的天，是他们的希望啊。从那天起，我便告诉自己，一定要像第十二届支教团的王伟学长一样，用爱和坚持，提携学生的成长，要对得起自己的良心！

为了尽快熟悉学校的情况，融入学生，我申请当了一周的代理班主任。第一次见到孩子们，他们羞怯地看着我，不敢言语，只是偷偷地笑，笑得纯朴、笑得真切，从他们的笑容中，我能感受到他们对我这位新老师的欢迎与喜爱！看着他们稚嫩的脸庞和那一双双求知的眼睛，我突然觉得我的选择是正确的！在这块贫瘠的土地上，这里的孩子们却是充满希望的，他们渴望播撒下理想的种子，他们渴望收获成功和喜悦！这一刻，我再一次坚定了自己的信念！也许靠我个人的力量，不能完全帮他们实现人生的理想，但是至少在我支教的这短短的一年里，我能为他们做的事情很多很多！

一周后，学校的教学工作逐渐步入正轨，也进行了新的分工。作为乡镇规模最大的初中，近千名学生和九十多位老师要在学校学习、工作和生活，这给学校管理带来了很大的困难。于是我被安排在了教务处工作，这和我们印象中的教务处相差很大，虽然是千人初中，但机构设置简单，一个人要承担很多份工作，就拿我来说，小到打字复印、分发报纸，大到组织晚会、建立档案，林林总总都要涉及。于是我的小屋子里便塞满了东西：电脑、打印机、复印机、档案柜等。

刚开始，我也在工作、生活上遇到了很多困难。当我不知道该如何为学校师生建立档案时，是教导叶主任为我耐心讲解；当寒冷的冬天到来的时候，是可爱的孩子们争先恐后地帮助我生炉子、劈柴、砸煤。沐浴着晨曦，新的一天由此开启。从早晨5：50起床，一直到晚上11：20熄灯，这期间我随时都有工作，学校实行"五到位、三签到"制度，早操、分发蛋奶、午自习、晚自习、晚修，到位检查学生情况，早、中、午三次政教处签到。其他时间还要准备各种材料、策划、组织校园活动、检查学生晚休。严格的制度规范了老师和学生的行为，使学生养成了良好的作息习惯和时间观念。每天虽紧张忙碌，但一切都井然有序。

我始终认为，支教老师的责任不仅是为学生传道、授业、解惑，更重要的是利用自身优势为学生开拓眼界，提高综合素质，坚决不能让乡下的孩子成为井底之蛙！这一年，我利用有限的资源，最大限度地为学生创造成长的条件，先后举办了演讲比赛、诗歌朗诵比赛、歌唱比赛、队列比赛等，大大丰富了学生的课余生活，也使他们得到了良好的锻炼。被选送到县里参加比赛的孩子们都获得了骄人的成绩，大大增长了乡下孩子的自信和胆识，也使他们有更多的热情投入到学习中。

乡镇学校信息闭塞，我参与组建了学校广播站，建立"小记者团"。小记者负责从各班采集新闻稿，广播站的 6 个节目为全校师生全方位、多角度开拓了视野。"素年锦时"呈现优美散文、名人轶事；"学海拾贝"介绍学习经验、优秀作文；"英语广角"播放学生习作、英语短文；"放眼天下"关注国家大事、校园小事；"星星点歌"放松心情、陶冶情操；"美好时节"介绍我国传统节日、节气。广播站很好地配合了学校的教育教学工作，获得县教育局以及全校师生的一致好评，成为学校宣传工作的一个重要窗口。

学校非常重视学生综合素质的培养，中考前，学校投资近万元，经过一个多月的策划和准备，举办了近几年来规模最大的毕业生欢送晚会，节目大部分是由学生自导自演的。我在审核节目的时候，真的有种震惊的感觉。因为之前报的希望不大，想着乡下的孩子估计就唱个歌，上去跳两下。但是我看到的却是很专业的表演，有的跳 POPPIN、迈克尔·杰克逊的滑步，有的表演花式悠悠球，还有的跳民族舞等，精彩程度大大超出了我的想象。我一度认为他们是学过舞蹈的，但是所有孩子都说是自学的，他们根本没钱报舞蹈班。这时候，我就会觉得，学生们有这么好的条件、天赋，却得不到培养，真的很可惜、很心疼。不过苦心没有白费，演出精彩绝伦，兄弟学校的校长和王庄镇镇长观看演出后都拍案叫绝。

送走了初三毕业生，我支教的生活也快结束了，没想到这一天会这么快就到来。渐渐地，我爱上了支教，这里的孩子有着纯真、无邪的笑脸，有时他们拉着你的手，听你讲大学里的新鲜事；有时害羞地叫你一声"姐",然后笑着跑开;有时他们会在桌上放一个鸡蛋和一张纸条,留言虽然很简单,但读着却使我有一种莫名的欣慰。

时光转瞬即逝,我现在知道孩子说的"挠糊涂"就是"头晕"的意思,也很怀念老师给我送的菜鱼鱼和烙饼,更加不舍得孩子们腼腆、单纯的笑,最害怕他们问我:"老师,你走了,还会回来吗?"365个日夜,我的感情与这里已经紧紧交织在一起了。真的要走了,有说不完的离别,道不尽的留恋。

庆幸的是一年的辛苦最终没有白费,学校的广播站受到县里领导的称赞,丰富的课余生活也成为兄弟初中模仿的对象,学生们中考的成绩更是名列前茅。我们第十三届研究生支教团也被评为"五四青年标兵集体",为澄城之行做了一个圆满的谢幕。但我不认为这会是句号,而应该是个省略号,我们对澄城的关注不会中断,对学生的关心更不会减少。新的一批志愿者也接过了我们手中的号角,薪火相传,继续奉献在西部的各个学校,服务于当地的农户和学生。

支教的岁月,与其说我们教给了学生们什么,倒不如说是他们教会了我们如何热忱为人。在这一年里,支教这个平台让我们接触到基层的许多人与事,让我们在行动中把自己的优缺点充分地展露了出来,在改正提高的过程中,让自己的思想和行动都成熟起来。回到学校的我们更加珍惜学习的机会,将以成熟、踏实的心态对待每件事。

用一年不长的时间,做一生难忘的事,我永远铭记那些用爱心点亮青春的日子。支教,无悔的选择!

第十四届研究生支教团成员合影刘惠桥（右一）

作 者 简 介

刘惠桥 女，中共党员，宁夏回族自治区中卫人。2012 年 7 月毕业于西北农林科技大学人文学院。参加第十四届研究生支教团，曾服务于渭南市澄城县赵庄初级中学。

用心灵滋润心灵

刘惠桥

2012 年 9 月，我报名参加了 2012 年大学生志愿服务"西部计划"的项目，有幸成为第十四届研究生支教团的一员。

7 月底，在团省委的安排下，我校赴陕西省服务的志愿者进行了为期三天的培训活动，分配到了充满爱的澄城县这片热土上。在西部志愿者起征仪式上，第一次听到"到西部去，到基层去，到祖国和人民最需要的地方去"这样一句话，当时觉得它很伟大、很神圣，离我们的生活好远。岁月匆匆、时光荏苒，一年的支教时光实在短暂，我们的支教工作即将结束，但却经历了人生中最美好、最有意义的一年。

这一年是有价值的一年

一年的支教生涯中，不管是在工作能力和生活能力，还是在为人处世方面，我都得到了一定的锻炼，使我的价值观、人生观都有了非常大的变化。也许今天我仍然无法回答朋友们问我的问题：你为什么会去支教？你申请的时候，有没有和你父母商量过？他们同意吗？我想我的心告诉我，我的选择是正确的，我们一年的收获告诉我们，我们的做法是值得的。

党旗下，展风采——岗位是平凡的，青春是火热的。走进志愿者队伍，走进乡村支教生活，我还积极参加了澄城县委、县团委组织的各项工作。

2012 年 11 月，我被中共澄城县委员会聘为党的十八大精神宣讲员，曾先后两次随宣讲团聆听宣讲团前辈在寺前镇、赵庄镇政府举办的宣传十八大精神宣讲会。并在此学习的基础上，也相继在赵庄镇中学、城郊中学，以及澄城县庄头乡开展了"宣传十八大，传递正能量"的宣讲活动。活动主要围绕党的十八大所提出的社会主义核心价值观进行宣传，宣讲内容朴实动人，得到了广大师生的一致肯定。

在一年的时间里，我通过参加县团委组织的各项工作，使自己开阔了眼界。例如：2013 年 3 月，我参加澄城县"三八妇女节"座谈会，让我明白了"活到老、学到老"的真谛，学到了不断学习、不断提升自己的重要性。2013 年 3 月，我参加了澄城县共青团工作座谈会，更加开阔了我的眼界，也体会到了团委工作连年的突破，看到了团委为"服务青年"所做的贡献，并立志如果有机会，工作后要成为团委的一分子，坚定了来自青年、服务青年的决心。

这是平凡而充实的一年

在乡镇学校的支教工作，是最平凡不过的事情。

初入赵庄，语言不通是工作和生活的一大难题。只因如此，在学校大会和授课中出了不少笑话。但我利用课下时间多与学生交流，听得多了，当地的方言也能渐渐理解了。赵庄这片陌生而又满怀喜意的热土，这里安静的教学环境和可爱的孩子，让我深深地喜欢上了这里。

一年里，我经历了从 2012 年 8 月至 2013 年 1 月五个月的初一教学，以及从 2013 年 2 月至 6 月四个月的初三教学，其中不仅是角色的转变，更是工作压力和责任的转变。

在初一年级五个月的教学中，我担任七年级二班班主任，七年级一、二班语文科目的授课工作。刚开始从事教学工作，我由于经验不足等原因曾懊恼过、焦虑过，但我积极向前辈学习，将经验与先进方法相结合，经过不断的踏实苦干，教学取得了较好的成绩，我两次被学校评为"优秀班主任"和"考试成绩优异教师"的荣誉称号。

从七年级班主任、语文老师到中考毕业班政治课历史课老师的转变中，告别了初一的朝五晚九、一周的 30 节课，迎来了初三的一周三考、三阅、三讲，其中也曾因为教学工作的繁重而懊恼过、烦闷过，但我相信付出总会有回报。深夜的阅卷和备课，换回了孩子们可喜的成绩和进步，换回了一张张教学一等奖的荣誉，其实换回更多的是"志愿者"这个称号和对它的诺言。这一年充实的支教时光，带来的是青春岁月里最灿烂的一年。

在教学中，我注重培养孩子们的学习积极性，每次考试之前，我针对不同阶段的学生进行谈话、鼓励，调动每位学生的学习积极性；同时，在考试结束后，对成绩优异的孩子进行奖励，例如：奖品有衣服、鞋子、辅导书、学习用品等；对成绩有待提高的孩子进行开导和鼓励，使同学懂得学习的重要性，并且从中找到学习的动力。

教学之余，我多与学生交流、谈心，了解孩子们的家庭情况，在得知有部分孩子父母离异的情况下，开导他们要感恩父母的养育之恩，用自己优异的成绩回报父母；当得知住宿学生冬天患严重感冒时，我会给他们送上药品和暖暖的热水。

经历了从初一教学、带班到初三毕业班教学的支教工作，我深刻地感受到了老师的重要性。那些影响着学生成长的或许是老师一句表扬的话语，或许是老师一个肯定的表情。

在其他老师的眼里，也许有人会认为，作为一名志愿者为什么要给全校学生送一本有关国学的书呢？2015年我每天利用发蛋奶的时间，坚持给孩子们讲解有关传统文化的知识，希望他们会用一颗善良、感恩的心去生活。不管这一活动的影响有多大，但是我想我的做法是正确的，至少对孩子们是有所帮助的。

这是难忘的一年

在这一年里，我自经历了见过的最大的西北风，经历了最冷的冬天。记得有一周因为感冒嗓子发炎非常严重，但有一种念想让我一直坚持上课：孩子们还在教室里等着我。

乡下学校经常停电，晚上点蜡烛上课是常有的事，烛光里，可以从孩子们的眼中看到他们对知识的渴望，对山外世界的向往，他们是我心中最闪亮、最可爱的孩子，他们是祖国未来的花朵。

在这个寒冷的冬天，我领着孩子度过了我们最难忘的圣诞节、元旦。听孩子们说，他们不知道圣诞节是什么，也从来没有过过元旦。我用自己积攒下的生活费，买了许多装饰教室的圣诞饰品，周末偷偷精心布置了我们简陋的教室。从孩子们走进教室的表情里、眼睛里，我看到了孩子吃惊和天真无邪的笑容。这个冬天，每当走进我们的教室，就有一种幸福感、欣慰感，我们一起快乐地度过了这个寒冷的冬天。这个冬天，我们很温暖。

这是充满爱的一年

在这一年里，有母校团委老师的支持，有县团委领导的照顾，有三位战友的鼓励与陪伴，有学校老师的关心，有孩子们朗朗的读书声，有家人的挂念。

当我们全然不顾冬天手脚冰凉的时候，是县团委送来了暖暖的关怀；当工作中失意、遇到困惑的时候，总会有战友听你吐槽，给你开导和鼓励；当不知道怎么打发周末的寂寥时，是孩子们给你带来了欢声笑语。这一年支教生涯是充满爱的，它深深地刻在我们心里。

这是令人不舍的一年

今天，已经是我离开赵庄、离开孩子的第三天了。离别之际，学校组织了家长会，从和孩子们、家长们的交谈中，我看到了无言的不舍，感受到了无言的挽留。我给每位孩子都写了一张明信片，鼓励孩子好好学习、孝顺父母。这一年太多的酸、甜、苦、辣都留在了我们的记忆里，挥之不去，它是激励我们继续前进的动力。

这是成长的一年

回顾这一年，我们完成了从一名大学生到一名志愿者的蜕变，完成了从一名学生到一个社会人的转变，散去了许多的年少轻狂，多了一份沉稳和内敛。一年将至，脑海里浮现的并不只是课本里的知识，更多的是对工作、对生活的认识。在一年的时光里，我们还有许多做得不到位的地方，比如：不能很快地适应支教工作和生活；在为人处世方面还需要更多的历练。所以在今后的学习和工作中，我们还需要更好地从工作能力、为人处世、生活能力等各个方面锻炼自己。

作为一名毕业的志愿者，一年的收获是没法用简短的语言来表述的。在今后的人生道路上，我会继续奉行"奉献、有爱、互助、进步"的志愿者精神，并将志愿者的精神传承下去。

我是一名志愿者，我光荣，无悔！

陈从军（前排右二）

作 者 简 介

陈从军　男，陕西省安康人，2012 年 7 月毕业于西北农林科技大学经济管理学院。2012 年 8 月参加第十四届研究生支教团志愿服务"西部计划"项目，曾服务于澄城县刘家洼中学。

那年、那人、那段青葱岁月

陈从军

有一种生活，你没有经历就不知道其中的艰辛；有一种艰辛，你没有体会过就不知道其中的快乐；有一种快乐，你没有拥有过就不知道其中的纯粹。

2012年8月23日，我们研究生支教团一行四人启程了。我们拖着箱子，背着背包，奔赴渭南市澄城县，开展为期一年的支教工作。当我踏上这片土地，来到澄城县王庄镇刘家洼中学时，看着湛蓝的天空和被些许房屋点缀的平原，仿佛在这天地之间，就我一个人。此刻我好像突然明白顶天立地的真正含义了。

诲人不倦，教学兢兢业业

支教生活开始，首先面对的考验是对环境的不适应。黄土高原上的风沙、干冷的气候、生活上的诸多不便，这些给我刚开始的支教生活带来了困难，但这也锻炼了我独立生活的能力，更磨练了我的意志。"用双手改造生活"成为自我鼓励的话；乐观的心态让我在艰苦的环境下更感受到生活的美好；互相帮助的美德让我们更加团结、更加友爱。

刚适应了环境，新的考验就接踵而来。远在服务地的我，对家人的思念、对朋友的牵挂、自己内心的孤独感，常常让年轻的我在夜晚辗转难眠。而作为志愿者、作为教师的责任感和使命感，成为了我此刻最强有力的精神支柱。牢记志愿者的誓言，践行西北农林科技大学校训，谨遵为人师表的准则，在支教的每一天里学会了坚强、学会了自立，相比起初到的时候，我更多了一份成熟和稳重。

初为人师，让刚从象牙塔里走出来的我有憧憬、有希望，也有些许的紧张与不安。我憧憬，憧憬着在三尺讲台上，用知识的泉水滋润孩子们的心田；我希望，希望将自己十几年漫漫求学路中的收获毫无保留地教给孩子们；我紧张，作为非师范专业的学生，这人生中为数不多的为人师的机会如此难得而又富有挑战；我不安，自己将面对什么样的学生？如何正确而有效地将知识传授给学生？

我被分在刘家洼中学教初三政治课和全校计算机课，为了憧憬、希望和克服紧张不安，我开始去学习如何备课、讲课、听课和评课。这些还不够，我不仅学习当地老师们的授课经验，而且也全方位地接触学生，很快，我就在服务地的领导和老师的关怀和帮助下，快速掌握了授课方法，并在实践中不断创新，将全新的教育理念带到学生的学习中，也带到当地学校老师们的心中。

为了给学生上好每一节课，让他们每节课都有收获，我每天忙着备课和批改作业，有时候熬夜备课到深夜十二点，非常瞌睡，但想到课堂上学生们一双双渴求知识的眼眸，我又打起了精神，认真备课，力争把每一节课都准备得妥妥当当，让学生们充分掌握知识。在课堂上，我严格要求每一位同学养成课前预习、课后复习的习惯；上课时，我会带着大家复习前一节课的内容，检查大家掌握的情况。功夫不负有心人。经过一个学期的努力，学生们都取得了非常优异的成绩，看到他们脸上露出的喜悦，我心里的成就感就增加了几分，我的动力也就增添了一分。同时因为学生成绩优异，我被评为"教学能手"，这对于我来说，是一次强大的鼓励和鞭策。

虽然我是志愿者，非专业教师，但是为了让自己能接近专业教师的水平，让学生能学到更多的东西，我积极参加澄城县教育局组织的"千人百校行"活动、说课标、说教材等教学活动，认真做培训笔记，积极向经验丰富的教师学习，把自己的困惑和疑问带到交流会上，向老前辈们学习。通过这些培训活动，我深刻地认识到了，作为一名老师的辛苦，尤其是作为一名基层教师的艰辛，这些奋战在教育前线的人们无疑是最伟大的人、是最美的教师!

展示风采，宣讲十八大精神

党的十八大于 2012 年 11 月 8 日在北京召开，本次大会是中国承前启后、继往开来的标志性时刻。为了更好地宣传党的十八大精神，澄城县委成立了党的十八大精神宣讲团。我有幸入选澄城县党的十八大精神宣讲团。作为宣讲团的一员，我深知自己的职责和使命，作为一名共产党员，必须从群众中来，到群众中去。

为了更好地宣讲党的十八大精神，了解社情民意，我做了大量的准备工作，查阅资料、撰写演讲稿、模拟练习等，最后我在葛家洼村做了以《奏响幸福民生最强音》为主题的宣讲。这是我第一次这么近距离地接近农民群体，和他们心对心的交流，倾听他们的心声。在整个宣讲会上，气氛很轻松，农民朋友们聆听得十分认真。这次宣讲给了我极大的鼓舞，为我以后的宣讲工作奠定了基础。2013 年 1 月 23 日，在澄城县团委协调下，西北农林科技大学第十四届研究生支教团成员深入澄城县庄头乡为村民干部举行党的十八大精神宣讲活动。在这次宣讲中，我总结上次宣讲中的不足，就强农惠农政策等为广大农民朋友做了生动的讲解和分析。通过自己参加党的十八大精神宣讲团，我深刻地领会了党的十八大主题，明确了当代大学生所肩负的社会责任和历史重任，立志要做党的十八大精神的深入宣传者、积极倡导者和忠实践行者。

师爱拳拳，感动无处不在

由于饮食习惯方面的差异和不适应，我选择自己做饭。当空闲时间多时，我会多买些菜，多做点饭，帮助贫困的学生改善伙食。我认为，除了关心他们的学习外，还应该关心他们的生活，做一些力所能及的事情来帮助他们创造一个好的学习条件。这里的冬天气候非常干燥和寒冷，教室没有取暖设施，学生们的手上基本都生了冻疮，严重者甚至感冒，这严重地影响了他们的学习。每当快要下课时，我会把炉子生得旺些，让学生们来取暖。虽然只有短短的十分钟，但是我想温暖的不仅仅是他们的身体，更重要的是温暖了他们的内心。我在抽屉里放满了感冒药，热水壶里灌满了热水，当学生感冒了，可以到我这儿来吃药；他们口渴了，可以到我这儿倒热水喝。我从这些小事开始做起，因为我曾经也经历过他们这么艰辛的求学之路。在这里，我付出着、努力着、收获着、感动着。我在他们专注的眼神里陶醉，我享受着他们带给我的每一份快乐。

在这一年的支教工作中，我曾遇到过很多困难。我曾经因学生一次成绩不好而愁眉苦脸，因班级纪律混乱而大发雷霆，但更多的是源源不断、数之不尽的感动。

让我最感动的一件事，就是这些朴实的学生给我过了一个难忘和特别的生日。没有礼物，没有鲜花，没有生日之歌，他们只在黑板上写下简简单单的几个字。但是，这个生日却是让我最难忘的。因为这是学生们用他们最无华、最朴实、最灿烂的笑容陪我过的生日，表明他们从内心接纳了我，也感谢我。我现在仍能清晰地记着当天的情景。上课前，学生们轮流到我屋子里来问各种"问题"，尽量"拖延"上课时间，来给他们争取充足的时间做准备。当我走到教室门口时，学生们见了我，都面带笑容，非常灿烂；当我走进教室，看到黑板上写着"陈老师，祝你生日快乐！"几个彩色的大字，我的内心被他们感动了，然后听到学生们齐声说："陈老师，祝你生日快乐！"我在那一刻热泪盈眶，这群可爱的孩子们，你们知道那一刻你们给予了老师多么大的温暖和感动吗？

一年的时间过得很快，但是那些感人的画面却清晰地刻在我的脑海中。去热水房提水回来的路上，总有学生争先恐后抢着帮我提；冬天屋里冷，总有学校领导和老师嘘寒问暖，热心指导我们烧炉子，学生也在一旁帮忙砸煤；各个季节的新鲜蔬菜，总有老师和学生给我们送来；教室里的多媒体，总有学生帮我打开，还把屏幕擦干净；45 分钟的课，总有学生要把自己的凳子让给我坐，怕老师累着……仅仅一年的支教，却承载着太多太多的感动，让我一辈子都难以忘怀。

青葱岁月，收获成长感悟

暑去寒来，一年花落花又开，在离去的时候，心是沉甸甸的。因为有着一整年支教生活的体验，有着一年的青葱岁月，有着孩子们纯真的思念，有着百味陈杂的回忆。留下了什么，带走了什么，孰轻孰重，孰多孰少，其实都已经不再重要。在这一段人生的旅程中，在点点滴滴中，我明白了什么是生活，懂得了珍惜，更收获了满满的爱。

在这段青葱岁月里，没有鲜花和掌声，只有寂寞和孤独。在孤独寂寞中体验生活，在平凡中默默地奉献爱心。时间很短，却让我的人生变得不平凡。

师菁（二排左九）

作者简介

师菁 女，陕西省渭南富平人。2012年7月毕业于西北农林科技大学食品学院。2012年8月参加第十四届研究生支教团志愿服务"西部计划"项目，服务于澄城县王庄镇中学，曾获"陕西省优秀志愿者""渭南市优秀志愿者""校级教学能手"等荣誉称号。

难忘我的三尺讲台

师 菁

支教的我如同一根火柴，偶尔在那片土地上亮了一下，虽然马上就熄灭了，却留下了光和热。当初选择支教，虽然不知道会面对怎样的工作和生活，但仍然欣喜而自信，格外地珍惜这来之不易的机会。有人说："使人成熟的，并不是岁月，而是经历。"我不知道，一年的支教时光是否能让自己变得成熟，但这一年，一群纯净朴实的孩子，一片敦实厚土，让我有机会感悟一个不一样的人生。

仔细算一下，我离开王庄镇中学也已经三年多了，但那一段时光，凭心而论，都不是我经历中最精彩、最刺激的，可不知道为什么，却是我最难忘、最牵挂的，大概是因为我的学生吧……其实，我最初的设想是不要教初二、不要当班主任，我想教英语。因为我有那么多的方法或者是"投机取巧"的"小把式"，我想教给他们。我不敢挑战初二，因为经历过所以深惧初二的叛逆，结果不想做的事情却偏偏都言中了。父亲对我说："'班主任'这三个字是责任，你是担不起的。"忘了说一点，我从小就怕激，始终认为只要想做就一定会成功。所以在冲动之下我就真的跟他们相遇了。

从 2012 年 8 月 31 日开始，我真的成了他们在学校的"妈"。在那一年里，我每天早上 5：40 分就要去教室迎接他们，然后雷打不动地早读课堂，中午、下午的班主任检查到位，晚上还要去宿舍再看他们睡前最后一眼。在学校的时候，好多次抱怨，琐碎的日复一日的生活，连他们犯的错误都那么千篇一律，没有丝毫创意。我还清楚地记得走上讲台上的第一节课，我脑袋都是懵的，下了课都不知道自己说了什么，我的人生第一课就这样糟糕地结束了。终于，我人生中第一次认怂了，不备课果然是不行的，我的水平也没我想象的那么好，于是我第一次拿起课本认真备课。我先讲的国际音标，我被他们的词汇量和发音"雷"到了。我开始在论坛上搜集各种方法技巧，并加以总结。结果第一次月考，我看着厚厚一沓不及格的卷子，坦白地讲我很失落。我开始接受我真的不是无所不能的，他们的成绩不是只靠我的努力就可以提高的。汇报课之后，有老师说："师菁的口语课堂方法都很完美，但是看不到落实。"我开始理解他们所谓的"落实"，就是不停地听写、抄单词和背短语。很遗憾，我不能理解并且接受，我没有受过这样的教育，因此根本无法想象。就这样，顶着压力，我继续按照自己的方法、方式教学。

我用一周时间教学生国际音标及单词拼读规则，由简到难，反复训练，改变他们"上课跟着老师能读，下课一句英语也不会讲"的学习现状。在课堂上改变了传统的"填鸭式"的教学模式，运用PPT、视频等多媒体教学手段，最大限度地激发了学生们学习英语的兴趣，尽量要每个学生都完善自己，在各个方面有不同程度的提高。每节课前我都认真备课，了解每一位学生的实际，因材施教。我在课堂上引导学生们大胆质疑，拓宽阅读渠道，我曾买了苹果、火龙果、黄桃、香蕉、草莓、酸奶、沙拉酱等多种材料，在英语课堂上让学生动手制作奶昔、沙拉，让他们真正了解西方文化。课后，将学生按照成绩分为A、B、C、D、E五个小组，在课后为不同层次的学生布置不同难度的作业，并进行相应的辅导。对于后进生的问题，我给予了更多的支持和尊重，对他们进行重点辅导；对于中等生，我努力使他们向更高的目标迈进；培优工作中，我鼓励他们开拓知识面，抓住亮点以求更高的发展。每次考试结束后，我都自己掏钱买奖品，来奖励全班前十名、进步生十名、单科第一名共计28名学生，鼓励他们不断超越、不断冲刺。结果期中考试，他们一跃成为年级第一。托他们的福，我上台领了两个电饭锅。我并不是第一次上台领奖，但是那次我很激动、很骄傲，在上台之前，我还破天荒地整理了个人形象。我听见同学们的尖叫和掌声，心里自豪地想：你看，我的学生跟我关系很好吧……他们太小了，大概都不能理解。

但获奖的喜悦很快就被冲淡了，大概真的是男生多，各种事情，就连拔草我都要提着竹竿满操场地追，我被他们整得哭笑不得却非常快乐。慢慢地，有些同学接受了我的教育模式，看到他们做题的思路跟我想要的越来越接近、越来越科学，我很开心。在支教的时候，我一直坚持素质教育，我一直倔强地认为，从长远看我的方法才是对他们最好的，可是离开了，内心却后悔、内疚、心痛……各种交织，我不止一次地自责，如果我当时逼着他们记、抄，把课堂的一部分时间用来落实是不是会对他们更好一些……对他们深深的迟到的抱歉！

还记得最后一次活动，大概是广场操比赛，那么热的天其实我不想让他们排练但又不想在全校垫底，再加上期末考试临近，所以我们班真的是没有服装道具，只能这么"原生态"出战。他们上场的时候，我扛着单反从头录到尾。我看他们在我都放弃的情况下还为了八四班坚持，最后拿了"优胜班级奖"。班里最调皮捣蛋的学生跑着过来，说："师师，咱班的奖状。"回到教室，我哭得连一句完整的话都说不出来，我们班好多学生都趴在桌子上哭。就是在那个时候，我才第一次有了离别的伤感，每一天的早起、每一次到位对我来说都是伤感。某一次下课铃声响起的时候，我终于意识到了我和他们真的再没有多少时间了，终于到了不得不说"再见"的时候……3日是我生日，我收到了鲜花赠言，吃了两次蛋糕，那是我最难忘的生日。我看到我的付出有了回报，我除了班主任、英语老师之外，在他们生命中还扮演着更亲密的角色！

我想对三班的同学们说，教了你们一年，我做得不好不够，虽然你们班是学校有名的"问题班级"，但我仍然感恩，我在你们班经常都板不起脸，那么多元气满满的少年，让我那一年的支教充满欢乐，感谢你们每一个人对我的包容，感谢你们的临别赠言，感谢你们叫我的一声"姐"……

我想对四班的同学们说，当了一年的班主任，我对他们严厉过、骂过、打过，谢谢你们信任我，谢谢你们对我的爱和尊重。和你们相处了一年，从早晨五点多到晚上九点半，从周日到周五，你们淘气的时候，犯错的时候，可爱的时候，嚣张的时候；你们跟我对着干的时候，理解我的时候；你们哭的时候，笑的时候，在我面前拘谨的时候；上课听讲时发呆、说笑、睡觉，晚上在宿舍楼前吃各种零食的时候……那么多画面，此刻在我脑海中一幕幕闪过。在这一年，我累过、哭过、委屈过，最后一切的不顺利、一切的委屈都因为你们而不重要了。

最近，因为在着手整理那些满载回忆的材料照片，我经常梦见我们的晨会班会，梦见我站在讲台上，梦见跟你们打闹玩笑，虽然被很多人说我跟学生"没大没小"。虽然你们叫我"姐"、叫我名字、给我起外号，我从刚开始的不适应到最后的不舍，你们从刚开始的抵触到最后的配合尊重。我想说，那一年我没有后悔过，我只是内疚，我做的还远远不够，我愧对你们带给我的荣誉……真的希望你们每个人都成为自己想要成为的人，像我教给你们的那首歌一样，be what you wanna be，我会陪着你们继续成长，我会努力，成为你们的骄傲……我只是你们人生中的某位班主任，而你们，都是我人生中的唯一！

在王庄镇中学支教的这一年里，虽然时间很短，但我对教师身份有了一个更深的理解，更让我懂得了什么是作为一名教师的幸福，它是来自于没有功利、天真可爱的孩子们，也是来自平凡工作的每一滴感动。或许我并没有留下些什么，但是我带走了一段值得珍藏一生的记忆。

作 者 简 介

齐国源　男，黑龙江人，共产党员，2012年7月毕业于西北农林科技大学食品学院食品质量与安全专业。参加第十四届研究生支教团志愿服务项目，曾服务于陕西省澄城县赵庄中学。

留下青春最美好的记忆

齐国源

一年的支教生活即将结束，从刚来时气候的不适应到现在的依依不舍，这里的经历已经在我的记忆中留下了深刻的一笔。回顾这一年，有过欢笑和泪水，有过困难和坚持，有过无助和坚强，也有过感动和收获。支教生活就像一杯清茶，没有华丽的色泽和醇厚的味道，淡淡的清香却让人回味无穷。一年的时间让我实现了从一名大学生到一名乡村教师的蜕变，一年的支教经历让我走进了农村中学教育的深处，深刻认识到农村中学教育教学工作的困难与艰辛，体验到了农村中学教师的酸甜苦辣。一年的时间，说长，有 365 天；说短，不过一个草木荣枯的轮回。用一年不长的时间，做一件让自己终身难忘的事情，留下青春最美好的记忆，让梦从这里扬帆远航。

满载着母校的嘱托和期望，我和刘惠桥、师菁、陈从军被分别分配到赵庄镇初级中学、王庄镇中学和刘家洼中学，开始了为期一年的支教生活。澄城县是一个国家级贫困县，同时也是一个教育强县，这里对教育的重视程度甚至有些苛刻。初一学生每天 15 节课，时间从 6：00 到 20：40，充足的学习时间保证了教学效果。"再穷不能穷教育，再苦不能苦孩子。"这句话在澄城得到了最好的诠释。赵庄中学是澄城县重点乡镇初中，教学质量在全县名列前茅，但是由于工作环境差、工作量大、领导管理等原因，大量骨干教师流失，教师资源奇缺，所有教师都在学校住宿，我们的到来解决了学校的燃眉之急，所以一位教师身兼两个科目的现象十分常见。在这所尘土气息浓厚的农村中学，孩子的眼神里充满的是对你的敬畏，一种当老师的幸福感和权威感会油然而生。农村孩子没有城市孩子眼里的目无一切和充满挑衅的目光，在他们身上，我看到的更多的是淳朴厚道。不过，在你享受这种淳厚的感觉时，很快就会发现：农村孩子和城市孩子的一个巨大差别，他们的知识面和思考能力差得太多，课堂上的反复引导，往往就像向干涸的土地里插秧苗，费力很大却没有多少收获。

依稀记得开学第一天，许多家长早早地就带着孩子来学校报到。从他们的眼神中，我真真实实地感受到了什么是期待，什么是渴望，什么是希望，才理解了"一所学校就是一个乡镇的希望"这句话所包含的真谛，同时也让我真真切切感到了自己身上所担负的重任。从学生到教师，角色的转变让我深切体会到了人民教师的责任、辛劳和光荣，也发现上课并不是一件简单的事情。

我第一次登上讲台，还是有些紧张，但孩子们崇拜和信任的眼神让我充满了力量，让我下定决心一定竭尽所能教好每一位同学。这里的孩子基础差，课务繁重，单亲家庭或"留守儿童"较多，一些同学容易产生厌学心理。面对以上问题，在虚心向老教师学习先进的教学经验的同时，我也加入了自己的一些想法，上课疲劳时给学生讲个笑话，保证课堂效率；我在课堂上多鼓励学生讨论，让学生成为课堂的主人翁；充分利用多媒体，将知识形象生动地传授给每一名学生；我也充分利用自己的专业特长给孩子们传授一些有关食品营养、食品安全、垃圾食品的危害等相关内容。

支教的生活是辛苦的、是忙碌的，同时也是充实的，更是幸福的。我担任七年三班班主任、一个班数学及三个班历史课的教学工作，每周30节课左右，每天5：20起床，晚上11：00才能休息，中午有数学午自习，周三有9节课，课务量很重；而且这里用水很不方便，全校只有两个水龙头；冬天气温低，只能靠"小太阳"取暖；饮食不习惯等。我曾抱怨过，也曾苦恼过，但是我从未放弃过，虽然工作很辛苦，但是每每看到孩子们停电时依然秉烛夜读的，在0℃的教室里戴着帽子和手套依然认真听讲的情形，一双双渴望知识的眼神，以及孩子们那最纯美、最天真无邪的笑容时，我的辛勤付出显得那样渺小，显得那样微不足道。因为早起，我可以欣赏清晨天边最亮的启明星，我可以沐浴清晨第一缕阳光，我可以聆听清晨最动听的朗朗读书声，每一分每一秒都有平淡和感动，所以我又是最幸福的。

渐渐地，我爱上了这种生活，渐渐地，我成为学生们的良师益友。课堂上我们配合默契，体育课上我和孩子们一起打篮球、踢足球，班会课上和孩子们一起做游戏、看电影，一起过圣诞；周末我们一起春游……孩子们已经成了我生活中不可或缺的部分。上课前，我总是迫不及待地提前到教室看看同学们灿烂的笑脸；晚上查宿舍时，我总想多叮咛几句，我已经成了他们的"奶爸"。

时常有人问我："这一年最大的收获是什么？"我认为，学生的进步应该是我最大的收获吧！一年的时间确实很短，也许我的到来真的不能从根本上改变什么，可是我的到来至少可以给这儿带来一缕清新的空气。由于与同学们有着相似的家庭环境和出身背景，因此我经常用自己的亲身经历教育和感染同学们，同时我也见证了同学们的每一次成长和点滴进步。很多同学渐渐地开始喜欢学习数学；很多同学已经认识到学习的重要性，开始专心读书；大部分同学养成了良好的文明礼貌习惯，见到老师能主动打招呼；一部分性格内向的同学上课能积极主动发言；一部分同学还养成了打篮球、踢足球的兴趣爱好……

另外一个收获就是感动。上学期期末考试前，孩子们说如果全班期末成绩考的较好，让我答应他们一个条件，看着孩子们那一双双认真、期待的眼睛我果断地答应了。那段时间，从来没见过同学们这样认真地学习，我当时还疑惑是什么条件能起到这样大的作用，也有些害怕，担心同学们会不会提出什么过分的要求。我们班的期末考试成绩比较理想，当我好奇而又忐忑地要兑现承诺时，孩子们的要求却只是想知道我的生日，原来他们拼命努力学习就是为了得到一个与他们毫无血缘关系的人的生日！那一次，我的眼睛湿润了。

我生日那天，正好是过会假的最后一天，本以为时隔几个月再加上热闹的过会，同学们早已把我的生日忘得一干二净，结果当我来到教室时，黑板上写着："祝齐老师生日快乐，天天开心！"几个大字，这让我很是感动。晚自习放学后，几个住校的同学说找我有事，当我来到他们宿舍时，一个同学摘下我的眼镜，烛光中一个精美的小蛋糕和几个娃娃最美的笑脸展现在我的面前，在吹灭蜡烛的瞬间，我才意识到为什么娃娃们摘掉了我的眼镜，结果还是没有逃过一劫。后来才知道，那个精美的蛋糕是孩子们省吃俭用攒下的钱买的。在一个陌生的地方，这些可爱的孩子们却让我吃到了最可口的生日蛋糕，让我过了一个最难忘的生日！平时，孩子们偶尔也会送来小礼物，自家产的苹果、核桃、大葱、玉米等，让我也能品尝到这里的美味。平常我们走在街上，总能看到当地村民那淳朴、善意的目光，那目光对我们是欢迎的，对我们是赞许的，虽然我们之间很少交谈，有时我们会礼貌地问候他们一声，他们也会报以我们更多的问候。

除了感动，这一年还有一个值得大书特书的，这就是友谊！我们西北农林科技大学第十四届研究生支教团的四名成员，在这短短的一年时间里，因为互相关心和帮助，并为了一个共同目标努力而建立起了深厚的友谊。每周六县里的小聚成了我们支教生活中不可或缺的一部分，肯德基餐厅成了我们指定聚会的地点，华元超市见证了我们四人的足迹和友谊。每次聚会我们一起分享支教的心得和喜悦，交流教学经验，述说工作中的烦恼和困惑，我们俨然已经成了亲密无间的战友。

这一年，我没有做什么感天动地的事情，有的是平平淡淡的生活、身为人师的责任、有的是默默地奉献自己的青春。我没有什么豪言壮语，有的是坚忍不拔的毅力和苦口婆心的教育，勤勤恳恳坚守自己岗位。回首这一年，我播种着希望和汗水，收获着喜悦和感动，一年前，我选择了支教生活，而且这一年我努力用真心去做了，我问心无愧，我青春无悔。

"有一种生活你没有经历过，就不知道其中的艰辛；有一种艰辛你没有体会过，就不知道其中的快乐；有一种快乐，你没有拥有过，就不知道其中的纯粹！"支教一年，怀念一生；支教一年，受益终生；支教一年，情满一生。支教让我在感动中磨炼，在感动中成长，在感动中收获。收获的是无比欢乐，是人生阅历，是人生财富。总而言之，支教是一种经历，是一种磨砺，更是一笔人生财富。

支教，留下了我青春最美好的记忆支教，青春无悔的选择！

肖蕊（中）

作者简介

肖蕊 女，汉，陕西西安人，中共党员，2013 年 7 月毕业于西北农林科技大学食品科学与工程学院。2013 年 8 月至 2014 年 7 月参加第十五届研究生支教团项目，曾服务于陕西省澄城县赵庄中学。

那年风雨同舟

肖　蕊

　　有人说，教师是辛勤的耕耘者，用努力造就着孩子的实力；有人说，教师是无私的奉献者，用态度塑造着孩子的高度；也有人说，教师是伟大的传播者，用知识填充着孩子的心灵……然而我觉得，我们只是平凡的授业解惑者，是一心一意培养孩子成才的守望者。是教师这个行业，决定了我们一生要走的路，让我们学会承担，学会坚持不懈、无怨无悔。

　　还记得第一次看见那些孩子的时候，灿烂的脸庞，洋溢着天真烂漫的笑，腼腆又纯真，可爱中透露着顽皮的孩子气。这注定是一种缘分，相遇了就没法拒绝，让你不得不掏心掏肺地去努力，去努力帮助他们成长，激励他们成才。当然，打从心底里，我也是愿意这样去做的。

　　我喜欢孩子们红彤彤而又害羞的脸庞，时刻都在洞察进步的阶梯，选班委了，会有些不好意思，你举荐我，我举荐你；我喜欢他们胖嘟嘟的小手，也懂得托起肩上的责任，操场上草很高，一点一点被除掉，手破了，也丝毫顾惜不上，执着的信念，伴随着他们的脚步前行；我喜欢他们透着灵气的双眸，寻觅着，寻觅着，探寻解题的方法、步骤，认真中带着点调皮，聪明中又带着点傻气，初中启蒙的年纪里，勇往直前；我喜欢他们彰显个性的脾气，作业完成不了受到批评，会很生气又很无奈地看着你，特别率真，然后又总会在你的"威逼"下补完……也许他们懂的知识并不多，不广泛，却活得非常真实，笑的时候毫不掩藏，哭的时候又酣畅淋漓，我想，我正是被这些深深感动了吧。

记得我教数学的时候，每天带着他们计算、理解，是一件非常有意思的事情。还记得一开始学的是有理数，学生就深深理解不了什么是"当 $a<0$ 时"，而这些内容，在我们看来似乎太过简单，简单到有时候你真的不知道该如何清楚地讲给孩子们听。没有经验，是我们这些新老师最大的障碍。这就相当于在黑暗中摸索着前行，每走一步，你都会担心，担心是否走得正确，也会忧虑下一步到底该如何走。那时候，真是觉得课前备课是一件非常麻烦又十分头疼的事情，可你又必须硬着头皮认真去做。遇到问题，当然不能够退缩、逃避，解决的办法只能是向前辈们请教。我常常去请教同一备课组一位教学经验丰富的刘小莉老师。我认真听她的每一节课，记录她的教学模式、讲课方法，然后结合自身进行修改，经过长时间地磨炼，我找到了自己教学的方法，并灵活地应用在教育教学工作中，收放自如，也会感觉到生活的一种轻松，越教越有劲，越教越有味。

刚当四班班主任的时候，我总是害怕学生有事，哪怕是小事。我总是会想：要是我们的学生都听话，按照我的"吆喝"前行多好。可往往事与愿违。现在我懂得了，学生是一个个鲜活的个体，那么活蹦乱跳的，那么多的孩子聚在一起，哪会没有事情呢？学生需要更多的是引导和关爱，当他们受到"污染"时，我们要为他们除去"污染源"，鼓励他们积极地面对人生，对自己负责，做自己命运的"雕刻家"。老师爱学生，既要像父母那样，更要像兄弟和朋友一样。如果只凭班主任的权威去制约学生，很容易挫伤学生的自信心，或使学生产生逆反心理，亦或养成学生盲目听从的习惯。

班主任工作是忙碌而快乐的，它是一门高深的艺术，是需要我们去不断地探索和发现的。

那年秋天，全校队列队形体操比赛的号角响起了。我每天早上和下午都带领孩子们练操，从第一节准备动作开始，一个人一个人地去指导。他们对于第三套中学生广播体操很陌生，再加上动作变化多，要熟练掌握还得多下些功夫。于是，就出现了这样的场面——每天晚上我都到宿舍检查了，他们还在三个一伙五个一群地练操。这让我分外惊讶，也分外感动。

看！比赛的那一天——孩子们表演得是那么认真，跟着列队员张惠鑫同学的节奏，他们高呼："九天翱翔，驰骋战场；初一四班，何人能挡！"他们有力地舞动着手臂，好像身体里充满了无限能量，就等待此时此刻淋漓尽致地爆发。他们的气势震撼着我，抨击着我的心：还记得那44套红色校服在身上的飒爽英姿，还记得黑色的帆布鞋踩在赵中水泥广场上整齐的步伐，还记得嘹亮的"放飞理想，勇于登攀，阳光少年，信心饱满；齐心协力，创造奇迹，团结四班，绝不一般"的整齐口号……终于，功夫不负有心人，当获奖的消息传到每个孩子的耳畔，随之而来的是一阵忘情的呼喊。他们簇拥着我，脸上的笑容仿佛秋日里的菊花，鲜艳而又馨香，散发着蓬勃的朝气。泪水已经完全不能代表我当时的心情，对他们的爱，深了又深。

初一，对这些小朋友来说，是一个人生的过渡期和转折点。面对生疏的环境，作为班主任，除了要保证正常的教学工作、班级管理工作之外，更需要在生活上给予他们关心和指导，使其更快地适应中学的学习生活。天刚蒙蒙亮，取代闹钟叫醒我的有时是学生急促的敲门声，有时是学生生病，有时是教室门没人开，也有时是同学过来报告谁没有值日……事无大小，我一下子就变成了所有44个精灵的"一家之长"。学校的住宿条件不是很好，换季的时候经常会有学生生病。了解情况后，我自行买来消毒液对学生寝室进行消毒，还经常给学生送药，带学生看病，更有很多次面对家庭条件不好的学生，我拿出自己本就不多的零用钱代付医药费……从学生感激和稚嫩的眼神中，我也感到由衷的欣慰，希望能够尽自己最大的努力保证学生的学习环境，让他们有一天能够靠自己的力量走向更广阔的天地。

校园里，我和这些孩子们仿佛成了"相依为命"的伙伴，他们有什么困难都来告诉我，我会竭尽全力想办法解决。一部分学生学习知识比较死板，比如说我们班的王宏亭、姬龙涛同学，我会慢慢引导他们培养发散思维，利用平时的班会课，开展一些以联想为主题的活动，让他们活跃思维；平时上课也会采用一题多解、举一反三的形式引导他们灵活运用所学知识。也有一部分同学偏科现象严重，比如说我们班的雷洁同学数学课学得不好，雷佳腾同学的英语课学得不好，蒙雨同学的语文课学得不好，杨嘉龙同学的政治课学得不好等，我会利用周六和周日的某些时段给他们辅导：主要从方法上指点，让他们先认识到这门课和自己优势科目在解题方法上的不同，让他们先领悟这门课的套路；再一个就是从心理上给予激励，面对差科，学生会有"反正不管怎么学都学不好，干脆不学了"的心理，这是对自己的一种放任自流，是一种不可取的态度。站在朋友的角度，我竭力劝导；站在老师的角度，我循循善诱；站在"家长"的角度，我会适当责罚，以情感之。还有一部分学生由于家庭困难，存在着自卑心理。我们班王晨同学就是这样，整天闷闷不乐，话也不愿意多说。为此，我们专门对他进行了家访，给他带点小礼物，了解其家庭情况。原来他爸爸妈妈和哥哥都在外面打工，没人照顾他。他周内住在学校，周末就一个人待在家里，非常孤单。了解到这些情况，我会在课堂上经常叫他起来回答一些特别简单的问题，让他对自己树立信心，让他觉得自己被重视，慢慢地其他同学也喜欢和他一起玩耍，整个人也开朗了很多。周末的时候，我示意和他同村的安伟同学找他一起做作业，渐渐地，娃成绩也在不断上升。像王晨这样的"留守儿童"还有很多，他们大部分都是靠爷爷奶奶抚养，父母都在外打工，一年也见不了几次，缺乏家庭和父母的关爱。所以我觉得社会应该多关注这些同学，让他们在一种大爱的氛围中快乐成长。

　　为了丰富孩子们的生活，我还在课余时间和班会课给他们放电影，除了《肖申克的救赎》这类励志电影外，《冰河世纪》《你看起来好像很好吃》这类颇受孩子们喜欢的动画片也放了不少，当然《忠犬八公》这类感人的片子也是不可或缺的。记得有一次，我们播放电影《2013寻找最美孝心少年》，学生都感动得热泪盈眶。大家感动于黄凤坚持10年照顾爸爸的勇气和毅力，感动于高雨欣帮妈妈在夜市里卖烧烤的坚持不懈与奋斗轨迹，感动于邵帅为母亲捐骨髓的勇敢与无畏……这些孩子们单纯、善良的孝行诠释着血浓于水的亲情，也震撼着七四班的44名学生，一种爱与奉献的馨香笼罩着这个充满爱的班级，敲打着孩子们的心灵，让他们学会感恩。

此外，我还在班会课上举办了歌唱比赛。我们规定内容不限，自由发挥。有的孩子唱周杰伦的《菊花台》，有的孩子唱林俊杰的《一千年以后》，还有的同学唱网络歌曲《不是因为寂寞才想你》……同学们都大胆地展现自己，让我非常惊讶，也让我看到了真实的他们。他们没有复杂的心理，仅仅是因为一首歌的旋律而对它倾心，从而专注地学起来。最让我感动的，还是魏星同学自己作词的《肖老师颂歌》，借用的是陈奕迅《稳稳的幸福》的曲调，阐述了开学以来留在他们心中的"我"，真是赚尽了我的眼泪。感动之余，我也即兴为他们写了一首《爱的奉献》，歌中唱道：

"苍天让我们相遇，注定将我们凝聚。所有追求和梦想，都将在这儿怒放，天下有无尽阡陌的路，我们来自不同村庄，从相识到相知，再到永远的相惜。我们所有的爱，我们所有的梦，我们无悔的岁月随风飞扬；我们所有的泪，我们所有的痛，我们作伴的身影勇往直前。湖水是你的眼神，梦想满天星辰。心情是一个传说，亘古不变的守候。成长是一扇树叶的门，童年有一群亲爱的人。春天是一段旅程，沧海桑田的拥有。那些我爱的人，那些漂流的风，那些走过的风景一片一片；那些爱我的人，那些沉淀的梦，那些永远的爱护一遍一遍。我们都曾有过一双懵懂的眼，手挽着手我们展望未来。轻轻的一天天一年又一年，长大后我们一定还会再记起今天；就这样一天又一天一年又一年，长大后我们依旧还会是如此亲密无间。"

后来，我还仿照江苏卫视《一站到底》栏目进行了一个学科知识竞答。事先我让学委利用周末时间将他们所学的语文、数学、英语、政治、历史、地理、生物这七门课的重点知识编绘成知识问答题，基本上以填空、选择为主，这些题都来自他们的课本、练习册，主要是为了检验孩子们对于课本知识的掌握情况。题目共 300 道，通过全班抽签选出擂主，随后挑战者自行举手，由擂主挑选自己的对手，最后决出总冠军。本次活动总共占用了两节班会课，大家积极踊跃参与，最后终于由我们班杨甜同学夺冠，我奖励她一个厚厚的笔记本。从孩子们的参与热情中，我看到了他们对成功的渴望，看到了他们为夺冠所付出的努力。通过本次活动，他们也对七门课的重点知识进行了梳理，寓教于乐，收获颇丰。

他们，是第一次跨进初中的大门，用自己身上的爆发力书写着成长的故事，在诉说着关于成长的点点滴滴。

冬季是大家最害怕的一个季节。由于住宿条件和自立能力均较差，很多学生经常感冒发烧，每天课堂上充斥的都是咳嗽声，几乎所有学生的手上都长了冻疮，当我询问后得到学生"每年都会长，习惯了"的回答时，我心疼地落泪了……于是，我用自己的生活费给班里 44 个孩子每人都买了一双手套，还详细地教学生如何保护自己的身体健康，我每天都去寝室看望学生。操场上，留下了我们奔跑的身影；教室里，散发着我们热腾腾的蛋奶；宿舍里，充满着我们的欢声笑语……冬季的严寒并未摧毁我们的意志，反而给予了我们奋斗的勇气、拼搏的能量，我们在用关爱全力奔跑。

我们班的孩子，一直很乖。他们总是用无言的行动默默地支持着我：每次考试前的两周，他们都非常努力，他们甚至是希望为肖老师拿到第一名。每每想起这些，我都会觉得自己所做的一切都是值得的，都是开心的。来赵庄之前，我印象中的孩子，他们顽皮又爱耍脾气，不懂得体谅大人，体谅老师。但来这儿之后，我深深地领悟到：我错了。也许，我们根本就不懂孩子的心，他们的思想和举动是根本不会受控制的，而正确的引导才是促使他们进步最重要的武器。只要我们班考试总评第一，他们就会非常高兴。骄傲是从来与他们无缘的，默默努力前进才是他们奋斗的目标，这也是让我非常欣慰的地方。

日子虽然过得很平淡，我更多的是对他们在生活和学习上严格要求，促使其进步。平淡的生活，简单而不枯燥，宁静而不乏色彩，令人欣慰。还记得和他们一起练习集体舞《青春飞扬》的日子，俏皮的舞姿牵动着他们的心，也彰显着我的爱；还记得学校安排午睡，我督促他们睡觉的日子，鞭策其好好休息，成了我每天最爱唠叨的事；还记得和他们一起去田野里放风筝的日子，自由、洒脱、嬉笑；还记得每天班主任到位时我呵斥他们认真完成作业的日子，原来肖老师也会有非常"暴戾"的行为……一切的一切，都好像在他们的成长中烟消云散，又都好像在他们心中生根发芽。

教学楼静静地伫立着，晚风拂过耳边，带来微微凉意，赵庄白天和晚上的温差还是很大的，伸出所有的触角去感受大自然赋予我的美好，心灵瞬间变得宁静而安然。人生行到一定的地方，眼睛仿佛被突然擦亮，看待事物的眼光会发生变化。生命是一个将美好打碎再慢慢重建的过程，只有经历过种种浮华才能领悟到平淡中的幸福，只有经历过心灵的躁动才能慢慢沉淀为生活中的宁静。简单最美，简单也最难。把生活变成一个删繁就简的过程，需要放下很多东西。而善于在平淡中发现瞬间的幸福，会让我更加从容。

孩子们就是我的北极星，他们指引着我、激励着我勇敢地奋斗。我，深深地眷恋着——我的孩子。我愿化作春泥，默默守护着这些可爱的花朵。希望我们彼此都能珍惜这段缘分，带着爱的教育共同成长。

谢果（前排中）

作 者 简 介

谢果 男，汉，重庆市巴南区人，中共党员，2013 年 7 月毕
业于西北农林科技大学食品科学与工程学院。2013 年 8
月至 2014 年 7 月参加第十五届研究生支教团，曾服务
于陕西省丹凤县职业技术教育中心。

面朝课堂　春暖花开

谢　果

2013 年 7 月，我们走出大学的校门，背上行囊，来到这个陌生的地方，听着怎么也听不懂的方言，吃着从来没见过的食物，走上讲台只为完成自己的梦想，让学生因为我们的到来而不同。

清冽的丹江河，独特的凤冠山，商鞅故地，美丽丹凤迎接我们的到来。当我站在丹凤汽车站出口时，我有点迷茫，因为我的下一站是丹凤县职教中心。它是学校吗？职业教育我能行吗？我能管理好这些学生吗？一个个问题萦绕心中，带着期待，更夹杂着迷茫。我去了职教中心。

工作很快就分配了下来，我担任初三年级化学课教师。担子很重，初为人师，初三的教学压力常常弄得我疲惫不堪，但是我觉得很充实，感觉到了支教的意义与乐趣。工作几个月之后，我发现学校有其自身的特殊性，其特殊性在于学校需要更多的理解与支持，学生需要更多的鼓励与关心。近几年来，随着各大高校扩大招生，及其家长对于高等教育的投入，职业教育遭遇了太多的不公平的对待，职业教育成了人们谈之色变的敏感词汇，职业教育甚至成为"笨学生、坏学生"的一个文化符号。

有人说职中的孩子都是问题学生，都是贪玩调皮、不听教诲、顽固不化的学生。但我发现，学生毕竟就是学生，他再调皮捣蛋也是学生，他们调皮是因为他们活泼聪明，他们捣蛋是因为想张扬自己的个性，他们不听劝解是因为他们有自己的主见，想保留自己的想法。他们比同年纪的孩子要更早学习到专业技能，同时更早地接触到社会。所以作为教师，我们更应该关注他们的成长，支持他们学习，同时我们更需要社会对于职业中学的孩子们给予充分的肯定与信任。

2013 年 12 月，习近平总书记给华中农业大学"本禹志愿服务队"的回信，让我意识到自己与优秀志愿者间的差距。我认识到支教不仅仅是授予学生知识这么简单，我们应该更多地走进社区，走进农村，用自己的知识带去更多的改变。

于是，我们赴丹凤支教团四人从小事做起，以"一对一"交流及家访的形式了解山区农村孩子的生存情况。在走访中我们了解到：丹凤县属于国家级贫困县，地处山区，交通不发达，工业产业极度匮乏，学生的父母80%以上都外出打工，家中大多都交给年长的爷爷奶奶操持，与父母的长期分离使学生与家长产生了不少情感上的隔阂。我们特意在圣诞节为学生们举办了"欢乐圣诞·感恩之夜"的主题班会。在整个活动中，学生分享了与父母间温馨的小故事，每一位学生都深受感动，学生们都希望多举办这样的活动。通过这些活动，我认为学校可以给予他们所谓的"家"，但他们缺乏的还有太多太多。

清晨，当我睁开双眼时，学生们那求知渴望的眼神带给我无限动力与激情；夜晚，当我结束一天的工作，收拾好东西回到宿舍，打开泛黄的台灯，记录下支教生活的点点滴滴，而每次写完，我都会轻轻翻到笔记本的第一页："不忘初心，方得始终。"一年时间实在太快，而我们的力量又太渺小，但是我相信志愿的精神正在传承、发扬！我爱这片土地，更爱我面前所有的学生，我选择面对课堂，春暖花开！

张腾（左二）

作 者 简 介

张腾 男，汉，河北廊坊人，中共党员，2013年7月毕业于
资环学院。2013年8月至2014年7月参加第十五届研
究生支教团，获"陕西省西部计划优秀志愿者"称号，
曾服务于陕西省丹凤县土门中学。

带着梦想，享受那段奋斗的时光

张　腾

支教回来后，有人问我支教中印象最深的事是什么？当时脑袋里第一回想起来的是有天早上5点多，我在睡梦中被头上的一条百足虫叫醒了，想起当时自己的那个样子，真是觉得特别好笑。

有人曾问我为什么要支教，其实我到现在都回答不出来为什么，我就是想这样做，因为一直以来都是跟着自己的心在走，对于人生来讲，能跟着自己的心走是一件多么幸福而又难能可贵的事呢？所以一路走来都能怡然自得，所以才能在旁人看来不可思议的环境中安然自处，或许还因为自己虽是平凡的但却不是碌碌无为而兴奋不已，这一年留给了我一生的回忆。

一直以来，希望自己是一棵树，扎根土地，仰望天空，每一天都在隐秘地成长，而在支教的一年里，生活中甚至是教学中的每一个小故事，孩子们都带给我成长。

故事一：新地方的"水土不服"

还记得有一次，我刷牙的时候在水龙头上接水，接完水却发现水里有许多类似于铁锈的东西。心里想着每天下课的时候都有许多孩子就着水龙头直接喝水，先不说这样卫生不卫生，这水本身便是有问题的。小学四年加初中三年，他们得喝下多少这样的水呢？

也许因为大学在杨凌，也许大多数的时间都是在学校里待着，所以我从来都不知道那种大风漫过黄土漫天的情景。在这里我真正地感受到了什么是黄土高坡，任何时候的一阵大风都能刮起漫天遍地的黄土，只要是裸露的地表，你永远都不知道这些黄土有多少，一阵风一阵土，永远都刮不完。而周内有一节课是大扫除，每到这时便有学生们拿着残破不全的清洁工具在老师的带领下打扫操场。因为条件有限，所以操场上并不是所有的地方都铺上了水泥，笤帚一扫，灰尘扑面而来……而后在好不容易将这些灰尘扫到一处之后。因为没有簸箕，所以很多学生便直接蹲在地上用手将灰尘一捧一捧地捧进垃圾桶中……最后将这些垃圾连同土倒进学校的垃圾堆里。所以我永远无法热爱黄土高原的风，但是我却深深地敬佩着在这片土地上生存的孩子，是他们在我之后的支教生涯里带给我无穷无尽的勇气。

故事二：作息上的"格格不入"

学校的师生，不管是城里还是乡下，全部都是早上5：30起床，晚上9：00睡觉，毕业班学生的睡觉时间则再往后推迟1小时或更晚。

上班族是朝九晚五，学生们则是朝五晚九。算算时间，假设他们都是晚上9：00整点睡觉，早上正点起床，那么最多也就能睡7个半小时，毕业班学生的睡眠时间则是6个半小时，还达不到8小时的基本睡眠，更不用说那些不能正点睡觉的学生了。我曾经对学生们做过一项调查，他们每天花在看电视、上网、玩手机等的时间上基本都是半小时以上。

这些也只是对晚自习之后没有作业的同学而言。我曾经问过一些县里的学生，他们每天回去各科基本上都有作业，做完作业已经是夜里12：00以后了，但早上还是要按时起床。我曾经问过一个学生是不是很辛苦？她也只是笑着地对我说："没办法，只能这样坚持下去了。"

朝五晚九的作息时间是从小学便开始定下来了的，对于学校的老师来讲，大家都觉得没什么不对的。我曾经问过小学的校长，这样的作息时间是否不太合理？结果校长反而觉得我们早上8点开始的作息时间才是不合理的。原来不是我在看着园子里的人，而是园子里的人在看我。

我无法在学生面前说他们目前的作息时间是不合理的，他们只会用眼神告诉你他们无法改变这件事情，而且他们正在承受着这些。所以我只能让他们尽量地配合这样的作息时间，早睡早起。我还以敬佩的口吻告诉他们，他们做到了老师做不到的事情。看着他们那一张张困倦的脸，真心觉得好可怜。当眼前的事情你无法改变的时候，你只能学会去适应，当你有能力改变却已经适应了的时候，便要毫不犹豫地去改变不合理的一切，不要因为这种勉强的适应而改变了你的初衷；因为这些改变不仅跟你相关，而且更关系着你的下一代。

故事三：相处中的"诸多摩擦"

有一次上午上自习课，学生们都在写作业，我在二班的教室后边转了一圈，发现居然有很多苍蝇停在了一个女生的身上，甚至还有一些苍蝇围着这个女生不停地飞。我观察了一下，这个女生的脸很黑，不是那种晒黑，而是很久没洗脸的那种黑，衣服袖口甚至有黑色的垢，头发也油得不行。于是我便问大家："同学们，你们平时不刷牙、不洗脸吗？"学生们抬头看着我，有些甚至疑惑地看着我，然后有几个比较活泼的学生对我说："老师，我们农村娃娃不像你们城里人，不用刷牙洗脸。"说完，他们便立马低下了头。他们说话的时候我发现，他们的牙齿都有些泛黄。

我知道他们误会了我的意思，以为我看不起他们，于是我笑了笑说："老师没有告诉你们我也是农村的娃娃吗？"说完后他们都笑了。"大家不要觉得自己是农村的娃娃就比城里的娃娃低了一等，刷牙洗脸是一种习惯，不是谁的专利，我们都可以成为一个干净整洁的人。所以我们每天至少早晚要刷牙洗脸，晚上洗脚，勤洗头，勤换衣服……"说完这些后，我发现学生们都一脸疑惑地看着我，仿佛我说的是一件新奇的事情。于是，我便问他们，平时没有人教他们吗？他们的反应都是根本没有人说过这些，甚至说身边的大人很多也都是这样，自己也是跟着大人学的。

很多时候，农村的孩子并不是不讲卫生，而是不懂得去养成良好的生活习惯。他们跟城市孩子的差距便是周围的生活环境不同，没有人去教他们什么样的习惯是良好的生活习惯，也没有人教他们怎样才能养成良好的生活习惯。我们不应该一味地只觉得农村的孩子身上很脏或是不卫生，因为他们的环境便是如此。因此，当出现一个新的生物来批判他们这种生活方式时，他们的第一反应便是排斥，觉得别人是瞧不起自己，心底里的那种自卑感就会被放大，从而很难接受新的事物。所以我觉得只有站在他们的角度，将人格摆在同一层次，以一种尊重他们的方式去融入他们，然后再潜移默化地去改变他们。

后来过了大概两个星期，我又一次走进教室，感觉像是遇到了很多新面孔，我还以为是新来的同学，近前观察才发现他们只是将脸洗干净，换了一身衣服，却简直是变了一个样子。

故事四：对课程的"热忱锐减"

有一次上课的时候，有半数的同学都趴下睡觉了，再看着书本上那道长长的题，我有些无奈地摇摇头，拿着三角板敲了敲桌面，这响声让学生们很不耐烦地抬起了头。我说："好了，你们醒醒，这节课老师不再讲题了。"一听到我的这句话，学生们全抬起了头，我无语地看着他们，心里想，你们是有多讨厌数学课啊？"老师跟你们聊聊天。"我这么一说，他们的兴致全来了。很多人甚至说："老师，你有女朋友吗？"我笑了笑，问他们："大家知道为什么要学数学吗？"他们都摇了摇头，我问："那知道为什么要学其他课程吗？"他们还是摇了摇头。我问："那你们知道学了这些之后能做什么用吗？"他们依旧摇头。我苦笑着摇了摇头，学生见我这样便说："爸妈让学的啊……老师让学的呗。"

如果从一个大人的角度出发，一样东西，你自己不知道为什么学，也不知道自己学来有什么用的时候，你会去学吗？我想不会，那学生岂不更是这样?！他们这个年纪原本就是好动爱玩的年纪，再加上晚上又不能按照作息时间休息，早上五点多便起床，因此很少有人能有精力坚持精神抖擞地学完一天的课程。再加上他们从小的基础就没有打好，就算这会想听也还是听不懂。对于一样听不懂，但还不知道为什么听，听了有什么用的东西，我想，很少有人能津津有味地听完吧。尽管我们会大声地对孩子们说："这是知识，你们要尽量多吸收。"但是孩

259

故事五：学生们的"小秘密"

早恋在他们这里已经不是一件少见的事情了，甚至从表面看上去似乎不会早恋的学生可能也有过一两段"早恋"了。我曾经问过一个学生："为什么要谈恋爱？"她说："不为别的啊，因为大家都这样，我要是不这样，就会感觉跟她们没有共同语言。"然后，我又问她："如果觉得这样做不对，你应该怎么办呢？"她呵呵地笑了下，并没有直接回答我的问题。

在中学是明令禁止谈恋爱的，一旦被发现便会被叫家长，轻则思想教育，重则拳头教训。我带的那个班级有两个小孩谈恋爱，后来被班主任知道了，然后女生回家了一周，甚至有传言说女生的家长要将女生转走，男生则是不久便退学了。男生退学后，女生回来上了几天的课，每节课基本上都是趴在桌子上睡觉，不久便也退学了。

谈恋爱只是因为跟风，家长发现后也是不管对错然后便是坚决反对，分开后的结果便是两个人最后都退学了，当然这其中的原因可能不止这一件事，却确确实实地成为"导火索"。

很多时候，学生们并不明白自己做的这件事情的对错，为什么这样做是错的，这种错又是以谁的标准来衡量的，错了之后也没有人以正确的方法来引导他们应该怎样去正确地解决这件事情。所以很多时候不是学生们太叛逆，而是我们缺乏耐心从他们的角度出发去了解他们的想法，老师和家长们总觉得自己是对的，一切都是为了孩子们着想。每次产生问题都会说："你不能做……"这在潜意识中家长和老师都在命令孩子接下来要怎么做，而不是坐下来说："这件事情我们来聊一聊……"让学生自己看清楚这件事情，引导他们用自己的思维去解决问题。

而老师和家长在多数情况下会选择前者。这种缺乏沟通的做法总是让孩子们无法欣然接受。也许他们也知道这样做是不对的，也知道老师和家长是为了自己好，但是这个年纪的他们的那种被尊重感越来越强，他们希望"自己的事情，自己做主"的这种想法也越来越强烈，一旦家长和老师给他们直接做了决定之后，他们便会非常反感。所以，我们要更耐心、更全面地去帮助孩子面对早恋这个问题。一时的强烈反对只能暂时地解决问题，但是这种方法并不能阻止下一个甚至是下下个早恋对象的出现，甚至孩子们怕家长和老师的这种处理方法便会瞒得越来越深，反而阻止了彼此思想的交流，问题也会越来越多。

故事六：课堂上的"捣蛋鬼"

有一天的午自习发生了一件非常不愉快的事情。因为要同时给两个班级上自习，所以就会出现有些时候其中一个班级就没有老师的情况。当天我正在一班给学生讲题，结果有二班的学生跑到了教室外边吵闹，没办法，我只能停了一班的课然后去二班管纪律。我一进二班发现前边的学生在讲话，后边的学生在吹泡泡，不管男生女生都是这样，然后全班都在笑，甚至我走过去，他们连理都不理，依旧我行我素。

我将这件事情反映给了他们的班主任。后来我去二班上课时发现学生脸上有手指印，看到这些我很后悔。如果知道班主任这样解决，我肯定不会叫，这件事情根本就没有解决，甚至可以说，我的课反而出现了新的问题。因为后来有时候上课的时候我让学生不要讲话，学生会直接对我说："有本事你再把班主任叫过来吧。"

后来我想了很久，决定跟孩子们将这件事情解释清楚。我说，不管老师用什么样的方式，心底里还是希望你们能好好学习。有时候武力并不是解决问题的办法，甚至还会产生新的问题。事后，我想，如果你不试图去了解学生的思想，又怎么从他们的角度出发去考虑问题呢？为什么学生要那样做？发生那样的事情后，我是应该大声地斥责他们，还是应该问清楚原因之后好好地跟他们沟通呢？太多的时候，我们往往是站在了自己的角度用自己的标准去评判学生行为的对与错，也许学生在老师的威严下一时地改了过来，但是这样做往往是治标不治本。一旦换成了一个不用武力解决的老师，学生们就会觉得这个老师很面，可以被欺负，自己长久以来被压迫的状态可以在这个老师的课堂上逆转过来，变成自己"压迫"老师，让老师头疼，所以这种转移负担的方法只会让

"问题学生"越来越多。

什么是好娃？什么是差娃？我觉得没有所谓的好娃和差娃，四十几个孩子，你就需要四十几种不同的对待方法，聪明的小孩一点即通，不聪明的小孩帮助其理解知识的规律，然后多加锻炼他，只要肯花时间，只要肯下功夫，只要公平地去对待每一个学生。也许我们这样想过，但是却从来没有做到过，思维与行为的偏差往往只是因为我们已经约定俗成，难以用新的思想去改变旧的行为。

还记得以前学唯物辩证法时学到的一个理论，存在的即是合理的。而我觉得这一切的合理只是没有外物来揭示这一切的不合理，与此相反，我们更多的是学着去接受，接受了这些合理，我们便学着去适应，适应久了便成了习惯，当习惯了以后，我们便成了维护这"合理"的一部分了。因此，我们习惯了不在学生面前笑，习惯了用严厉的表情甚至是习惯去处理问题，习惯了用自己的方式去教学，最后便扎扎实实地成了"合理"的一部分。

在没有遇着这帮学生之前，我没有想过合理与不合理这个问题，在与他们相处了一年之后，我也没有想过不去适应甚至是遵从与这些"合理"。在这里，分数高的是成绩好的，成绩好的是好娃，反之则是差娃。现在不管是家长还是老师，大家关注更多的都是分数而不是学生的成长。也许老师会注意，因为他们每天和学生们朝夕相处，学生的思想都能感觉到，所以老师会注重学生的成长。但是，老师与学生相处的时间毕竟是短暂的，而且一个班级这么多人，老师不可能对所有人都有耐心和细心，并及时地关注他们的变化。家长教育——作为学生教育的重要部分，往往都极少关注孩子的成长。我有时候常常在想，为什么学校三令五申不准学生考试作弊，学生还是会作弊呢？甚至当老师将作弊的工具没收的时候，他们甚至会狠狠地盯着老师。我想其原因根本不在于学生，这一切的原因是多方面的，家长、老师和学生都起着很大的作用。如果分数不再是成绩的唯一代表，如果成绩不是唯一的衡量标准，如果我们能花更多的时间去和学生沟通，去鼓励他们、去关注他们，是不是他们就不会再冒着风险去作弊？

师者，传道授业解惑也，这些疑惑不仅仅是学习上的，更是思想上的，而我觉得思想上的疑惑尤为困难，却也最为重要。因为我不是班主任，所以我只能尽量地利用自己的课堂时间去了解他们，去融入他们，让他们学会在课余时间主动与我交谈，交流他们的想法，或者是提出他们自己的问题以征求我的建议，只有这样，我才觉得他们开始把我当作他们那个圈子里的人，这样我才有机会去引导他们。

一个上课很调皮、但是很聪明的小孩在 QQ 上私下里跟我说："老师，我肯定上不了高中。"我问他："为什么会这样觉得？"他说："我就是觉得自己考不上高中。"我说："不要妄自菲薄，你挺聪明的，只要平时上课的时候认真听讲，你考上高中根本不是什么问题。"他又问："真的吗？"我回答他："真的，你要相信你自己。"

课后我总是习惯地问孩子们对于本节课或者是关于平时的学习还有什么问题，每次我这样提问的时候我总是发现他们的脸上或多或少地都是疑问，我不知道这个疑问是对于课堂讲课有问题，还是疑惑作为老师的我怎么会问这样的问题。后来我觉得是后者居多。因为我的眼光到哪里，哪里的同学都低着头，眼神也由疑惑变成了一种略略的胆怯与害羞，上课有问题不是很正常的吗？为什么孩子们对于"问题"这个词是如此的排斥？我想后来我明白了，因为以前从来没有老师走下去问过大家，或许在他们看来，自己有问题就是不认真听讲的表现。

对于一个十四五岁的孩子来说，上课不认真听讲或者是不听讲的情况是很多的，因为他们的活泼好动，因为他们的反叛心理。而在知识的连贯性很大，但学生的自学能力不强的情况下，往往一节课没听可能就会造成后边的知识就云里雾里了。这种时候就需要发挥老师的作用了，要么引导学生上课认真，要么提升他们的自学能力。而这些需要最多的便是时间和用心。太多的时候我们懒得去花这样的时间，懒得去用心，也许曾经激情澎湃过，但随着时间的推移，一切都变得那么烦琐，我们不再如一个初为教师般那样尽心尽力，甚至有些得过且过。是什么让我们放弃了最初的梦想？是一切外物？还是那颗已经不再热爱的内心？

而且，并不是所有的人都会完全地配合你，也并不是所有人都能因为适应而去接受你，在这个班级中，总有人因为你破坏了原有的规律而去阻碍你，因为你侵占了他原本的地盘甚至是地位。所以，他们尽可能地用自己的方式让这个课堂变成"一锅粥"，比如讲话、比如以奇怪的方式来回答问题而捣乱，更有甚者，直接在课堂上摔起桌椅和板凳。而作为老师，你不得不静下心来思考，怎样才能够引导这样的孩子成为这个课堂的助力？

我不知道自己这一年对他们的学习习惯改变有多大影响，也不敢妄想自己一年的工夫抵得上他们前十几年的累计。我所能做的便是在一点一滴中潜移默化他们的思想。引人向善是一件很难的事情，因为每个人都不会承认自己是个"恶人"，而学生们亦是如此。他们都不会觉得自己的习惯有什么不好，甚至在你提出异议的时候他们会觉得这是一种歧视。怎样让人不排斥地接受自己的想法？我觉得唯有用心，用心方能让人懂得你的真诚，真诚方能让人愿意接受，接受方能学着自己主动去改变。

这一年，他们让我也成长了许多，他们让我敬佩的地方太多太多，他们的坚持、他们的努力……夏天思念着冬天的冷，冬天思念着夏天的热。我以为我已经是一个相当能抗冻的人了，不过这里的冷我还是无法接受，早上在教室上课的时候不敢倚靠在讲桌上，因为铁质的桌子非常冰冷。最冷的时候即使是在里边加了件马夹，讲课的时候都会不自觉地发出颤音，冷得发抖。我不知道这些学生是怎么度过严冬的。他们中很多人甚至只穿了件单薄的秋装外套，里边也只穿了一件 T 恤。我不知道是什么支撑着他们学习，甚至比大多数家庭条件好的人学得还好。也许是他们心中认定只有学习才能改变自己的命运，所以不管条件多么艰苦，生活多么困难，他们都会一直坚持下去；也许是心中认定只有学习才能铺就成功的道路，所以不管前路多么艰辛，沿途多么孤单，他们都会一直坚持下去。所以，是他们让我更加勇敢，是他们教会我怎样去勇敢，怎样去度过这段有意义却注定孤单和辛苦的日子。

孙亚莉（后排右二）

作者简介

孙亚莉　女，汉，陕西商洛人，共产党员，2014 年 7 月毕业于西北农林科技大学食品学院，2014 年 8 月至 2015 年 7 月参加第十六届研究生支教团项目，曾服务于陕西省丹凤县职业技术教育中心。

爱，行走在丹凤

孙亚莉

阳春三月，桃花明媚地绽放在枝头，当夹杂着花香的春风迎面吹来时，总会让我想起曾经靠近桃花谷的支教时光。时间如白驹过隙，转眼间，丹凤支教已经过去两年了，多希望自己可以通过时光隧道，返回那个时候，再给孩子们多传授一些知识，再陪孩子们一起早读、早操、玩游戏，再给孩子们讲讲丰富多彩的大学生活，再和他们坐在操场一起聊理想，一起讨论未来我们再见时的场景。

回顾那一年的支教生活，我深深体会到"用一年不长的时间，做一件终生难忘的事"这句话的深刻含义，以及隐含其中、无法言说的感悟。为了童年的梦想，怀着一个青年大学生应该奉献青春的初心，热血澎湃地踏上了去丹凤的支教路。进入丹凤县职业技术教育中心，开始由学生到老师的角色蜕变。面对这些"特殊学生"，内心是有些担忧，一方面，他们都是每个学校无可奈何之时推过来的，比较调皮捣蛋；另一方面，作为一个比他们稍大的"姐姐"，我是否能够做好教书育人的工作。

2013年8月30日，工作正式分配下来，我承担起初三年级英语教学，同时兼任副班主任，压力感瞬间暴涨。初为人师，缺乏专业的英语知识体系，更没有丰富的教学经验，沉重的升学压力和大量的教学工作，这些都令我疲惫不堪。英语课是偏远地区的攻坚课，在面对鸦雀无声的英语课堂时，我也紧张迷茫，很希望自己能做个好老师。课下，我利用时间与学生多接触，培养彼此的信任；课上，我要求他们写出自己在英语学习方面存在的困难、课堂改进建议和英语的中考目标。经历了磨合期，学生们在课堂也活跃起来。我也搜集素材，结合外国文化和经典欧美影视来丰富学生的课外知识，提高学生英语学习兴趣。每一次批改作业，我都会在学生的作业本上写下鼓励的话语，让他们感受到来自老师的关注与关爱。讲台上我是一名教师，但讲台下我仍然是一名学生。为了在 40 分钟里能够更有效地实施教学，使学生能听得懂、能理解、能活学活用，我充分利用时间，在初一、初二年级观摩英语教学，积极参加英语调研活动；课后，我主动向老教师、老前辈请教英语教学中的问题，征求他们的建议，我还通过报纸杂志、书籍和网络资源认真学习教学理论，逐渐积累经验，使教学水平有了很大的提高。其中，我辅导学生参加全国英语竞赛，一人获得三等奖。我的日常教学和学生管理工作也渐入正轨，课堂上学生积极配合，学生提问题的也多起来，他们的笑脸也越来越多了。此外，我还利用午休和晚饭时间单独给差生补课。随着时间的流逝和付出的努力，同学们的口语和成绩都进步了，我们也成了无话不聊的朋友。

除了做好本职工作，作为支教大学生，学校认为我们是学校新思想、新活力的代言人，定期安排我们为高职学生举办各种讲座或座谈会。学生的健康成长离不开父母的教育，更离不开教师始终如一的关怀和正确的引导，支教既是教书又是育人，面对职教院校里面各种各样的学生，更重要的是育人。在课余时间，我和队友经常与同学们聊天，探讨未来，教他们学会感恩，引导他们走出迷茫困境，重新规划自己的人生方向。作为志愿者，我们还帮助他们建立正确的人生观、价值观和世界观，帮助他们树立自信。我们常常以自身和周围人的奋斗经历、大学生活等来鼓励他们志存高远、脚踏实地，粉碎社会的"有色眼镜"，活出别样精彩的人生，实现梦想，收获成功，收获幸福。

支教，我们肩负重任，必然为他们竭心尽力。然而，支教的时光太短，我还没有奉献出我的所有，我的力量也太渺小。时间有限，我们的能力有限，作为志愿者，我们应尽最大可能地去发挥自己的光和热，去感染我们的学生，为他们注入新鲜的血液，做到问心无愧。我至今还记得职中高校长的那句话："不能抛下任何一个学生，也不能为了一个学生而耽误其他众多的学生。"我的支教生活结束了，但它并不代表我志愿服务的结束，志愿服务，永远行走在路上。支教的队伍和精神还在延续，志愿者是个团结奉献的大家庭。相信我们的同伴，相信我们的力量，灿烂的绽放你的笑容和力量吧，为祖国的花朵去奉献自己，让祖国的花朵沐浴在爱的阳光下，点燃他们的希望，让他们的梦想起航。

赵思瑀（右一）

作 者 简 介

赵思瑀　女，蒙古族，内蒙古人，中共党员，2014年7月毕业于西北农林科技大学经管学院。2014年8月至2015年7月参加第十六届研究生支教团项目，曾服务于陕西省澄城县刘家洼中学。

支教在刘家洼的日子

赵思瑀

一年的支教生活虽然早已结束，可是那一年的学习与工作都让我百感交集。好比春夏秋冬四季，我带着期待和幻想却四处碰壁，当辛勤地播下种子后，得到的是丰收的喜悦。五月对于大学生活而言是收获的季节，又一批莘莘学子满载收获、背负希望、承载梦想即将离开母校，踏上新的征程；而对于我们"西部计划"志愿者研究生支教团中的成员来说，我们也收获满满，结束了一年的支教工作，返校攻读硕士研究生。然而，此时此刻，我们的内心有更多的离别和不舍。这不舍来自这一年在刘家洼中学领导与老师帮助下的成长，来自我对教师这个职业更加全新、更加深刻的理解与眷恋，但更多的来自学校所有天真无邪的孩子们的陪伴。

在那里有太多第一次的新感触，回想起 2013 年 8 月 26 日第一次踏上这片土地仿佛还是昨天的事。一年的时间很短，短得让我如此地眷恋这片土地，特别珍惜剩下的时光；一年的时间很长，长到很多时候没有太多勇气坚持下去。支教这一年里发生的点点滴滴，让我成长的不是岁月，而是经历，无论是在思想上、工作上还是在生活上，我都得到了别人所无法体会的收获。

第一印象

我的记忆似乎还一直停留在 2013 年的暑假。那年夏天，陕西省所有的"西部计划"志愿者聚集在西安西京大学进行出征前的培训。在出征仪式上，我第一次感受到了自己身上的重任，响应党的号召，就像

《志愿者之歌》中的那句歌词："到西部去，到祖国最需要的地方去。"出征仪式后，西北农林科技大学研究生支教团的所有队员合影，大家把最美的笑容定格在那一瞬间，留在了2013年的暑假。

8月26日，是我第一次来到渭南市澄城县王庄镇刘家洼中学，这里地处黄土高原，到处千沟万壑，黄土遍布。我坐在县里通往刘家洼乡的小巴车上，身边围绕着许多吸着烟、说着陕西话的农村壮汉和大叔。看着窗外荒凉的景象，我的思绪也随着迎面吹来的风飘摇，不知前方的路还有多长，一直生活在条件优越城市里年轻的我，如何应对这么大的落差？

刘家洼中学是附近几所乡镇中学合并留下来的唯一一所学校，它给周围所有村子里的适龄儿童提供了接受教育的平台与环境。这所乡镇学校的校园虽不算大，但别致整洁；教室虽不算新，却窗明几净。

我们的宿舍也是平时的办公室。一间屋子里，墙上贴满了报纸，能看出浓浓的岁月的痕迹，屋里只有两张简陋的桌子，还有用木板和长凳支起来的两张床，两张桌子中间吊着一只30瓦的节能灯泡。第一天来到这里，看到这样的环境，我的心里有一种说不出的感觉。不过还好，有来自学校领导的悉心关怀，以及后来看到孩子们开心的笑脸，因此这里一切的一切都显得不再那么重要了。刘家洼中学自建校以来，学校的教学设施就在不断地改善，但相对外面的学校来说，这里的还是很落后，师资力量仍相差很远，的确很需要我们这些大学生给这里的孩子带一些他们平常学不到的知识，去培养他们的兴趣爱好。

第一堂课

9月1日，是学生们正式开学的日子，也是我们正式上岗的日子。还记得开学的第一节课是九年级二班的政治课，我早早地来到教室，同学们也早早地坐在教室里等候着我这位远道而来的新老师。第一次以正式老师的身份站上讲台，心里真会有一些紧张感，真正上了讲台讲课才明白，正如那句话所说的，你知道不一定能讲出来；你能讲出来，学生不一定能听清楚；你能讲清楚，但不一定能够讲好。在真正踏上讲台的这一瞬间，我才感觉到了这一句话的准确性。俗话说："是骡子是马，得拉出去溜溜。"望着台下数十双充满渴望的眼睛，我还真是有些许紧张，幸好事先熟悉了所要经过的程序，并且经过了前一天刻苦的备课，内心便逐渐平静下来。自我介绍的开场白十分简略，因为我们得知学校的老师早已把情况通知给了同学们。于是，我们很快进入了第一板块"让我们做朋友"。我让班里的同学做自我介绍，内容包括：姓名、年龄、爱好、所在年级等。

经过"第一关"，课堂的气氛更加活跃、更加融洽了，同学们都争先恐后的发言，不知道是什么原因我还是显得有些怯场，但讲着讲着就消除了这种紧张感。我走下讲台，拉近与他们的距离，细细地观察着每一个可爱的面孔。初次看到他们，第一感觉是农村的孩子好淳朴，一切的事物对我来说是陌生的，而我的一切对于他们来说也都是新鲜的。班上孩子男生多，女生少；瘦子多，胖子少；视力正常的多，戴眼镜的少；手上有严重冻疮痕迹的多（估计他们在冬天要干比较多的活），手部正常的少；身上不干净的多，干干净净的少；有兄弟姐妹的多，独生子女的少。不过孩子们大多谦和有礼貌，少数孩子会木讷地盯着你。虽然我们现在更多地是在说师生的平等和"以学生为中心"，但这种"师道尊严"的优越感已经很久没有体会到了。

不过，在你享受这种感觉时，很快就会发现农村孩子和城市孩子的一个巨大差别，他们的知识面和思考能力差的太多，课堂上的反复引导往往像往干涸的土地里栽插秧苗，费力太多却没有收获。巨大的反差只能让我将课堂的难度降之又降。我问过学生，他们以前的政治课老师是怎么上课的？学生告诉我，老师将书上出现的问题和答案都抄在黑板上，学生照原样在作业本上抄写一遍，课就算上过了；有时候甚至是在课本上画出一些重要的句子，作业就是随便摘抄一些东西并写在一张作业纸就可以了，这门课就算通过了，政治课在他们的思想中根本就没有背诵的概念。在此，我并非指责老师的不负责任，更无意嘲笑老师的教学水平落后。

日常生活

这里的生活条件比来之前想象中的还要艰苦。有一部分路远的学生在学校寄宿，他们在学校食堂一日三餐吃的都是馒头夹土豆条，而土豆从来都是不削皮的，最多会有一顿饸饹面或者旋面，面里几乎找不到菜叶，偶尔还能吃上顿大米饭。看到这些，为了使自己能尽快地适应这里的生活，尽快把刚到这里的负面情绪调整过来，我决定还是自己动手丰衣足食。那时候，我每天都数着日子过，发誓再也不会到这鬼地方来了，赶紧回到天堂般美丽的西农校园。

人的感情有时候就是那么捉摸不透，渐渐地，我和学生之间有了深厚的感情，每每有负面情绪产生的时候我就会想到我那个贫困的小山村，一双双山泉般澄澈的眼睛，想到我的可爱的学生还要忍受没有老师的煎熬时，我就想马上冲破阻隔，一下子飞到学校，飞到孩子们身边！

出乎我的意料，刘家洼的冬天很冷，没有暖气不会烧炉子，只有一个不太管事的空调撑了大半个冬季。每天只有中午三个小时有自来水，我要站在风里把两顿饭的碗都洗了，还要把一整天要用的水都接够并提回屋子里存着。即使再冷的天也走一段路去上那四处吹风的厕所，所以我晚上不敢多喝水，因为厕所距宿舍比较远，出去一趟得了感冒就得不偿失了。在这里，洗澡成了奢望，当别人每周末都在休息的时候，我们却要坐一个小时的班车到县里洗澡……

在这恶劣的环境中，我知道只有加倍细心备课、努力教学，才能缓解心头的孤寂。我依然乐呵呵地去做每一顿饭，我要用自己的辛勤汗水来浇灌这片贫瘠的土地，用我的知识和青春来使她变得健康美丽。我不抱怨这样苦行僧式的生活，倒要感谢它。因为它磨砺了我的意志，使我懂得了坚持。我渐渐地明白有人说的：人生就像一场旅行，不要只在乎目的地，还要关注沿途的风景和心情。而在这沿途之中，出现一些意外的风景，能够丰富人生的旅程。

我总是在考虑，22 年来，我的生活似乎一帆风顺，没有吃过苦，日子就这样平平淡淡地过去了。人生天地之间，各有各的情趣。为事业而来，为幸福而来。自己的事业是什么，怎么样能得到幸福？每个人都有自己的见解。我认为：有爱心换来他人的幸福，这是最大的事业。安安静静地到来，将生命激情传递给别人，看到他们幸福的笑，他们幸福我也快乐，然后安静地走开。

生活点滴

从我刚开始到来的时候学生对我的新鲜感，到后来学生们对我的肯定与喜爱，这在平时生活中的一点一滴中都能感受到。

最开始因为害羞不好意思直接和我讲话，开学头几天就有学生用在作业本中用夹小纸条的方法悄悄问我 QQ 号码。时常我也会在他们的作业后面附上一些鼓励的话，让他们多感受一些来自老师的关心和帮助。农村的体育课向来都是自由活动，男生可以打打篮球，而许多不爱运动的女生就坐在阴凉处聊天，有一次，我被他们邀请一起上体育课，鉴于操场环境和体育器材的局限性，我教他们跳大绳。这是我小时候经常玩的游戏，而他们连见都没有见过。那一节课他们玩得特别开心，我也第一次感受到孩子们多么需要见识更多的世面，多么需要走出村子了解一下外面的世界。虽然这所乡村中学只有六个班、200 多名学生，但是学校偶尔也会为了丰富一下学生们的生活组织一些活动，比如篮球比赛、安全知识演讲比赛、队列队形比赛等，而作为年轻教师的我每次必要作为评委参与其中。与此同时，我也担负起了拍照任务，我想把这些记录他们学校生活的相片洗出来，最后在临走之前送给他们。九年级的两个班每天都会有一节政治课，所以每天在上课前我先做的不是讲述知识传授课本上的知识点，而是头一天我会上网浏览一些重要的国际国内重要新闻，收集下来做成 PPT，第二天讲给他们听。渐渐地我发现，在一堂课 45 分钟时间里，前十分钟讲新闻的时间是他们最感兴趣、听得最认真的。可以看得出，因为各种条件的限制，开阔眼界、了解外面世界是这个年龄的孩子们所最需要的，而我们能做的，就是在这一年的教书过程中，让他们更多地聆听外面的声音。

当然，在这一年的支教过程中，也有一些让人很苦恼的事情。面对班上不学习却扰乱别人的学生，刚开始我也会对他们进行悉心的教育，但有时候成效却不显著，后来只有在班主任老师的帮助下，他们会写下"保证书"向我保证以后好好上课。这一年中最快乐的一天当数2013年12月24日。这是西方人的平安夜，而这里除了学校，街上的一切都很平静，安静的村庄似乎只有在每个月集会的时候才会变得热闹起来。学校给了七八年级一下午的联欢时间，由于九年级要中考，只得继续上课。那天下午，我被邀请到了七年级参加他们的联欢会，因为和他们的接触也只是每周的一节音乐课，但是在此之前这些孩子还从来都没有真正地上过一节音乐课，而我会给他们放一些有意义的电影，教他们唱好多好听的歌，自然而然受到了他们的喜爱。在那天的联欢会上，这群孩子们唱着我教给他们的歌曲，那是我第一次有了作为一名老师的自豪感。后来就在平安夜的那天晚上，我收到了这20多年来最多的一次苹果，同学们的这种热情把我深深地感动到了。在我的印象里，刘家洼是几乎没有植被覆盖的地方，平时枯树黄土见得不耐烦了，偶然一天学生送来的几枝新开的杏花让我倍加珍惜，每天送来的一两枝杏花都被我养在了水瓶里，尽可能的维持它们的花期，保存住嫩白的花瓣。

一年里，生活中让我感动、让我一辈子铭记的事情太多太多，就是在这样一个小村庄里，我感受到了城市里从来体会不到的那种珍贵。

感悟教师

做教师真辛苦，有的学生你连教了他十几遍的东西还犯同样的错误，有时他问出来的问题你只有无奈地笑。每当这个时候，我气得真想当时就把书丢下，走出教室，永不回来。然而，此时心里面却有另一个声音告诉自己：一定要沉住气，要保持良好的心态，"十年树木，百年树人"，做每件事情都必须有耐心，注意以自己的行动影响身边的学生，带动周围的人。我深刻地体会到，以前我的许多老师的苦心，"春蚕到死丝方尽，蜡炬成灰泪始干"，他们于默默无闻中，饱含着的是无尽的心血和无尽的付出。然而做老师又是幸福的，当学生在路上遇到我们时，一声声甜甜的"老师您好！"让人心神荡漾；当我在水管边挑水的时候，学生们会争先恐后地帮忙提水；在我们刚来的时候，学生们会从家里拿来自家种的苹果、辣椒。几许激动，几许感慨，更多的是缘于学生们的那份淡淡的亲切与尊敬。与这美妙的时刻相比，此前所经历的煎熬，所有的一切，都显得那么微不足道。这就是幸福，老师在无尽的付出的同时，也获得了无尽的回报。

在刘家洼支教的一年可能是我今生唯一一次去体会教师生活，一年的时间，在自己的一生中这仅仅是很小很小的一个插曲，但是我会永远地记着这段光阴，因为我终于明白了教育的真谛。或许在这里的一年，我没有能够使学生的成绩提高多少，但是我要为农村里的孩子们打开一扇文明的窗口，引导他们树立远大的理想，教会他们如何学习，如何面对自己的人生，如何对待他身边的人和事，如何做个大写的人，并尽可能地帮助他们解决一些实际困难。现在再仔细想，我为这里的教育事业奉献了我的力量，虽然这些都是微不足道的，但是我拥有了最宝贵的东西——孩子们对我真挚的感情。我可以很肯定地说，我是孩子们最亲切的朋友。现在我领略到做教师的幸福，教师这个职业是一个既平凡又伟大的职业。平凡，是因为他做了很多琐碎甚至不值得一提的小事；伟大，是因为他铸就了人的灵魂、乃至影响人的一生。这一年，我做了这样的人，所以我会很自豪地告诉我身边所有的朋友，我不仅是一个平凡的人，而且我曾经做过世界上最伟大的人。

结　语

渐渐地，我爱上了支教。这里的孩子有着纯真、无邪的笑脸，有时他们拉着你的手，听你讲大学里的新鲜事；有时他们会害羞地叫你一声"姐"，然后笑着跑开；有时，他们会在你的桌上放一颗糖和一张纸条，语言虽然很简单，读着却有一种莫名的欣慰。

每一年，同样的激情，一样的程序，重复的感动，但是，不同的一群人，不一样的孩子，无法复制而记忆在更多经历过的人身上，并悄悄地影响着部分人的生活轨迹。关注西部发展，奉献公益事业是当代大学生的历史使命。"到西部去，到祖国最需要的地方去！"这是志愿者的歌曲，也是我发自内心的呐喊。回顾这一年的支教生活，感受良多，能够赢得学生的喜爱，收到同事的好评，得到学校的肯定，对于我来说，真是莫大的安慰。在经历中思考，在思考中成长，在成长中前进，用一年不长的时间做一生难忘的事情。

最后，真心祝愿我的学生们拥有美好的明天！

陈星辰（前排左一）

作者简介

陈星辰 西北农林科技大学第十六届研究生支教团团长。曾服务于澄城县赵庄镇初级中学，担任初二年级 1 班和 2 班语文教学工作。

难忘三尺讲台

陈星辰

有你们的每一个清晨，都那样充实、幸福、刻骨。

难忘三尺讲台，有你们的每一个清晨，我都会铭记一生。

不知从什么时候起，我习惯了早起，清晨五点半楼上学生起床的脚步声成了最准时的闹钟。在那隆冬时节，每每要钻出温暖的被窝是一件多么需要勇气的事。可这脚步声却真真地在这头顶盘旋，是学生起床穿鞋的声音，是打水洗脸的声音，是刷牙的声音，是学生拿书本的声音，楼上学生的一举一动在这漆黑宁静的五点半，听的是那样真切、清晰，好像眼睛已穿过楼板看到他们忙碌的身影。

我每天六点去到教室门口，第一件事儿就是把书放到讲桌上，然后大步迈上这属于我的三尺讲台。站在讲台的一角，看看睡眼惺忪的学生们，我大喊一句："把书拿起来，挺直腰杆，睁大眼睛！早读开始！"然后，我大声地领读起来。我生怕自己的声音不够大，不能把他们从睡梦中唤醒。

伴着朗朗书声，远处地平线慢慢泛起了金黄，紧接着半边天空都被染成了橘红色。这时，我站在顶楼这三尺讲台上，就可以欣赏到赵庄镇最美丽的日出。一天之计在于晨。迎着太阳升起的方向，伴着和谐悦耳的读书声，新一天的工作开始了。

晨读、早读一直会持续到8点半，接着是两节语文课。

每天我站在这三尺讲台上，述说着书中的故事，谈谈生活的琐事，聊一聊校园新闻，讲着国家大事，我来回地走，把不长的讲台走了不知道多少遍，一个转身回来，又一个转身回去。沐浴着清晨的阳光，我已经慢慢适应了这讲台生活，渐渐发觉自己的嘴巴越来越好用，手势越来越丰富，还能偶尔发挥，享受着大家从我不大的脑容量里，尽情摄取的快感。渐渐地我也开始思考我和他们没有什么不同。我比孩子们所多拥有的东西，不过是几年的阅历罢了，当然还有我站的是一块讲台——一块时刻告诉我自己身份和使命的讲台。

三尺讲台，虽然地方不大，但是要做的事儿非常多，而且还非常重要。我们能够给学生什么，能够让他们学会并且为己所用？这是我们在这块只属于老师的狭小地带要思考的问题，但这个问题呢，关乎家庭，关乎社会，关乎国家，关乎明天和未来，一点也不小，大到不能再大。天下所有老师每日总得来回踱步，不断转头，再转头，但不会放弃，一直在执着地探寻着。有成功，有失败，有气馁，但下一刻，我们又要继续迈上去，笃定地迈上去，微笑着信心百倍地面对学生，这是身为老师的责任，是这三尺讲台的魔力。

转瞬之间，白驹过隙，从日出到日落，从夕阳余晖到星光灿烂；从秋到冬，又由春至夏，我天天站在这三尺讲台上，看花开花落，云卷云舒，看时间流逝、四季更迭，期待孩子们成长，等待梦想的实现。

我喜欢那个不大的地方，喜欢看大家注视着我，喜欢他们有所收获时微微地点头，甚至喜欢粉笔被我用力写字而断裂的声音。

牛雅杰（第三排左六）

作 者 简 介

牛雅杰 女，山东定陶人，中共党员，2014 年 7 月毕业于西
北农林科技大学食品科学与工程学院。2014 年 8 月
至 2015 年 7 月参加第十六届研究生支教团项目，服
务于陕西省丹凤竹林关小学、竹林关镇中心小学。

支教回忆：中国梦，竹林情

牛雅杰

2015 年的暑假，我只身从家乡内蒙古由汽车倒火车、再倒汽车，穿梭过一条又一条的隧道，踏上那片绿油油的土地——陕西省丹凤县竹林关镇。而现在，我已然坐在我的母校——西北农林科技大学这明亮的教室中。望着窗外的夕阳，我脑海中浮现出一幅与孩子们在操场上踢球的欢乐景象。过往的匆匆岁月让我现在回想连翩。

每个人都有梦想在第十六届研究生支教团面试时，母校的马书记问我："你一个内蒙人，为什么要选择去陕西支教？"当时，我说："作为一名在陕西高校经历了四年高等教育的共产党员，有责任也有义务为这片土地作出一些力所能及的事情。而就是现在，党和国家需要我们这样的 90 后到西部去、到基层去、到人民最需要的地方去挥洒汗水，奉献青春。于是，我就来了。用一年不长的时间，奉献自己最宝贵的青春，做一件对社会有深远意义的事，这就是我的社会主义核心价值观。"

2014 年 8 月 31 日，带着一名志愿者的满腔热血和对志愿生活的无限憧憬，我和我的三名队友来到了陕西省丹凤县竹林关镇——这个桃花盛开的地方。季羡林老人曾说："人生的意义与价值恐怕就在于对人类发展的承上启下、承前启后的责任感。"我一贯认为，作为一名人民教师，就是一辈子在为教育事业奉献，对祖国的花朵和七八点钟的太阳进行栽培和哺育，这就是最光辉而值得推崇的事业。而我就是要为这项伟大的事业添砖加瓦，其前景将一片光明且顺利。

可是，一切并没有我想象得那么唯美。每一个上班族最渴望的应该就是双休日吧？辛苦工作了五天，周末能够好好放轻松。但是我却相反。每到周末，校园只剩我和值班人员，其他老师（包括舍友）都回家了。于是，孤独感和寂寞感便油然而生，曾经有两次在睡梦中醒来，我的泪水已经打湿了枕巾。那个时候，我是多么盼望周一的到来，就像一个嗷嗷待哺的孩子渴求着母乳一般。后来，当学生们知道我的情况后，周末时，他们就轮流来学校陪我打球，给我讲故事……那一刻，好像他们就是我的老师，而我却像是一个还没长大的娃。

10月，像黄灯笼一般的果子挂满枝头，而从小生活在内蒙古的我是从来没有见过这般场景的。在与学生们的嬉笑中我才得知，这可是当地的一大特产——柿子啊！一天，我正在操场与学生们游戏，一个气喘吁吁的声音从后方传来："老师，柿子！"他跑到我面前，双手捧上一个沉甸甸的柿子，左右两个裤兜还流着黄色的汤汁。原来，因为他跑得太快，所以使得兜里的柿子早已面目全非。我说："老师吃一个，剩下的两个谁吃？"很多人纷纷来抢。这时，又有一个娃跳起来说："你们都没吃过柿子吗？老师家里没有，谁都不许吃，谁吃就是跟我过不去！"那一刻，我的眼泪唰地就流了下来。

到了竹林关镇中心小学，我担任全校的音乐教师。一周24节课，平均每天四五节课，而我从来都不用记课程表。因为每节课之前都会有好几群孩子来到我面前说："老师，下节是我们班的课。""老师，我们班下节是音乐课。""老师，我们班多媒体已经打开了"……而我走到教室门口时，每每看到的都是一张张喜悦的脸它们就那样朝外望着，盼望着……

在来支教之前，我们自己以为是太阳，可以普照大地；但当我们真正踏上这片土地的时候才知道，自己只是一根小小的火柴，发出的光和热，只有那么一会儿，微不足道、渺乎小哉。我能做的其实不多，但是我会秉承徐本禹老师说的："我愿做一滴水，我知道我很微小，当爱的阳光照射到我身上的时候，我愿毫不保留地反射给别人。"

一年丹凤行，一生竹林情。选择支教，并不是青春的一时冲动，更不是一场说走就走的旅行，而是不掺杂任何功利的因素和利益考量，这就是一个纯粹的关于青春奉献严肃而重要的决定。今后，如果有人问我："一生中最值得回味的是什么？"我会自豪地说："我，是一名志愿者！"也许会有人笑我们傻，可我们无偿地奉献，又何尝不是收获呢？奉献西部是当代大学生的义务，也是我们应该担承的社会责任，是建设和谐社会的重要力量源泉。

路在脚下延伸，而我刚刚起步。

作 者 简 介

韩峰　男，蒙古族，辽宁阜新人，中共党员。西北农林科技大
学水土保持与荒漠化防治专业环境工程硕士，曾服务于
陕西省丹凤县竹林关中学，现任竹林关中学教师。

回 忆

韩 峰

2014 年 8 月，作为西北农林科技大学第十六届研究生支教团的成员，我和小伙伴们带着激动同时还有一些紧张的心情到达陕西省商洛市丹凤县竹林关镇，开展我们梦寐以求的志愿工作。初到这里，我们首先被这里美丽的山水所吸引，仿佛一切都是那么的有灵气、有生机，不得不说，心里是暗暗窃喜的，因为想象中的支教生活会是一片荒芜。

我和被分到了竹林关中学，与两位女生的竹林关小学只有一墙之隔。当天晚上，在一起吃饭时，我们励志这一年要把我们的志愿工作做得完美、不留遗憾。就这样"战友"情谊陪伴我们整整一年，直至现在，甚至将来。隐约地看到牛雅杰眼角的泪水，女生毕竟是女生，踏入陌生的地方，听着陌生的语言，做着陌生的事情，难免会难过。

记得当晚下起了小雨，在收拾那个四壁斑驳的宿舍时，看到老师们都走进了会议室，我出于好奇也跟了进去。本想着作为志愿者会带着主角光环般地等待校长直接下达工作任务，可在会议上居然听到了我的名字，询问了旁边的老师，老师回答说："恭喜你，今年的工作是高一年级班主任，高一年级数学教师，学校的团委干事。""没有搞错吧，整个高一都要我带？作为一个'菜鸟'，要带班主任？数学是有多难你不知道吗？""没有搞错啊，高一就一个班都归你，高一的班主任确实没人敢接手，至于数学，学校数学老师比较紧张，这才能发挥你的光和热！而且你不就是韩峰吗？"我听了，总是觉得哪里怪怪的。

就这样，赶鸭子上架般开始了新学期的第一天，这一天下着暴雨。

清晨五点就醒了，默默地准备着见到学生要说的话，慎重地思考着我该穿哪件衣服。一切都是徒然，第一天是报名收费，没有机会能与学生正面交锋，因为下暴雨，所以穿的哪一件都是"落汤鸡"的效果。我坐在班级门口收费，学生们稀稀落落地来报名，我会趁机在他们还有家长面前树立威信，因为我将会是你们的班主任。可事与愿违，在与学生们的交锋中，我深深地感到自己被"调戏"。这一天我终于知道了为什么没有老师愿意接手高一班主任这个职位了。原来竹中的高中是中考后成绩很差的学生才会选择的地方，听说 2015 年的高一学生在学校翻云覆雨，着实让人头痛。

为了树立强大的威信，正式开学的那个夜晚，开班会，选举班干部，让他们替老师分忧解难。第一件事当然是自我介绍了，这是任何大小会议的惯例。没想到第一次组织任务就是艰难的，班级 42 名学生没有任何一个能站起来大方地介绍自己，要么就是说了一句"我不会说"就坐下了，要么就是不看你的眼睛傻站着，甚至连名字都不愿意和我透露。从后来的接触中我知道，不是他们不给新老师面子，而是因为他们实在是太羞涩。就这样，从仅存的几个能与我眼神交流的学生中，选择了班长、支书和各种委员。事实证明，我还是很有看人天赋的，在今后的日子里，他们给了我很大的帮助，是我的小团队、我的"小棉袄"。

第一堂高中数学课至今难忘，哆哆嗦嗦的我就像一个病入膏肓的病人，尽管前一天晚上备课到凌晨一点。他们很认真地在学，与其他老师向我说的他们是一群不爱学习的孩子完全不是一回事。他们的眼睛是透彻的，虽然没有踊跃的发言，没有一点即透的反应，但他们真的是在努力地学。我能感受到他们面对数学的痛苦，初中数学在他们的眼里都像天书一般，更何况是高中这样的等级。第三堂课后我就改变了自己的策略，课本上的知识点着重讲解，例题都会挑选一些相对简单的作为示范，同时加大加大加大作业量，天赋上的不够，只能通过努力来弥补了，不要怪老师"狠心"。但他们中也不乏天资聪颖的，刘益——我的数学课代表，对数学的理解很有独到的一面，他热情高涨、精力充沛。

崇桥——班级每次考试都是前三名的我的副班长。虽然她最头疼数学，可她总是能跟上我的思路，不会的也能及时请教，其他学生玩的时候，总是能见到她默默地钻研，不得不说，只有把学习当作乐趣的人才能在学习生涯中走得长远。

他们很善良，和其他老师们说的情况而留给我的坏印象完全不一样。他们有礼貌，活泼开朗，课余时间总有那几个"淘气包"为了讨我欢心去给我打水；他们很独立，因为他们大部分人都是"留守儿童"，生活上都要自理自立。曹建同学的衣服破了一个大洞，自己缝补得很好，他用针的技术明显不知高我几倍；他们很积极，我们相处融洽后，他们很愿意和你谈心，他们最喜欢的"节目"就是课余时间我给他们讲讲外面的世界。同样，他们的成绩还是很糟糕，底子薄弱导致信心受挫，但半年之后的期末考试，破天荒地给了我一个平均分85分，这是竹中高中历史上最好的成绩啦！

俗话说，欢乐的时光总是过得那么快。一学期过后，面临的最大问题就是辍学。可能是惯例吧，所有高中年级每每经过一个学期就会有若干学生选择出去打工，选择一条能为家里赚钱和养活自己的路，高一年级更是如此。命运给他们的路很艰难，到底怎么走才是明智的，谁也说不好，上学就一定会有出人头地的一天么？打工一定是走下坡路的开始么？我说不上来。可我依旧想他们能再享受几年学生生活。我记得寒假里我一个个地给他们打电话，起初一半的学生都不想再读书了，甚至有些家里已经给他们找好了"工作"，但我软硬兼施，还是有不少的学生能够回心转意。尽管如此，我们这个"大家庭"还是从42名成员减少为33名，有的学生去了西藏，有的学生去了西安。愿一切安好吧！

一年的志愿工作很开心，很幸福，工作和业余生活均不耽误。停电夜的唱歌比赛温暖人心，羽毛球队的教练让我拿到县级最佳教练，篮球场上的所向披靡成为万众瞩目，家访后的辛酸，彩虹课堂团队精彩的汇报，桃花盛开的季节全班春游享受美景，与"淘气包"们在金丝峡景区逃票历险记，临走那晚丹江旁的烧烤一个个红彤彤的眼睛，永远的国际高一班，一切的一切都令我终身难忘。

同样还认识了很多很多好朋友：小河、梁艳、磊哥、晶姐，还有马上就有小宝宝的姗哥，感谢你们这一年对我的照顾和关怀，蹭饭的日子虽然没有了，但你们做饭的手艺实在是让我充满了回去的动力。

好多好多的风景都历历在目：桃花谷的桃花，桃花山的桃仙，丹江银花河的秀美，古镇上的人情……我想每一个人都会有一段这样的时光吧，那一段时光是付出了很多努力，忍受孤独和寂寞，不抱怨不诉苦，享受自然，感性生活，每每说起这段时光的时候，就会想起自己仍然会被感动的日子。真的，一杯白酒，一支烟，一个自己在想从前。

感谢母校能给予我这样一个机会，去之前永远不会想到回来的时候会有那么多的收获，激情不减，热情不灭。同时也希望更多的人能加入到志愿工作中来，他们需要我们，我们也需要他们。最后祝愿学生们早日成人、成才。竹林关的人们，保重。

昨天班里的一个娃给我发微信："老班，这次考试数学考砸了，但我会更加努力！你还记得给我们说的那句话么？""当然记得！""每个整装待发的重新开始都在这年少的岁月里为时不晚。"共勉吧！

李桃欢（后排左二）

作者简介

李桃欢　女，汉，陕西安康人，中共党员。2014年7月毕业于西北农林科技大学动物科学专业，2014年8月至2015年7月参加第十六届研究生支教团项目，曾服务于陕西省澄城县冯原镇中学。

支教时光　永生难忘

李桃欢

在这个阳光灿烂的午后，光线透过玻璃窗暖暖地洒在桌上，突然想起粉笔、讲台、教案、铃声；欢笑声、打闹声、篮球声、讨论声……支教生活的方方面面，教室上课的分分秒秒，孩子老师的点点滴滴，竟使我无法安静地享受这午后暖暖的阳光，有些不知所措，心里深深的思念。

还记得2014年国庆节放假，我从西安回到学校迫不及待做的第一件事就是去宿舍看我那群并不太听话却可爱的学生，明明只有七天的分别，恍如隔了很久很久，可是见到他们，我却连一句"想你们了"都说不出来，最后只能以"天凉了，晚上打热水泡泡脚再睡"了事。

同样记得，第一次月考成绩出来后，大家脸上的不安，那节试卷讲评课我也是忐忑不安，那是初为人师的不安。我为我教学经验不足而向孩子们弯腰说："I'm sorry"时，孩子们流着泪对我说："We will try our best to learn English"，那节课是我这一生上的最生动的一课，我和孩子们从此相互信任，一起努力，共同成长，不断进步。

忘不了，期中考试大家都有所进步，想要给进步的孩子一点奖品奖励，问他们有没有特别想要的东西，孩子们却异口同声地说："一根棒棒糖就好了。"这是多么淳朴的一群孩子啊！也许他们在有些老师或者家长眼里并不是好学生，但是他们是一群善良的孩子。

他们是会在作业本上写下："老师你感冒好些了吗？"会在周末带我熟悉这里风土人情，会在感恩节的时候和我去敬老院陪老人，会为了想知道我生日而缠着我，会因我在他们生日时送的一张小小的祝福卡片而感动，会因一根棒棒糖而笑靥如花，会在平安夜给我分苹果吃的孩子。

就是这样的一群孩子，使我心疼，使我愿意忘了我自己，在这短短一年里把自己最美好的东西给他们。徐志摩说："一生至少该有一次，为了某个人而忘了自己，不求有结果，不求同行，不求曾经拥有，甚至不求你爱我，只求在我最美的年华里，遇见你。"都说这是写爱情的，今天我把它用在我现在的情愫又何尝不可呢，我这一生至少有这一次，是为了那群孩子们而忘了自己，不求有结果，不求同行，甚至不求他们记住喜欢我这个老师，只为在我最美、最纯粹的年华里和孩子们相遇，度过快乐的一年。

离开的时候学生去邻镇中考，本想就这样悄悄地离开，最终还是没忍住，走前的前一天去看了他们，和他们在餐厅一起吃了晚饭，怕影响他们的心情，终是没和他们道别。离别的场面大多相同，只是什么样的心情大约只有自己知道了。我想经过这段日子，每个人的心里都该是多了些什么的吧。大抵我是个有点迟钝的人，直到车子远离了冯原，我才意识到我已经离开了这种生活。

这一年是我在这么短的时光里获得最多东西的日子，得到了一群学生，认识了一群朋友，过了一段山中生活。虽然最终的结果是，老师要离开，朋友们各奔前程，又要回到城市。可是好歹经历过了，笑了、疯了、感动了、哭了，那也没有白走这段路。

这段时光并不算长，可若是细数这些回忆也真的不算短。我不是个很会煽情的人，在回忆这些时光的时候能留下的也只有祈愿。愿山里那些亲爱的孩子们依旧可以拥有艳阳高照的明日，而愿我亲爱的队友们前路无忧，前程似锦。最后，我想说："孩子们，我想你们了！"

任艳（右一）

作者简介

任艳 女，汉，陕西商洛人，中共党员，2014年7月毕业于
西北农林科技大学资环学院。2014年8月至2015年7
月参加第十六届研究生支教团，曾服务于陕西省丹凤县
竹林关小学。

一载支教路，一生支教情

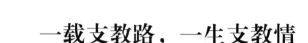

任　艳

时至今日，距离我完成支教工作已经 9 个月了，每每听到十七届支教团的师弟师妹们从服务地传来的消息，我都会备感亲切和感动，他们的消息总是能让我倍加牵挂我的那一班学生、那一所学校、那一方土地！

大学生活的丰富多彩与支教生活的枯燥单调形成的反差是巨大的，刚到支教服务地，我对生活不适应，工作不适应，心理更加不适应。面前的桌子从课桌变成讲台，从坐着到站着，从当学生当到老师，从被管理、被服务到管理学生、为学生服务。角色的转变、工作的压力、不时出现的棘手问题，都令刚刚走上支教岗位的我几乎每天都处在崩溃的边缘，甚至不时有放弃的念头冒出来。然而不管我批改作业到多晚，队友总是会陪在我身边，用她豪放的嗓音将我带到她的家乡——美丽的内蒙古草原，将我一天的疲惫驱散。在班级管理中也遇到一些困难，同事们都纷纷热情地为我出谋划策，主动给我介绍班级同学的家庭状况，帮我分析原因，解决问题。学生们也都非常喜欢我这个来自农林院校的支教老师，他们总是拉着我说个没玩没了，总是仰着头一脸崇拜地让我给他们介绍我的大学校园是什么样子？学校里的真的有外国人吗？大学中真的可以喜欢什么就学什么吗？一个个幼稚的问题、一张张天真的笑脸总是让我在遇到困难的时候给我无尽的力量，让我在支教的路上充满斗志。

还记得 2015 年 3 月，我和牛老师带着同学们去学校的后山踏青，也就是我学生眼中的"上山"，当我用植物学知识给同学们解释满山遍野的桃花是如何从萌发到绽放，如何从一朵朵娇弱的小花生长成一个个味道鲜美的桃子时，孩子们眼情中闪现出的光芒，竟然让山头的阳光都变得黯然。我们带着同学们捡拾山里的垃圾，孩子们看到被扔在沟底的垃圾时，那愤怒的小眼神，以及"如果让我抓到就让他捡完满山垃圾"的豪言壮语，我仿佛看到了一个未来的环保主义者站在国际会议的讲坛上向全世界发出的保护环境的呼吁！我不由地哼唱起了这样一首歌："每种色彩都应该盛开，别让阳光背后只剩下黑白，每一个人都有权利期待爱放在手心，跟我来，这是最好的未来，我们用爱铸造完美现在，千万溪流汇聚成大海，每朵浪花一样澎湃，每个梦想都值得灌溉……"

支教工作虽然已经结束了，但是支教的经历却会陪伴一生，支教中点点滴滴都会是我人生的一笔伟大的财富，也将感动我一生！

那些旧时光

任 艳

恍然间，离开你们又一年。春夏冬秋，偷偷转了一个圈，突然发现，遗失了一些时间。在记忆里，曾经熟悉的画面，是不是，一如从前。

——题记

2014 年 8 月 25 日，那年、那天仿佛只是昨天。我们拉着大包小包，汗流浃背地穿梭在火车、公交、地铁、大巴车上，终于在日落前赶上了去刘家洼的末班车。坐在车上，吹着小风，欣赏着路边两旁的农作物，瞬间觉得在这里生活一年还是挺惬意的。终于来到了刘家洼的街上，看到好多商店，虽然不像大超市那样应有尽有，但我需要的已经足够了，来之前放得特别低的心理底线来到这里后竟然得到了提升，我想还是挺满意的。当司机师傅得知我是支教老师时，还把我亲自送到学校校门口（如果自己步行可能要走 20 分钟），初来乍到，我已经被朴实的师傅所感动。

来到学校，门卫大爷把学校的设施情况给我介绍了一遍，副校长给我买了一些简单的生活用品，住的地方也就是我们办公的地方，对于板凳上支着木板的床，因为学姐有介绍，所以反而觉得习以为常了。经过简单的打扫和布置，小屋也感觉温馨了起来，第一晚我美美地睡了一觉。第一周是教师培训，除了白天和其他老师一起学习，剩下的时间我就去熟悉这里的一切。从来没有做过饭的我竟然也要开始尝试了。怎么也想象不到以前拿着铲子炒菜都怕把油溅到手上烫伤自己，竟然做的第一顿烧茄子也是很成功的。我笑着和朋友开玩笑说："你所欠自己的终有一天会偿还。"通过一周的共同学习和其他老师也熟络起来，渐渐地对这个陌生的地方也感到了几分亲切。

开学篇

队长和其他队员时不时地问候，以及开学前另一个队友的到来，使我更加懂得，我不是一个人在战斗，我还有他们。我带的是八年级二班的班主任、八年级的物理课、八年级和七年级的计算机课。得知消息后，我的第一反应是我能带了吗？会不会误人子弟，而这可如杀人父兄啊！可是我知道别无选择，只能像个超人一样开启战斗模式。在经过一整天的报到、收作业、开会、发书，我已经摸清了工作节奏，在孩子面前，我竟然也可以和我小时候崇拜的老师一样"扬眉吐气"起来。新奇与斗志结合，我竟然忘了一天还没有吃饭，这就是传说中的废寝忘食吧！看到作息时间表上的起床时间是5点30分，我没有抱怨，反而觉得正好督促我早起。

日常篇

带班主任真的很累，感觉有开不完的会，操不完的心，我知道这就是责任。看着学生们在英语方面的缺失，我利用班主任职务之便，在自习课时天天给他们讲一篇英语阅读。在教学授课中我也逐渐摸索着方法，最让我感动的是期中考试前的复习，晚自习下了，孩子们说他们不想下课，还想继续抢答我出的题目。看着他们对知识的渴望，我知道他们虽然是农村的孩子，可能在硬件设施方面比不上城市里的孩子，但在教育面前，人人平等，我想竭尽全力把我所拥有的、掌握的都传授给他们。当然，期中考试，孩子们也对我的付出给予了大大的回报，八年级的物理课考试的及格率和优秀率均达到全校第一，比其他年级其他科目都要高。我们都知道，努力终会有回报！我已答应孩子们如果考试取得好成绩就都会得到奖励。当我问一个小姑娘想要什么时，她告诉我只想和我拍张照，简单而不能再简单的要求，对，这就是她们质朴的愿望。

从周一到周末，从来都不会觉得冷清。因为房子里挤满了学生，他们带着作业，不会的可以随时问我。等他们写完作业，我们一起玩耍：打沙包、踢毽子、跳皮筋，瞬间觉得自己也还年轻！有的时候我们还会一起做饭，孩子们教我们怎么做麻食。通过和孩子们切磋，我们都觉得自己的厨艺还不如这些小孩子，有待提高啊！有一次，我和孩子们打完篮球，娃娃们给我买了一罐健力宝，我得知那是用他们的零花钱买的，我心里真是又愧疚又感动，只希望我能带给他们更多！

我和孩子们一起看电影，一起过平安夜、圣诞节，我收到了很多苹果以及他们亲手制作的卡片，享受着这美好的一切。寒假时，不时收到学生的问候，总会有"老师，什么时候来，我们想念你"，每当看到这里，我就盼望着假期早点结束，早日见到我的娃娃们！

在我的记忆里，那里停水停电时有发生。为了防止没水的窘境，我们自备大水桶，天天去挑水用来储备；打开抽屉，里面最多的是蜡烛，因为这些经历反而让我们有了不一样的体验。房子里因为潮湿常常会有各种奇形怪状的虫子，以前在学校宿舍看到虫子的第一反应是我赶紧跑到我的蚊帐里，而如今看到虫子的第一反应是我赶紧拍死它。因为不处理这些虫子，我们身体总会莫名其妙地起一些疙瘩。我相信这些只有经历过的人才会拥有。虽然日子苦，但我们还是坚持过来了。

努力想把日常的点点滴滴都记录下来，我知道这些美好的回忆只会让我藏在心底，多年以后回想起来我会因为这些我生命中出现的孩子们而感到温暖和满足！

回忆篇

在回来的半年多的日子里，时不时地会收到你们的 QQ 消息，空间留言、风在吹、心在飞、谁在掉眼泪、最想念的季节……老师想念你们。与其说青春年少的你们遇到了我，还不如说在我最美好的时光遇到了你们。这些日子我不在你们身边，你们好好学习了吗？还是又调皮了一点儿？长高了吗？还是又瘦了一点？你们亲手写给我的祝福，我时常会翻看。初三的你们要加把劲儿，中考提名时就是给我最大的安慰！

结束语

我把所有的照片又重新翻了一遍，一切都历历在目，用一年的时间做一辈子难忘的事情，真的很值得！我会因为这一年的经历而富有，熟悉了一座城，结识了和我一样默默奉献的志愿者，出现了丰富我生命的纯真质朴的孩子们。锻炼了自己，增长了阅历，从一个没受过特别大苦的妹子变成了如今下得了厨房、提得动水桶、拍得死奇大无比的虫子的"女汉子"。支教即将结束，志愿服务却从未停止。我会带着一颗感恩的心，感谢帮助我的，去帮助那些需要我帮助的。生活不是得到多少，而是在给予的同时体会付出的美好。

24岁，最好的自己留在最好的时光里，我来过，我哭过，我爱过，我活过！

作者简介

窦仲毅　男，汉，山东青岛人，中共党员。2014年7月毕业于西北农林科技大学水建学院，2014年8月至2015年7月参加第十六届研究生支教团，曾服务于陕西省丹凤县竹林关中学。

又是一年桃花烂漫时

窦仲毅

暖春，伴着时间的低吟，缓缓而来；残冬，随着沙漏的流失，默默而归。关中的三月，似乎还残留着寒冬的料峭，微冷，清寒。想必桃花谷的桃花都开了吧，粉红的花团，有的迎风出绽，有的含苞待放，那么娇嫩，那么水灵。仿佛，我现在已形成了一种习惯，晚上睡觉之前还要看看丹凤的天气如何，离开竹林关已经有九个月的时间了，孩子们经常问我："老师，什么时候回来看看我们?"我说："等竹林关的桃花开了，我们一起再爬桃花谷。"

2014 年 8 月 31 日，我和雅杰、韩峰一起踏上了陕南之旅，在此之前，虽然提前做了大量的"功课"，但第一次到竹林关、到竹林关中学，心里面落差还是很大的。由于没有开学，我们暂时被安排到了学生宿舍，这里没有水、没有电，窗台、地面都布满了灰尘、垃圾，心里感觉特别失落。后来，跟学校领导沟通，我们才住进了我们的"小家"。两张架子床、两个办公桌、两把办公椅、一个小破桌子，在学校里面这可算是"高配"了，后来我们给自己置办了电暖气，这才度过了没有暖气的寒冬。刚到竹林关中学，县里领导、学校领导对我们都非常关心，县教体局刘忠文主席亲自到宿舍看望我们，询问生活情况；团县委李娜书记多次打电话提醒我们在做好本职工作的同时一定注意自己的人身安全；学校后勤吕主任亲自为我们拉网线，送来生活用品，让我们用上了互联网……这些让我们在陌生的地方备感温暖，生活也渐渐地步入正规。

在全体教师大会上，听着不怎么懂的丹凤方言，我得知我所带的科目是初三毕业班的化学课、初二年级的信息技术课，以及全校多媒体的管理。虽说承担的责任很重，但我对自己还是非常有信心的。初为人师，自己对化学这门科目的教学方法并不是特别了解，所以其他班的每一节化学课我都会听听，看其他老师是如何上的，慢慢地，在借鉴和不断学习的基础之上，我有了自己的教学模式。校领导听完我的课后，在指出问题的同时也经常鼓励我："小伙子讲课讲得不错，可以培养成为教学能手。"第一次月考，我带的班级平均分、优秀率、及格率均位列年级第一，我自己也非常高兴。但时间长了，随着课程难度的提升，学生们对学习逐渐产生厌倦情绪，作业不做、上课睡觉等现象屡禁不止，我也十分苦恼。我尝试着课下多与学生接触、谈心，了解他们在化学学习过程中存在的困难，让他们写下课堂教学的改进建议和下次考试的目标；我还针对不同层次的同学制定了不同要求的作业，提高了他们对学习化学的信心；另外，我逐渐加大了作业的检查力度，上课严格要求。农村学生对于新鲜事物是非常好奇的，为了让大家在兴趣中学习，我在课堂上增加了实验环节和多媒体环节，把发生在外面的事情与化学知识结合在一起，同学们听得很认真，上课睡觉的人也少了，对于化学也产生了浓厚的兴趣。在教学过程中，硬碰硬是得不到好的结果的。我经常在他们的作业下面写下一些鼓励的话，让他们知道老师是时刻关注他们、关心他们的。结果，期中考试和月考，班级成绩继续保持优秀，不及格率也有所下降。

除了做好本职教学工作外，作为学校和团委下派的大学生，我们更应该肩负起少先队和共青团建设的重担，关心关爱青少年儿童。在县团委的指导和帮助下，我们丹凤小分队成立了"彩虹课堂"，从最初的家访到多种形式的关爱活动，我们也经历了磨炼，增长了阅历。给我印象最深的是一次以"感恩"为主题的班会，在给学生们播放父母对他们的寄语视频时，很多学生留下了眼泪，学生们也纷纷登上讲台，分享了自己与父母间温馨动人的小故事。从这方面看，我们的工作是有意义的、有成果的。

我记得，最后一晚的晚自习是我的课，为了舒缓同学们的紧张情绪，我给了大家自由拍照的时间，此时孩子们还是遮遮掩掩，有点害羞；我记得，有一天晚上我们把教室的灯关了，黑着灯大家集体唱歌；我记得，运动会的时候被同学们追着泼水；我记得，圣诞夜的时候放在我宿舍门口的苹果；我记得，每一节课前桌子上的一杯热水。虽然有时候我会因为你们的调皮捣蛋和不争气难过而伤心，但我的确是爱你们的。

不忍告别，我悄悄地离开了竹林关中学。再次相见时，希望你们都是祖国的栋梁。

作 者 简 介

汪昱坤 男，中共党员，陕西省商洛市人，2016届园林专业毕业生，西北农林科技大学第十八届研究生支教团团长。曾获得"优秀学生干部""社会实践先进个人""社会实践先进标兵""优秀团员""优秀团干部""2016届优秀毕业生""农高会优秀志愿者"等荣誉称号。现服务于陕西省商洛市丹凤县棣花镇中心小学，负责五年级数学课、音乐课，三年级思想品德课的教学，并协助学校少先队工作。

美在棣花，我在这里等你

汪昱坤

来到棣花镇支教已经半月之久，渐渐熟悉了这里的一草一木，这里的一山一石，这里的生活，这里的人，这里的娃娃。棣花的人物住在故事里，棣花的丑石住在故事里，棣花的泉水住在故事里，我简约而不简单，平凡而不平庸的支教生活也住在故事里，总之这里的一切都很棣花。

棣花镇位于自古就有"秦头楚尾，水岸码头，商鞅封地，丹凤朝阳"之称的陕西省商洛市丹凤县，是当代著名作家贾平凹的故乡。清澈的丹江杨柳岸边，悠悠的古道，灵秀的山峰，蛙鼓鱼跃，荷叶田田，这里曾是商於古道重要的关卡，多少迁客骚人在此留下了千古名句。这里自然风景秀美如画，人文景观丰富而独特。这就是我对棣花镇的印象，一个自然而又美丽的地方，是其他地方无法复制的。

这里的人很棣花

刚到学校，李校长就和几个学校老师在门口迎接我们，帮忙收拾我们的住处，房东大叔也热情地忙东忙西。李校长更是细心有加，邀请我去他家做客，多次询问我的生活情况，帮忙置办生活用品。学校教二年级的孙老师就像大姐姐一样，给我介绍着学校方方面面的情况；带数学的孙老师主动把自己的教案、教辅资料借给我看，和我共同探讨教学上的经验。学校的老师们都很热情，在得知我一个人住在学校附近后，就经常找我聊天，带我去周边熟悉环境。镇上的人也很热情，每次在我问路的时候，当他们知道我是来支教的大学生时，他们非常耐心地给我指路，一边用手比画着，还一边带我过去。

学生报到那天，早早带着孩子来到学校等候报名的家长排起了长队，害怕来晚耽误了孩子。给孩子报名的有很多人都是爷爷奶奶，填信息表时不记得孩子生日、家长电话的情况屡见不鲜。一位给孩子报名的老人佝偻着背，斜着身子，手搭在耳朵上，努力地听完我们的话后，缓缓地从一个皱巴巴的粘有泥土的塑料袋里掏出了一大堆的东西，那里面有孩子的户口本、保险单、计划生育证明、成绩单……唯独没有报名所需的综合素质报告本，好不容易给孩子报完了名就要离开的时候，他还不断的叮嘱我们说："孩子的父母不在身边，就多多麻烦你们老师了。"还有的家长，在给孩子报完名后，或是直接坐在教室，或是留在门口，眼巴巴地望着孩子，迟迟不肯离去。"留守儿童"这个词汇第一次如此真实地展现在我的面前，印刻在我的脑海。

这里娃娃很棣花

我带的娃娃基本都是棣花镇人，操着一口浓重的棣花镇方言。第一节的思想品德课，是关于自己的成长，我向娃娃们提问："谁可以和大家分享一下自己和一年级相比的变化。"他们先是害羞地不好意思举手，有的更是吞吞吐吐地说不出口。于是我就抛砖引玉，说："老师在你们这么大的时候……"听了我的分享，他们那一颗颗小小的心灵好像得到了释放，有个娃娃缓缓地举起了小手，轻轻地说道："相比起一年级，我变得更加的孝顺，在家里可以做一些家务了。"说完，我立刻表扬了她，让大家向她学习，在家里帮助父母做一些力所能及的事情。有了开头的，娃娃们立马活跃了起来。然而就是这样一个简单的问题，我却从这群娃娃们的回答中得到了很多意外的收获。"我终于去了趟西安。""在家帮助妈妈照顾受伤的爸爸。""会给弟弟做饭了。""开始用钢笔写字。""多了一门英语课。""多了一个教思想品德的汪老师。"……娃娃们一字一句回答得很认真，他们的回答不仅仅让我感动，同时我也不经意地发现了娃娃们的脸上多了一份与年龄不符的成熟和责任，以及一份对外面世界未知的渴望。这些三年级的娃娃大部分都出生在2008

311

年，他们总说他们自己是"奥运宝宝"，但是又有谁去过北京，看过奥运场馆，甚至又有谁出过省，看过外面的世界？他们每天的生活就是，从家到学校，再从学校回家，基本在镇上度过了一个又一个的春夏秋冬。每当我问起娃娃们："你们有什么梦想吗？你们有想过你们为什么要上学读书？"没等娃娃们回答，我从他们迷惑的眼神已经找到了答案。一年的时间很短、很快，我一定要为孩子做些什么。不管你们的黑夜有多么漫长，我都会带着你们，我相信夜路也总会有走完的那一天。

说起我带的五年级的数学，娃娃们的情况比我想象的要差得多。好多娃娃乘法口诀记不熟，200以内的加减法还频频出错。有的同学上黑板做题，列竖式计算小数乘法，掰着指头才勉强算出答案。为了上好每一节课，我准备了大量的内容，总想着给他们多讲一些，再多讲一些，然而时间却总是不够。我总想着每天要是多几节课，多几节辅导该多好啊！然而作业的题讲了好几遍，可娃娃们还是会反复出错，应用题总是不读题就乱做。为了让他们有进步，上课期间我总是让那些自制力差的娃娃搬凳子坐在前排，我反复督促，同时利用课间或者自习课单独给学习差的娃娃讲解补习，告诉他们基础差没关系，只要你肯学习，慢慢来，老师和你们一起努力。有时给娃娃们单独讲完题后，他们的一句"谢谢老师，我会了。"让我觉得自己的付出都是值得的，学生作业偶尔十几个全对就能让我开心整个下午。这种快乐真的很简单，很纯粹。为了鼓励他们，当考试成绩出来后，我会给优秀和进步的娃娃们发一些小礼物；在批改作业的时候，我总是在优秀和进步的同学作业本上面写上鼓励的话语，在粗心的作业本子上写上"细心"二字。我在急躁的时候总是告诫自己不要着急，要慢慢来，还有一年的时间，对娃娃们要有耐心。

我在这里也变得很棣花

说真的，我刚来的时候不是很习惯，在当地县政府和学校领导和老师的关心帮助下，我慢慢地适应了这里的一切。我适应住在一个没有暖气，没有空调的地方，适应了这里蚊虫满天飞的旱厕，适应了从宿舍去厕所需要走三四分钟的路程，适应了每天从早到晚一天温馨美好的小日子，适应了中午给孩子们打饭，与孩子们一起吃饭的快乐，适应了身份转变为老师后对学生的严厉与慈爱，适应了和这群孩子们在一起的点点滴滴的快乐时光。我发现，我慢慢地离不开这些孩子，感觉不给他们上课总觉得少点什么，总觉得每天自习课不去给孩子们单独补差就觉得心里不踏实，总是害怕孩子们因为我讲得太快、太难而接受不了。对于那些调皮的孩子真的是想把自己的心掏出来给他们，只求换回作业全交，功课全会，考试取得好成绩。我觉得这些可能是孩子们给每一位老师最好的礼物了。

有一种生活，你不曾经历，就不知道其中的艰辛；有一种艰辛，你不曾体会过，就不知道其中的快乐；有一种快乐，你不曾拥有过，就不知道其中的纯粹。

支教半个多月后，我对这句话的理解有了新的认识，感悟到了许多，体验了以前从未感受到的快乐和幸福。

"用一年不长的时间，做一件终身难忘的事。"这是真实的，是正在发生的，是我正在经历的。

坚定信念，在支教的长征路上继续奋勇前进

汪昱坤

历史是不断向前的，要达到理想的彼岸，就要沿着我们确定的道路不断前进。每代人有每代人的"长征路"，每个人都有每个人的"长征路"。如果把一年的支教比作是一次长征，那么这条长征路上定会充满着荆棘和坎坷，要走好这条路，心中要有信仰，脚下才会有力量。

——题记

霹　雳

第一次月考的成绩这周出来，我满心欢喜地等待着，然而等来的却是一个晴天霹雳！整个棣花镇共有 4 所完全小学，我所带的数学成绩排名倒数第二！

为了能让孩子们有所进步，考试前，我先是利用晚上的时间将考试的重点内容详细地抄在了黑板上，一遍一遍地帮助孩子们梳理学过的知识点，再把知识点之间的逻辑联系有条理地讲给他们听。

考试的前一天，我精心准备了各种类型的计算题、常考题，以及孩子们平时作业中的易错题，一遍又一遍地练习和讲解，分享我的答题经验和技巧，尤其重点强调了在数学考试中检查试卷的重要性，以及检查试卷的方法。

最后，我还分别找不同分数段的孩子进行了简短的交谈，作为考前的叮嘱。

然而，现实就是这么的残酷，倒数第二、倒数第二、倒数第二！

这种落差感真是说不出的滋味！

反　思

面对这样的成绩，我反复对自己说，学习是一个循序渐进的过程，就像长征的红军，行万里路，却源于脚下一步一个脚印，源于翻越的一个又一个山头，源于趟过的一条又一条河流。

千万不要灰心，肯定有做得不够好的地方，办法总比困难多！

在向很多教师请教后，我认真地反思和总结，并深刻地认识到，行行都有自己的门道，当个教师也不例外，教书育人的工作并没有看起来的那么简单。

首先，要当个好老师一定要因材施教，要针对不同的学生采用不同的方式、方法，不能千篇一律。对于计算能力不足的情况，每天需多布置 5 道小数乘除法的计算，并进行批改；对于对数学兴趣不高的同学，一方面在上课的过程中多设置一些小环节，另一方面应制定奖罚措施，对每次小测试成绩进步的同学、作业练习认真完成的同学应进行加分表扬，满一定的分数后，再采用奖品奖励。

其次，要把握好重心。教学的重心应放在大部分的中等生身上，他们的基础不是那么差，因此进步的空间也比较大。还有就是这些孩子的数学基础并不是都那么好，学习习惯还需要进一步的培养。

最后，我自身还需再努力些。作为老师的我，一定要多多从他们的角度思考，一定要脚踏实地地上好每一节课，讲好每一道题，批改好每一次的作业和练习，切忌好高骛远。课堂一定要抓住，要向 40 分钟的课堂要成绩，同时要抓住孩子们的作业和练习，每天督促他们认真地完成，培养他们好的学习习惯。

鼓　励

离期中考试还有不到一个月的时间，我对孩子们说："虽然我们这次考得不好，但是大家不要灰心。红军长征途中经过万水千山，行程达二万五千里，一路上遭受了多少的困难和挫折，相比而言，我们这一次考试的不理想又算得了什么呢？大家一定要坚定信念，脚踏实地。我们每个人应给自己制定一个小的目标，比如下次考试考到多少分，把这个目标就贴在你的桌子上，时刻提醒你认真努力。"我又把当年激励过我的名言送给了这些孩子们："有志者，事竟成，破釜沉舟，百二秦关终属楚。有心人，天不负，卧薪尝胆，三千越甲可吞吴！""孩子们，老师相信，只要你们刻苦努力，培养良好的学习习惯，认真完成作业和练习，你们的期中考试一定能有所进步，你们要相信自己是最棒的！"我说完这些，不知道孩子们听了多少，听懂了多少。但是我相信，心中有阳光，脚下就有力量。只要我和我的孩子们有了坚定的信念，脚踏实地，克服一切艰难困苦，我们就一定会取得成功！一定会胜利到达我们这次支教长征的终点。

作 者 简 介

李沛达 男，中共党员，陕西省汉中市人，2016届农业水利
工程专业毕业生，系西北农林科技大学第十八届研
究生支教团成员。本科期间曾担任水建学院学生会
主席，"全国铁路春运"杨陵南高铁站志愿者队长、
"田园使者"活动队长。在校期间获得"优秀学生干
部""社会实践先进个人""优秀团干部""优秀团
员"等荣誉称号。现服务于陕西省渭南市澄城县尧
头镇学校，担任八年级班主任，教授数学、地理
课程。

我和"小胖"的故事

李沛达

来到山川塬交错、沟梁峁纵横的澄城县支教已有半月之久，从绿草茵茵、窗明几净、钟灵毓秀的大学校园迈入渭北贫困地区支教学校时，内心的波澜不言而喻。但支教团选拔时，豪情壮志洒满天，不畏困难勇向前的誓言却时刻提醒自己，曾经胸怀抱负的热血男儿，现在怎么能食言放弃？

而在这短短的半个月内，发生在我和"小胖"之间的故事，让我情不自禁感叹道："黄土寒门藏不住，人间处处有天使！"我也更加坚定了自己"用一年不长的时间，做一件终生难忘的事"的决心和目标。

肉乎乎的胖脸蛋，倔强执拗的性格，桀骜不驯、不服从管理，这就是我对小胖最初的印象。他有着同龄小男孩的"通病"——顽皮、任性、大脾气。但随着在学习、生活中彼此敞开心扉，相互熟悉了解，小胖心中迸发出锲而不舍的毅力与感恩图报的品质却融化了我的心，让我对他刮目相看、肃然起敬！

初识——"熊孩子"的日常

翻过这条梁、越过那条沟，经过长途跋涉，我终于达到了澄城县尧头镇学校——未来一年挥洒汗水、奉献青春的岗位。放下行囊，汗水浸透衣裳，来不及休整，学校便委我重任，担任初二年级班主任，负责班级管理工作。为了方便了解孩子们的日常生活，及时掌握班级动向，我将自己的联系方式告知他们。当晚，孩子们就以迅雷不及掩耳之势"轰炸"我的QQ。其中一个没有姓名备注，接二连三发消息的孩子走进我的视野。起初，询问他是否为班里的学生时，小淘气鬼竟然和我玩起了"他说我猜"的游戏。之后，他甚至兴致勃勃地给我讲起了牛鬼蛇神、八卦玄幻的故事。最终在我苦口婆心、循循善诱下，才规规矩矩地介绍自己叫"文静"。"一个女孩子怎么这么调皮呢？"我打趣地回复。转瞬间，屏幕就被生气的表情和"我是男生"四个字刷屏。

"熊孩子"的出现，一方面是天性使然，另一方面则是家庭、社会因素造成的。有些孩子从小远离父母，缺少正确的引导，长期养成了我行我素的生活习惯，陪他们走过童年的不是唐诗宋词、不是乘法口诀表，而是网络上光陆怪离的小说世界，有些孩子甚至沉迷其中，无法自拔；另一些地区则受限于传统观念，学校、老师不重视孩子综合素质的培养，只在乎学习成绩的高低，严重阻碍了孩子的成长和其能力的发展。而我们研究生支教团，要努力改变这一现状，让顽皮任性的"熊孩子"，也能做到德智体美全面发展。

熟知——为小胖竖起大拇指

上周课间，在我批评其他学生时，小胖在一旁看热闹，眼神"眉飞色舞"地与受批评学生交流，并多次打岔，扰乱我的思绪。看着受罚的孩子眼里装满了泪水，出于对学生自尊心的保护，我"命令"小胖进教室写作业，谁知小胖突然变色，气急败坏地将教室前门一踢。见此情景，我深知不能惯着孩子乱发脾气，更不能在班级培养不明事理、心浮气躁的风气，便惩罚他去跑圈。小胖冲下楼梯、头也不回地奔向操场。在安排完班级日常工作后，我来到操场寻找小胖的踪迹。对于一个胖小子来说，绕操场跑三圈并不是一件轻而易举的事。一圈过后，小胖已气喘吁吁，我示意他停下，谁知小胖挺着胸、昂着头，堵气地说，"不是跑三圈嘛？还有两圈，哼！"第二圈结束时，小胖已汗流浃背、头发浸湿。本以为他会停下休息，结果一个急转弯，他又开始跑第三圈。此时此刻，我的心情复杂万分，一方面我还在为小胖的顽皮任性、破坏公物、乱发脾气而生气；另一方面，小胖坚毅顽强的性格却照亮了我的眼睛、触动了我的心灵。跑完三圈，小胖汗如雨下地低着头站在我面前，好像在为之前的所作所为而后悔道歉，我上前摸摸他的头，拉着他一起回教室。小胖支支吾吾地说："老师，我……脚疼。"原来小胖的鞋子不合脚，跑步时脚踝被鞋子磨破了皮，雪白的袜子都印出了鲜红的血迹。我连忙扶着他来到医务室，对伤口进行了简单的消毒。看着小胖咬牙切齿受疼的表情，我内心也思绪万千，不知要继续批评孩子的过错，还是要为他顽强的意志力点赞。但对于一个体重肥胖、强忍疼痛、坚持跑完三圈的孩子来说，我确要为他竖起大大的拇指。

从乱发脾气、脚踢教室前门的任性妄为，到强忍疼痛、跑完三圈的坚忍不拔，我看到，孩子们的内心世界极其丰富，他们对外界事物的认知每分每秒都在发生变化，而由此养成的习惯将会影响其一生的发展。从小对他们陟罚臧否、激浊扬清，培养他们明辨是非的能力，帮助他们树立惩恶扬善的价值观，我们任重而道远！

未完待续——小胖在成长

对于第一次过教师节的我来说，欣喜之情不言而喻。教师节的前一天，小胖蹑手蹑脚地跟着我来到宿舍，本以为他会提问、告状、或者聊天。但当我正在疑惑纳闷时，他从书包里拿出签字笔和笔记本，憨憨一笑地说道："老师，送您的教师节礼物！"还没等我缓过神，他便撒腿跑出了我的宿舍。那一瞬间的情景，历历在目；我那一刹那的心情，溢于言表。作为老师，当时只能故作淡定地收下礼物、说句感谢，但当小胖离开宿舍后，我兴高采烈、手舞足蹈地珍藏了属于自己的第一份教师节礼物，同时这也是支教半个月来最感动、最温馨的一幕。

从来没想过会收到这样一份特殊的礼物，也没想过平常顽皮淘气的小胖竟然会用心地记得我的节日。这一刻，我感觉自己半个月尽职尽责地付出都是值得的。因为它改变了一个孩子，让曾经脾气大、贪玩淘气的他，也学会感恩、懂得图报！时光在流逝，小胖在成长！这就是我和小胖之间平淡却又让人回味无穷的故事。

师者，传道授业解惑也。在成为支教老师的第一天起，我就这样定义自己的位置。但是，在与孩子们相处、交流的过程中，我逐渐发现当我真心诚意对待他们，成为他们眼中的大朋友、大哥哥时，他们也会将心比心，聆听我的心声，感受我的喜怒哀乐。为了小胖，也为了更多像他一样聪明伶俐，却任性妄为、缺乏教育的孩子，我将继续发扬支教团"甘为孺子育英才，克勤尽力细心裁"的精神，和他们一起抒写出一篇篇感人肺腑、终生难忘的支教故事。

五星红旗迎风飘扬，支教之路任重道远

李沛达

"五星红旗迎风飘扬，胜利歌声多么响亮，歌唱我们亲爱的祖国，从今走向繁荣富强。"祖国母亲 67 岁生日来临之际，也正逢我来到尧头镇一个月之时。一个月的支教生活，让我直观地感受到祖国的繁荣强大为西部农村基础教育带来了翻天覆地的变化。曾几何时，这里的孩子只能坐在寒风刺骨、土阶茅屋的教室里学习，大眼睛女孩"苏明娟"渴求知识的眼神更让多少人为之动容。如今，宽敞明亮的教室、现代化的多媒体教学设备，都为孩子们创造了舒适整洁的学习环境，国家实施的"蛋奶工程"，更是让孩子们在快乐学习的同时能够茁壮成长。这一切的变化都源于祖国的繁荣强大和对西部教育的大力投入。

可此时此刻，一个疑问突显在我的脑海里，我们来这里支教的目的是什么？孩子们的学习环境与之前已有天壤之别，我们支教之路能为孩子们带来什么改变？而这一个月的支教生活已让我抽丝剥茧般地找到了答案。

每周五放学后，我都会坐上大巴，沿着崎岖不平的山路到隔壁县坐动车回家，周日返回这里。大城市的车水马龙、灯红酒绿与农村的宁静祥和、田园生活形成了鲜明的对比；我每次回到学校，看着娃娃们的脸，心里就会泛起涟漪，酸楚万分。他们不知道学习的重要性，不知道外面精彩的世界，不知道没有安身立命的一技之长就只能一辈子待在大山深处。

不愿孩子们是"井底之蛙"

"为什么不听老师的话？为什么不上英语课？"一位两鬓斑白的老人在教室外责问孩子。这孩子年幼时，父母离了婚。前几年，父亲因为意外事故丧失了劳动能力，全家人没了经济来源，只能靠爷爷奶奶的几亩薄田度日。就是这样一个贫苦的家庭，发生的不是孩子励志读书的催泪史，而是孩子在校调皮贪玩、不学无术，父亲患病在床，爷爷奶奶硬撑田头的心痛故事。一家人的付出和希望都寄托于孩子，可孩子却得过且过、虚度光阴。已开学一个月了，孩子们上课睡觉、回家不按时完成作业的情况屡见不鲜，这样的学习状态让我寝食难安。因为家庭、环境等因素，他们有着明显的共同点：没有良好的学习习惯、没有上进心、更没有宏伟大志。老师苦口婆心、循循善诱的教导，也只是"一个耳朵进，另一个耳朵出"的现实写照。他们拥有舒适的学习环境，却缺失一颗懂得学习、懂得知识才能改变命运、懂得拥有学识才能跳出井底蹦向天空的心。他们固步自封、不思进取，在学校玩耍、回家吃饭、睡觉，感觉这样的生活状态美好无比。殊不知自己是一家人未来的希望；殊不知外面精彩纷呈的世界；殊不知花有重开日，人无再少时。看着眼前只知贪玩、安于现状的他们，心里有种"恨铁不成钢"的痛感。

我绞尽脑汁、费尽心思，在教室张贴"仰望星空与脚踏实地"的标语；利用班会课，我摇身一变成为他们的"大哥哥"，和他们聊包罗万象的世界、谈丰富多彩的大学生活，只希望孩子们能感知色彩斑斓的世界，而不是一辈子与土地为生、与大山为伍。而一个更大胆的想法也随之而出，每月带 1~2 名学生坐动车走出大山，领略城市的高楼大厦和风土人情。只有在对比中，才能让他们看清自己现在所处的环境，激发他们学习的欲望，明白只有学识才能帮他们跳出井底蹦向蓝天！

山的那边，海的尽头终会有你的朋友

"咚咚咚！""谁啊？""班主任，是我。"一阵急促的敲门声打破了乡下夜晚的宁静。开门后，我们班女生塞给我一张小纸条，然后转身就跑。我看见歪歪扭扭的字迹上还有眼泪浸湿的痕迹，我立刻一字一句地了解事实的真相。原来是因为小姑娘爱好写诗，之前她专门把写好的诗歌拿给我和语文老师修改。结果这一行为让班上的朋友对她产生了误解，甚至对她置之不理。小姑娘伤心难过得不知如何是好，就写了这张纸条向我透露心扉。每个人小时候都有过相同的遭遇，因为和要好的朋友生气、吵架、闹矛盾而难过伤心！但是这件事让我看到了更多的问题：在西部农村地区，因为地域、环境等因素造成班级生源太少，一些孩子的正常爱好成为其他人眼中的另类。他们因为生活圈子小、眼界窄、见识少，而无法找到一起谈天说地、博古论今的朋友。在大城市的小学、初中里，有丰富多彩的文艺课，有夏令营和交换生，孩子们可以结识很多志同道合的朋友。但是在这里，他们只能以同学为伴，想寻觅知己更是难上加难。萝卜白菜各有所爱。在城市里，每个人都可以拥有自己的兴趣爱好，对写诗情有独钟的人也屡见不鲜。而在这里，孩子们却被误解，被称作朋友的人恶语伤害而痛哭不已。

之后，我将参加过央视《中国诗词大会》比赛的同学的 QQ 号告诉她，希望她能明白，在这个世界上还有很多与她有相同兴趣爱好的良师益友。同时，我和语文老师也积极帮她修改诗歌、树立信心，最终她又重拾纸笔、才气尽显。这周班级文化建设，她也勇敢、自信地将她诗歌张贴于教室，在美化环境、营造良好学习氛围的同时，一颗满怀希望，对诗歌热衷的心也散发着夺目的光，照进了孩子们的心里，在山的那边、海的尽头，我终会找到志同道合的朋友。

"天宫二号"划破天际、"和谐号"动车四通八达，"G20"会议成功举办……这一切都见证着伟大祖国的复兴之路，而贫困地区这些见识狭窄的孩子们也是国家的未来，怎么样才能让他们为中华奋起而读书、为实现中华民族复兴而出力呢？在这一个月的支教生活中，我慢慢找到了答案。在学习环境改善、教育资源丰富的今天，为什么还需要青年朋友支教西部、服务西部、扎根西部？那就是需要用我们的所见所闻，去搬开孩子们心里的大山，去拨开他们头上的乌云，让他们感知外部世界，萌生翻越大山、去看大海的意识！这将是我们支教老师义不容辞的责任与义务！

一个都不能少

李沛达

冰冷的小手、苍白的脸庞、微弱的呼吸，我做了这辈子最有意义、最重要、最正确的决定——冲上街头为你拦车。而从此开始，你们为我讲述了一则温暖而感人的故事。

齐心协力，转危为安

"班主任，乐乐（化名）犯晕了。"上周三晚自习，正在备课的我被急促的呼喊声惊动，连忙跑出办公室询问详情。眼前，我们班一个小姑娘腿脚无力，被同学搀扶着缓缓向我走来。从其他孩子口中了解情况后，我一方面迅速联系孩子家长，另一方面护送孩子前往镇上的卫生所。在连续不断拨打家长电话依然无人接听后，我们班冰冰（化名）同学自告奋勇，主动要求去乐乐家里帮忙寻找她的家长。我和另一位同学（圆圆）将身体发软、体力不支的乐乐搀扶到卫生所。医生经过一番检查后，建议我们将乐乐送往县医院进行救治。乐乐妈妈在得知消息后连忙从家里赶来。此时，乐乐的病情越来越严重，已经不能说话。我们是一所乡镇学校，所以事发当晚20：00左右已经没有去县城的班车了。看着家长近乎崩溃地呼喊，看着乐乐虚弱无力的样子，我知道多耽误一秒钟，小姑娘就可能有生命危险。接下来自己的行动现在回想，是这辈子最有意义的——去街头拦下了一辆面包车。从卫生所门口到街头短短几百米，无数的想法在我脑海里交织为一个念头——"乐乐不许有事，我们班的孩子一个都不能少！"乡村夜晚飞奔的脚步声终于找寻到汽车的喇叭声。在说明乐乐的严重病情后，素不相识的热心司机开着车载着我、乐乐和乐乐妈飞速地向县医院驶去。

山路本就蜿蜒崎岖，夜幕的降临让司机驾驶更为小心谨慎。可孩子的病拖不了、等不了，司机师傅加大油门，汽车在疾驰，我们在与时间赛跑！随着时间的流逝，乐乐的病情在加重，乐乐慢慢失去知觉，任我们叫醒、呼喊，她只是一动不动地靠在妈妈怀里。冰冷的小手、苍白的脸庞，更让我的心提到了嗓子眼儿。半个小时的车程让我难以忘记我从未想到过那个平日活泼可爱的小姑娘现在会如此虚弱地躺在那里，而面对眼前的一切我身为班主任却无能为力，只能默默祈祷。那一刻的心情难以言表。在送达县医院急救室后，医护人员在采取输氧等一系列急救措施后，乐乐渐渐地恢复了意识，我和乐乐妈也深深地舒了口气。看着身旁这位母亲眼里的泪珠，回想过去每一分、每一秒的经历，我内心依然后怕。

友谊之花，盛开病房

乐乐晕倒住院的消息不胫而走，第二天我在班级强调安全问题的同时，准备拍一部《乐乐最坚强》的小视频。通过同学对乐乐的鼓励和祝福，希望小姑娘能坚强面对病魔、早日重返教室。此举得到了孩子们的热烈欢迎和无条件支持。一张张可爱的、充满稚气的小脸顿时像大人一样，屏气凝神、专心致志地思考怎样为乐乐加油鼓劲。有些活泼开朗的孩子在镜头前拍了又拍，想着怎样逗乐乐开心；有些内敛害羞的孩子在小黑板上默默地写下祝福的话语；有些感情细腻的孩子特意写了鼓励信，并叠成"心形"让我转交。孩子们的这些举动让我情不自禁地感叹道："多么美好的祝福呀！多么真挚的友谊呀！多么善良的孩子们呀！多么温暖友爱的八年级啊！"

上周五，恰巧我去县城开会，也顺道将小伙伴的祝福带给了乐乐。比起上周三晚上那个面无血色、手脚冰凉的乐乐，此时的乐乐在经过治疗、休养后，病情已渐渐好转。小姑娘恢复了往日的生机与活力，脸上也露出了笑容。她嘴角微微一动，说："李老师好！"这朴实无华的四个字，是我听过的最动人的问候语。我将孩子们"特别的礼物"转交给乐乐，当她看见全班同学为她录制的鼓励视频后，又哭又笑、激动不已。我知道这是欢笑的泪水、温暖的泪水、感动的泪水和友谊的泪水。而小姑娘也感受到自己并不是一个人在与病魔作斗争，她还有朋友、还有老师、还有亲人。临走时，我偷偷地将孩子们写的鼓励信放在了乐乐的枕头下，我知道这是她和小伙伴之间温暖的小秘密。我不用过问，家长也不用了解，这是她们之间感人的友谊。那一刻，我似乎看见了友谊之树开满病房，每个枝丫都开出花朵，同学们仿佛都笑着对乐乐说："我们在学校等你回来"。

感恩图报，重回校园

离开病房的那天下午，我接到了乐乐爸爸的电话："李老师，太感谢你和孩子们为乐乐所做的一切！现在乐乐的病情已经查明，身体并无大碍，只要继续吃药、调养就可以出院。"之前小姑娘的病迟迟查不出病因，医院专家经过会诊后确认了病情，也让我悬着的心终于落地。

本周二早读，我在教学楼外就听见了孩子们的吵闹声，心想着小家伙们又调皮不肯读书了。但是我刚进教室，乐乐就一蹦一跳地来到我面前，对我微微一笑，并将事先准备好的笔记本和钢笔递给我。原来懂得感恩的乐乐为全班每个小伙伴都准备了笔记本和笔，这是她答谢我们的礼物。而孩子们的吵闹声、尖叫声则是得到礼物后兴奋心情的自然流露。多么懂得感恩、懂得回报的孩子啊！多么团结一致、充满温暖的八年级啊！只希望病魔以后能远离这群天真无邪、可爱善良的孩子，愿他们在成长的道路上健健康康、友谊长存！

你们是我的骄傲和自豪

我们八年级的孩子们一个都不能少，一定要健健康康成长、快快乐乐学习。今天，是你们让我见证了孩子们善良的童心、同学间纯真的友谊，是你们让八年级这个大家庭充满温暖和爱心，是你们向我讲述了一则温暖而感人的故事！你们是我的骄傲和自豪！

作者简介

焦议　女，陕西省延安市人，共青团员，2016届资源环境与城乡规划管理专业毕业生，系西北农林科技大学第十八届研究生支教团成员。本科期间积极参加校内外实践活动，曾获得校级"实践标兵"，并考得高中地理教师资格证书。现服务于陕西省渭南市澄城县冯原镇初级中学，担任初三语文教师兼班主任。

如果有来生

焦 议

如果有来生，要做一只陶艺，
穿越永恒，不留岁月的痕迹。
承载玛雅文明的原始简单，
传承东方神韵的淡雅清新。
即使欣赏群少，
也无须寻找自我存在的意义，
更无须担心错过自身发展的黄金时节，
我就是我，出自不一样的火焰，
只愿坚守手工艺者的情感寄托与归宿，
坚守那原始朴素之美，
夹杂一些现代气息。

如果有来生，要做一只孤雁，
不求永恒，只求逃离世人的眼光，
追求同类未曾看到过的风景。
即使生命周期很短，
也要留给喧嚣的世界一个孤独冷漠的背影；
即使无法拥抱明日的天空，
也收获了今天的成长与感动；
即使无法抵达远方，
也可以骄傲地说：我拥有过自由和快乐！

作 者 简 介

沙青 男，山东省菏泽市人，中共党员，2016 届葡萄与葡萄酒工程专业毕业生，系西北农林科技大学第十八届研究生支教团成员。本科期间担任葡萄酒学院学生会副主席，在校期间曾获得"优秀学生干部""十佳团员""优秀毕业生"等荣誉称号。现服务于冯原镇西社村西社初级学校，担任九年级班主任，讲授初三物理、历史课程。

倾己所有　助君成长

沙　青

八名学生

"八名学生?!"当得知我所带的班级仅有八名学生时，我怀疑自己是不是听错了。从确定成为支教团成员的那一天起，我就一直幻想这样的场景——二三十个身高到我胸前的小朋友，围着我一起学习、聊天、做游戏，各个活泼开朗，聪明伶俐。现如今的八名同学也与我的想象并不是太相符，他们个个羞涩、内向，参差不齐的学习能力下，各有各的特点。

八个人的班级——在电视中才能听到的新闻，没想到就出现在我的身边。当我与周围的朋友聊天时，他们打趣道："八个人的班，闭着眼睛也能把他们教出来。"我也曾因此暗自窃喜。然而，当我真正接触他们时，我才发现一切并没有那么简单。

由于成长环境的窘困和家庭教育的缺失，他们缺乏对学习的重视，却又对外面的世界充满好奇和期待；他们缺乏关爱和照顾，却又表现出倔强和坚强；他们沉默寡言，却又渴望有人能够走进他们的内心世界。渐渐地，我收起了那份轻视，从每一次交流、谈心，每一次备课、组织活动中，试图更多地去了解他们，引导他们，希望将所有的正能量传递给他们。在付出的过程中，我也被一件又一件的"小事"所触动着。

点滴与你行　深深感我心

周末下午，住校的学生都早早地返校，我正在宿舍伏案备课，班里的一个女孩怯生生地走到我跟前，像是犯了什么错误。"格格，有什么事要跟老师说嘛?""老师,我……我……我的作业没有写完。""我……我之后一定补上。"她连忙举起手做出一个发誓的动作,我一脸茫然地看着她,这时才看到她那半张开着的肿胀的右手。"格格,你的手咋啦?怎么肿得那么高?""老师,我……我周末在地里给苹果下袋子,不小心从梯子上摔下来把手给扭到了。"顿时,我心里百感交集。因为我之前了解到,她的爸爸视力不好,只有在白天才可以微弱地感受到光亮,她妈妈只身一人在西安做服务员,补贴家用。所以每当放假回家的时候,小小年纪的她就成了家里的主心骨,洗衣做饭,下地干活都压在了她幼小的肩膀上。"你爸爸知道你手肿成这样子吗?""老师,我没敢说……我姐准备结婚呢,我爸买了砖准备盖房子,家里就没多少积蓄了。"听到16岁的她说出这样的话,我的心像被针尖深深地刺痛一样,感到一阵酸楚。为了不给贫寒的家庭雪上加霜,在手扭伤之后,她仅是去村里的小诊所看了一下,什么药也没有拿,独自承受着身体上的痛苦。我长吁一口气,转身从柜子里拿出了云南白药递在她手上,一遍又一遍向她嘱咐使用的方法,心疼地对她说:"格格,这个药你先拿去喷,老师答应你先不告诉家里,要是一直不见好,那老师就要通知家长了,可以吗?"她拿着药低着头站在那里,若有所思,想了好久才点点头,便转身默默离开了。

她走之后,我的心中激起层层涟漪,脑海中都是她对我说的那些充满责任和担当的话语,我为她的"隐瞒"而感动。我能体会到她沉默时内心的纠结,在自己的健康和父母的辛劳上她犹豫了,在作出决定的那一刻,她像是一个犯了错误的孩子在等待着惩罚。命运是不公的,每个人的家境都是不尽相同的。有些人一出生就含着"金钥匙",有着父母的陪伴和关爱,衣食无忧,有着卓越的成长环境和教育资源。但这又能怎样呢?孩子们,你们所经历的苦难是你们人生中最宝贵的财富,它让你们提前领悟"哀哀父母,生我劬劳",让你们无惧无畏,积累生命的厚度,让你们超越困苦,成为生活的强者,让你们在风雨中匍匐前行,留下深深的足迹,让你们更加懂得珍惜,懂得感恩,懂得生活并不是仅仅为了自己……我庆幸在生命的长河中遇见了这么懂事的你们，遇见了此生最美的风景。

Everyone is No. 1！

"同学们，学校最近要组织一次诗歌朗诵比赛，我们好好准备，争取拿个好名次，好不好?!"我慷慨激昂地在讲台上说着，底下的同学们却都耷拉着脑袋没有任何回应。过了好一会儿，我终于听到一个微弱的声音："老师，我们参加比赛从来没有拿过奖。"班长抬起头一脸羞愧地跟我说。我看着讲台上面贴满的荣誉奖状，疑惑地说："这些呢?不是你们得的吗?""是上一届学生留下来的……"然后，大家都又把头低了下去。我能感受到他们的失落，能感受到他们的不自信和退缩，原来在他们的眼里奖状总是别人的，总是那么的遥不可及。我暗自下定决心，一定要让孩子们尝到属于自己的荣誉的滋味。

接下来的一周我们便开始了紧锣密鼓的排练，在排练的过程中，我们也听到很多风言风语："哈，你们还想拿第一? 沙老师，你们班的那些娃就算了吧，我是知道他们的，重在参与就好啦!"这样的话语反而更加刺激了娃们的求胜欲望，他们一个个卯足了劲，一改常日蔫头蔫脑的状态。记不得利用课余时间排练了多少次，记不得队形、手势修改了多少次，也记不得背景音乐更换了多少次，只记得你们在排练过程中那笃定的眼神，只记得你们舍不得喝口水润润嗓子、争分夺秒的态度，只记得那从来没有见到过的气势、对胜利的渴望。老师明白，你们不是像其他人说的那样冥顽不灵，不像他们说的那样没有希望;在老师的眼中，你们都是等待着被梦想叫醒的雄狮，你们的努力终有回报，当宣读第一名是属于你们的时候，老师注意到你们吃惊的表情、紧握的拳头，感受到了你们的骄傲与自豪!

Everyone is No. 1！成功的秘诀就在于你肯不肯流最热的汗，用最真的心，第一名属于你们每个人。

筑梦起航，拥抱阳光

记得那次历史课上，我指着投影仪上埃菲尔铁塔的照片问："同学们，你们看这个是什么?"他们一个个把头摇得跟拨浪鼓似的。"不是吧? 再仔细看看，真没听说过这个塔吗?""不……知……道……"他们齐声答道。我本以为像这样具有标志性的建筑物，被他们所熟知是理所应当的事情，但是我却忘了他们受各种因素的限制，对外界的了解太少、太少。

那一节课，我讲了许多题外话，讲了自己出国实习的见闻，讲了桂林山水的秀丽，讲了剑门关的陡峭险峻……每一个娃都睁大了眼睛，如痴如醉地听我说着，他们对大山外的世界充满了好奇和遐想，那一刻我决定，一定要带着他们看看外面的世界。经过仔细盘算后，我想带他们去我的大学看一看，带他们去感受学术的氛围，感受大学的美景，感受风华正茂的年华。在与校长和西农葡萄酒学院领导多次交流后，我的这一想法终于得到了认可。当我把这个消息告诉娃娃们的时候，他们一改常日的内敛，欢呼雀跃，为这不曾奢望却真真正正存在的事实而兴奋不已，难以自持。

同龄的小朋友在这一阶段可能会伸手向父母索要手机、平板电脑、阿迪、耐克……假期的时候会和家人出去旅游，而你们却把学校发下来的牛奶和鸡蛋带回家给爷爷、奶奶吃，只想能出去看一看，去一个比县城大一点的地方! 如此简单而又平凡的想法，对你们而言却又如此难以实现。你们每个人心里都有一颗梦想的种子，而每个梦想都要用心去浇灌。我想利用这一年不长的时间，为你们插上梦想的翅膀，助你们茁壮成长。

赵健（左一）

作者简介

赵健 男，中共党员，山东省临沂市人，2016届农业机械化与自动化专业毕业生，系西北农林科技大学第十八届研究生支教团成员。本科期间担任机电学院学生会副主席、校大学生社团联合会副主席，在校期间获得"校级优秀学生干部""校级实践标兵""十佳团员""校级志愿之星"等荣誉称号。现服务于丹凤县棣花镇两岭小学，担任二年级班主任，讲授数学、思想品德、综合、体育、音乐、美术等课程。

月考后的"蓝瘦香菇"

赵 健

寒风、细雨、冷空气，就像前一夜知晓月考成绩后的我一样，冰得让人窒息。在看到QQ群发布的月考成绩前一秒，我还在批改今天小测验的试卷，我不敢相信，每一节三四套测试的"洗礼"，竟然还无法摆脱倒数第二的"桂冠"。我知道，这儿的娃基础差；我知道，第一次小测时全班平均四五十分的尴尬；我知道，无论多么简单的试题总有三四个娃逃不出个位数的恶圈。但是，我希望娃们知道的是人定胜天，希望他们明白努力不一定成功，但不努力一定不成功，希望他们理解的是熟能生巧，事在人为……可是，几十套堆积半个办公桌的试卷，一遍又一遍地课堂练习与作业，还有那撕破喉咙的课堂抽答，又换来了什么呢？窗外细雨纷纷，时针带过了午夜时分，而我的心却依旧久久不能平静……

雄鸡报晓，天色泛白，新的一天就这样悄无声息地来到了。坐在办公桌前的我，一夜想了很多，眼前浮现过许多告知娃们成绩的情景，但唯独没有一张是带着微笑的。我在脑海中细数了娃们前段时间种种不好的表现——上课迟到、不及时完成作业等，憋了一肚子的无奈、气愤与不解，我在静静地听候着上课铃的敲响。

如往常一样地步入教室，像往常一样地上课起立，而我只淡淡地说了一句："昨天月考成绩下来了，这是试卷，发下去都自己看看！"此时的我，依旧在酝酿着愤怒的情绪。试卷一张张发到了娃们的手里，而我却伫立在讲台静静地看着这张月考样卷。

"自己都看清楚了,考得什么样?讲过几遍的题,还是错!还是错!"我的一句高声呵斥打破了这份宁静。

刹那间,就在我话音未落之际,我看到了"小蓝娃"眼里泛起的泪花——一个每天行走七八里山路来上学、最爱穿蓝衣服的娃,一个我认为是班里聪明的娃,一个父母在千里之外务工的娃,一个每天天未亮就得熬粥做家务照顾年迈奶奶的娃,一个因没钱从未上过幼儿园与学前班直接上小学的娃,一个每次上课讲新课时总是一脸愁容的娃。

是啊,成绩差,真的没有原因吗?向来不为失败找理由的我却在"小蓝娃"的泪花里找起了借口。是啊,仅仅十岁左右的娃,背负着不是这个年龄段该背负的"十字架",每天与时间赛跑,每天承担着不一样的社会责任与家庭责任,每天近乎用尽精力去追赶大多数学生学前班就掌握的点点滴滴,而尽管如此,还是可以每天完成了作业,还是每堂课都认真地听讲,还是晚了半拍回答我课堂上的提问,这么阳光的"小蓝娃",我又有什么理由去指责他的48分呢?

思绪飘荡的瞬间,我依稀又看到了"小香菇"低得沉沉的头——一个同样每天步行四五里山路来上学的娃,一个喜欢戴小蘑菇发卡的娃,一个父亲在外务工、母亲靠打零工养家的娃,一个成绩上游却学习方法欠妥的娃,一个喜欢重复听话乖巧的娃。我明白,她喜欢把书一遍又一遍地抄写,她喜欢把所有布置的试题错误的地方写在小本子上每天不停地背诵,她喜欢每次体育课自由活动时间趴在乒乓球台下做借来的习题,而我,又有什么理由去指责她的78分呢?

是啊,作为一名老师,每个娃的成绩固然重要,督促每个娃努力也是情理之中,可是,作为一名合格的老师,此时此刻,我更该以饱满的热情,去鼓励他们,去激励他们,去用我最阳光的微笑让他们明白,即使经历了10000次的失败,依旧还是有10001次的成功的可能性,重要的是你要永远昂起你自信的头颅,永远不要轻言放弃,但凡有了第一次的自弃,你的人生就会习惯性地知难而退,可是如果你克服了,你的人生则会习惯于乘风破浪。每一个看似简单的选择,其实影响巨大,它所带来的是你截然不同的人生。

深吸一口气，收拾好自己的情绪，我坚定地微笑看着娃们说道，有一组很火的漫画：一群人背着一个沉重的十字架在艰难地前行。途中有一个人自作聪明，他把十字架砍掉一截，这样背起来就轻松了很多，走了一段，他又砍了一截……就这样，他很轻易地超过了很多人。不料，后来途中遇见了一条又深又宽的沟壑。他在沟壑面前停下了，一边焦虑万分，一边责怪上帝的刁难。这时候，被他超过的人都慢慢地赶了上来。别人用辛苦扛过来的十字架搭在了沟壑上面，轻易就越过了沟壑。这个人也想这么做，可他的十字架已被他砍得太短太短了……孩子们，在成长的过程中，每个人都背负着属于自己的十字架。它也许是你的学习，也许是你的工作，也许是你的家庭。但是，正是这些沉重的东西，构成了你在这个世界上存在的理由和价值，是你日后独自面对困境、挫折和痛苦的工具。你们一定要记住，人生是没有捷径的，你今天偷的懒，注定会成为你明天的苦难。其实，生活没有那么多公平、不公平，重要的是在相同的时间内，你究竟是把时间用在了止步不前，还是把时间花在了克服挑战上而已。

逼自己一把，才能看得到更多的可能性！

"叮铃铃……"下课铃响起，我又像往常一样在娃们坚定地眼神中走出了教室。这一堂课，于娃于我，都是教育。

夕阳西下，看到家长们大手牵小手接回娃们，我真的好想告诉娃们："有些时候，退一步是海阔天空；而有些时候，退一步可能是万丈深渊。一个人就像是一朵花，来到这个世上是为了怒放的。如果你因为害怕凋零而选择了不绽放，或者选择半死不活地活着，那么你就白白浪费了上天的美意。娃们，忘记月考后的'蓝瘦香菇'，新的一天虽荆棘遍途，但你们的努力终将会助你们展翼高飞。"

作者简介

张博雅　女，共青团员，陕西省西安市人，2016届国际经济与贸易专业毕业生，系西北农林科技大学第十八届研究生支教团成员。现服务于渭南市澄城县冯原镇初级中学，担任七年级班主任，讲授英语、心理课程。

孩子们和我，"路过"全世界

张博雅

"我们要飞到那遥远地方看一看，这世界并非那么的凄凉，我们要飞到那遥远地方望一望，这世界还是一片的光亮……"在从北京回西安的列车上，看着窗外飞驰而过的树木和房屋，耳机中传来的这首歌让我突然想起了她。

"老师，你坐过火车吗？"

记得那天，看着她明亮又充满期待的眼睛，我笑着回答："当然坐过呀，老师上大学的时候，每次回家都要坐火车呢。"然后便随口问到，"那你呢，你坐过火车吗？"她略带失望地摇了摇头，"没有，我从来都没坐过火车，不过我的爸爸妈妈在外地打工，他们坐过火车！"说到父母，小姑娘的眼中又透出了光芒，脸上也泛起了片片光彩。"虽然他们好几年都没回来过，但每次看到火车，我还是会觉得是他们回来看我了，带着我最喜欢的果冻和大白兔奶糖。"看着孩子天真无邪的脸庞，我不禁一阵心酸。塞给她一把糖果，换来了一个灿烂的笑容和大大的拥抱后，我又陷入了沉思。

她是我的一个学生，而我是一位支教老师，是千千万万个投身于乡村教育事业的志愿者中普通的一员。我于2016年9月踏上陕西省渭南市澄城县冯原镇这片土地，开启了为期一年的支教生涯。

在接管了冯原中学初一的60个娃娃后，我时不时地会扪心自问，我来支教的目的是什么？在我支教的这一年时间里，究竟能给这里的孩子带来哪些改变？是每天都能按时完成作业吗？是记住了课本上的几个陌生的单词吗？是学会了试卷上几道不会做的试题吗？答案是肯定的，我期待他们能在学业上有所进步，但这并不是我要带给他们的全部，也不是我要教给他们的最重要的部分。和这位"火车女孩"一样，班上的孩子大部分都没有出过远门，从小就生长在沟塬梁峁纵横的渭北高原，他们面朝黄土，背靠大山，每日行走在乡间小路，游戏于田野之间。很多孩子的父母常年在外打工，于是他们小小年纪就成了与爷爷奶奶相依为命的"留守儿童"，更有部分学生由于家庭变故而成了无人管教的孤儿。但摆脱艰苦生活环境的欲望，并没有催使他们奋发图强，努力上进，他们反而安于现状，得过且过：每天上课睡觉，不完成作业；满足于小卖部一两角钱的小零食；开心于班上同学的一两句毫无意义的小玩笑。殊不知自己是整个家庭的希望，全家人的未来，殊不知在山的那边，还有一个比这里精彩无数倍的全新的世界在等着他们，而那也是一个唯有付出无数倍努力，勤奋刻苦，努力学习才能到达的彼岸。

拿着平均几十分的英语成绩单，看着眼前这一群极度缺乏关爱，又极度渴望关爱；极度缺乏上进心，又极度需要被鼓励；极度缺乏宽阔的眼界，又极度憧憬着能走出大山的孩子们，我突然有了一个大胆的想法——要带他们去看看外面的世界。让他们能真正知道，在山的那边不再是山，那里有浩瀚的大海，有繁华的城市，有丰富多彩的大学校园，还有为了实现梦想而努力拼搏的热血青年；让他们不要再虚度光阴，而是树立起远大的目标，真正明白此时的努力才是自己走向成功彼岸的捷径。

和我一样关注着这些孩子的，还有很多分散在天南海北的朋友们。在得知我要带着孩子们看世界后，他们纷纷发来了各自所在地区的照片和写给班上 60 个娃娃们温暖的话语，以此鼓励他们好好学习，早日走出大山去看外面的世界。

亲爱的孩子们，愿你们走出大山，去看大海。看潮起潮落，看浪花朵朵，听海浪拍打着礁石，感受大自然的魅力。

亲爱的孩子们，愿你们走出大山，去看城市。看建筑林立，看霓虹闪烁，看川流不息的车辆和人群，感受现代化的奇迹。

亲爱的孩子们，愿你们走出大山，走进大学校园。接受更好的教育，结交良师益友，遨游在知识的海洋中，去成就一番学业，趋近自己的人生价值。

亲爱的孩子们，愿你们走出大山，走向美好的明天。我已经来到了你们的身边，路过了你们的"世界"，现在，我也向你们展示了我眼中的"世界"。愿你们今后也能自己去探访世界的每一个神奇的角落、去探索神秘而未知的地方、去看看这世界更多的奇妙。

亲爱的孩子们，心有多大，世界就有多大，舞台就有多大！愿你们怀揣远大理想，在以后的人生中站得更高，走得更远，一步步接近自己的梦想，成为为之努力拼搏的热血青年！

作 者 简 介

张若焰 女，陕西省咸阳市人，2016届国际经济与贸易专业毕业生，西北农林科技大学第十八届研究生支教团成员。本科期间，成绩优异，获得国家励志奖学金，"优秀团员"等多项荣誉，并且积极参与社会志愿服务活动，曾获得"国际NGO优秀支教志愿者""杨凌农业科技论坛优秀志愿者""高校科学营优秀志愿者"等多项荣誉。现服务于澄城县王庄镇刘家洼中学，负责八年级物理、综合课程，以及九年级历史、心理课程的教学工作。

海外支教随笔：在印度尼西亚收获比付出多

张若焰

从小，我就有一个愿望，当一名老师！2015 年 9 月，学校开始研究生支教团的选拔，很荣幸，一路披荆斩棘的我，入选了！激动高兴过后，我知道，自己应该做点什么给自己提前"充充电"，于是，我踏上了印度尼西亚为期两周的海外支教之旅。

原来，"恐怖"就在身边

其实，去印度尼西亚的前一周中央电视台的新闻联播就报道了雅加达发生的一起枪击事件，但对于在稳定和谐环境下长大的我们来说，谁都没有过多的在意，只把报道当成了"新闻"而已。然而就在我们到达的第三天，手机上的网易新闻就登出了巴厘岛收到 ISIS 恐吓信的消息，我才知道，所谓的"恐怖事件"真的就发生在现实的生活当中，而且，它就在我们身边！

紧张的气氛顿时就在我们之间弥漫开来，当时的慌乱也让人记忆犹新，甚至还有人提出了回国的想法，说真的，此时我也不知怎么办才好。领队出去打听消息，得到的答复是当地政府已经加强边检工作，各地也都派有安保人员保障游客和当地居民的安全，而恐怖分子的这一行为只是为了制造慌乱恐怖的气氛。负责人也开会再次强调个人安全问题，叮嘱我们不要去人多的地方，不授课时也要待在志愿者之家，一旦发生危险，后果不堪设想。

原来，生活和学习是这样

渐渐褪去了紧张、恐惧的气氛，我们也正式投入到了"老师"的行列！第一次上课前的晚上，我甚至兴奋地都睡不着觉，在期待中睡去，梦里，我梦到了窗明几净的教室，书声朗朗的课堂，以及站在讲台前的我……

早上，我不是被闹钟叫醒，而是被热醒，我也知道这里是热带地区，但我从没想过会这样的难耐，一晚上不知道要醒来多少次，眼前的蚊子有苍蝇般大小，卫生条件更是一般，看着餐盘中的食物，我难以下咽，想喝口水都十分困难，因为这里淡水资源缺乏，哦不，是奇缺！

我想穿得足够凉爽，但一想到培训时就接受过当地文化和习俗、传统甚至一些"禁忌"的教诲，我还是作罢，长衣、长袖、不露脚趾的运动鞋。走在室外，只有一个感觉：热！

本以为教室会凉爽些，谁知我去的穆斯林学校十分狭小简陋，要通过一段长长的楼梯下到地下，更是令人闷热难耐。孩子们没有课本，没有玩具，只有一支笔和一个本子，我所教的高一孩子的英语甚至不如我们初中生的水平。但是，学生们渴望的眼神，以及对我们的热烈欢迎，都让第一次当老师的我感觉不再紧张。我将自己之前备课的内容都精彩风趣地讲出来，我的语速很慢，每个学生都听得认真，我的板书，每个人也都认真记录，我们一起唱歌，一起玩游戏，我也更是第一次真切地体会到歌声和欢乐不分种族，没有国界。

两周时间虽说不长，但我从没想过会过得这么快。就在我们即将离开的那天早上，孩子们一如往常，开心地用我们教的中文向我们问好，直到助教告诉他们这是我们相处的最后一天，顿时，同学们没有了欢笑，我看得到他们眼中的不舍，几个女生甚至已眼含泪水了。我也很难过，但依旧打起精神，为他们上好最后一节课。他们大声唱着两周来我们教过的所有歌曲，每个人都积极地跟我们一起做游戏，认真地听着我说的每一个单词。课后，孩子们用生涩的中文说着"谢谢你们"，一个个跟我们拥抱、握手——把我们的手放在他们的额头上。当时我有些不知所措，助教告诉我们这是他们表示感谢的仪式，我也学着他们的样子，将他们每个人的手一一放在我的额头。对我来说，他们也是出现在我生命里的礼物，你们，同样值得感谢！离别时刻，没有像电影里孩子们追车的桥段那么夸张，但当孩子们拿出他们亲手做的礼物送给我们时，我再也忍不住了，我偷偷地擦去泪水，我也深深地感受到作为一个老师被学生们认可是多么的自豪。有句话说得好："世间所有的相遇，都是久别重逢。"真的，如果有机会，我还会回来！

原来，我真的收获很多

在回去的路上，同行的志愿者们已经没有了来时那般激动而又热烈的讨论，每个人都安静地注视着远方。我也一样，看着手中每天的授课和活动记录，我拿出笔，我想写下我的收获。

回忆，铺散开来。

我记得第一天孩子们的热情，也记得最后一天跟孩子们依依不舍地道别；我记得这是一个早上八点上课，下午一点放学的地方；也记得这是一个没有一个学生戴眼镜的中学；我记得这是一个没有课本的学校，也记得这是一个满节课都是欢乐大笑的穆斯林学校。

和当地的孩子们相比，我所拥有的生活是多么美好；我又是如此的幸运，接触到了不一样的生活；在教他们文化知识的同时，我也更体会了当老师的不易。我总是固执地认为，世界上的每一个孩子都该被公平的宠爱，拥有着平等生活、学习和玩耍的权利。我们的力量或许微不足道，但我依旧相信我们所做的一切能够些许地改变他们的认知，哪怕一点点也好。

看着手中的纸笔，我知道自己什么都没有写，但说实话，我觉得我来的这 14 天，跟付出相比，我的收获，更多。

不知是谁打开了车窗，有风吹进来，很凉爽，此时的内心，无比安静，我，从你们的世界走过……愿我们每个人都有前程可奔赴，也有岁月可回首！

带着责任与关爱支教

张若焰

成长是一种心态

转眼间，我来到刘家洼支教已经将近两个月了。刚刚到这边时，遇到了很多问题，比如，刘家洼的街道上没有地方洗澡，每次洗澡都要去县城；还有刘家洼的交通不方便，只有一趟班车，还特别难坐，每次来回一趟就得耽搁一天时间；再者，学校离街道不算太远但是也不算近，每天都要用一个小时左右的时间去买菜，每每遇上下雨天，道路泥泞不堪，很难出门。

但是，在刘家洼慢慢适应的两个月中，渐渐地，我发现我越来越喜欢这里的生活。在周末闲暇时光，享受独属于刘家洼的恬静和优雅，远离城市中的喧嚣和浮躁，静静地感受生活中的美好。我喜欢上了刘家洼夜晚的宁静，喜欢下过雨之后闻闻那路上泥土的芳香，喜欢在放学送孩子们出校门时看看落日的余晖，喜欢不经意间抬头时看到那片蓝天；当然，我最喜欢的莫过于看着娃娃们两个月来一点一滴的进步，一声一声的"老师好"。在这些日子里，我有些明白了研究生支教团的意义。在支教西部的一年中，我们不仅为贫苦地区的孩子们送去了知识，而且也让我们的心得到沉淀，让我们收获成长。

负责是一种精神

10月1日过后，接到了学校领导分配给我的任务，让我作为刘家洼初中部"汉字规范书写比赛"活动的带队教师。虽然在上大学的时候我参与过不少策划活动，但从策划、培训到评审都只有我一人负责这还是第一次。既然学校领导将这项活动交付于我，我也必定尽心尽力。

活动在开展的第一步就遇到了阻力。我计划是先在八年级一个年级选拔，然后再选择重点对象进行培训。当我在八年级通知这项活动时，平时活力四射的娃娃们的反映出乎我的意料，大家竟然都表示没有兴趣，让我直接挑选几个平时学习好的同学参加比赛就行。我的脑子里有一个声音在说：作为一名教师，你的使命不仅仅是传递知识，更肩负着传统文化的传承。我利用晚自习时间跟他们讲我看过的一个视频告诉我们为什么要学习传统文化，跟他们讲传统文化的魅力，以及传统文化在我们的生活中使用的频率。我语重心长地跟他们说，传统文化会让一个人更加有教养。除此之外，我还给他们放了一小段"中国诗词大赛"的视频，让他们了解这种比赛并没有他们想象的那么困难，从而增加了他们的自信，最后终于在全班范围内做了成语和汉字的书写测试。

作为一名物理课和历史课老师，我没有教过语文课，了解更多的是当时学习语文的方法和技巧，所以我只能从研究语文书和字典开始，先自学，然后再对选拔出的学生做培训。从易错字到成语辨析、再到古诗文背诵，也都是我先学会了，再一一教给他们。现在还没有到比赛的时间，但是我相信，只要我们全心全力地完成好过程，认认真真地对待这一周 2~3 次的培训，我们也就不必在意结果。

激励比惩罚更行之有效

在刘家洼的这两个月时间，我在上课和与孩子们的相处中，也在慢慢地学习和探索。由于我所教授的科目是物理的入门理论和历史知识，主要都以背记为主，所以为了能够严格要求孩子们，让他们掌握熟练知识，我每天都会布置一些背诵的任务，第二天上课前检查学生背诵的情况。刚刚上课的前两周，他们都热情而认真，我每天检查他们背诵的情况都很好。

但是渐渐地，大家的学习热情越来越低，对待学习和背诵的态度也存在问题。我发现不认真背诵的人越来越多，提问了就说没背过，不仅背诵是这样，布置下去的作业也都会存在各种各样的问题，不是不会做，而是不认真做。

鉴于这种情况，我立刻去请教了学校里的其他老师。他们告诉我，背不过的就让他们再多抄两遍，作业写不好的就打下去重新做。于是，在每次提问时，他们的目光尽量避免与我接触，一个个低着头。有一次，一个没背过的学生告诉我，他被罚抄写得手疼，实在写不下去了。下课后，我把他叫出来，问他怎么回事，他委屈地跟我说："张老师，我们作业很多，罚抄确实写得手疼，你让我多抄几遍，可我要不用心还是记不住啊！我保证明天之前一定把要背的背过，能不能不再罚抄啊？"我的目的是让他们背过，掌握知识点，所以，我答应了他的要求。后来我仔细想想，我觉得我不能一味效仿其他老师的做法。我每每看到他们一遍一遍地抄写，做无谓的劳动，也有些不舍，如果不用心，那么抄多少遍不也都是徒劳的吗？

之前开会的时候，有的老师曾说过，这里的孩子都比较自卑，需要老师更多的关怀和鼓励。我便有了新的想法，我立刻从网上买了一些文具。第二天上课，我告诉他们，后面谁要能把我说的背过，课堂上提问，我会奖励他们一些学习用品或者零食。这样同学的学习热情一下就被调动起来了，后面的提问很顺利。课堂上大家都在抢着回答问题，我知道，那是因为他们背诵得很好。原来奖励比惩罚更行之有效。

最暖的关怀

天气转凉，一场秋雨来临，伴随而来的还有温度的骤然下降。由于气候的转凉和课程任务的加重，我生病了，虽然算不上严重，但是感冒和咳嗽也让我在课堂上讲课变得十分艰难。上课时咳嗽和清嗓变得十分频繁，每上完一节课，嗓子都会有一种无力感。如果两节课连起来上，第二节课真是连说话都很困难，每说一个字，都能感觉到有一个力量在扯着我的喉咙。

还是同学们细心，他们发现了我最近清嗓频繁。在一个周六的早晨，我刚打开门，在我的窗台上就发现了一盒润喉糖和一张学生留的字条，字条上面写着："张老师，您的嗓子是不是不舒服啊？我给您送来一盒润喉片，请您收下！"一股暖流顿时淌进我的心中。这群孩子们真的好像一个个小天使，带着光环，懂得为别人着想。天气依旧还是很冷，但是此时此刻我却不冷了，同学们的关爱温暖着我。

其实，这不仅仅是一盒润喉糖，更多让我感觉到娃娃们对我的鼓励、肯定和认可。细心敏感的你们发现我嗓子不舒服，羞涩的你们把润喉糖和字条留在我的窗台上，可爱的你们鼓励我这个大学刚毕业的"新"老师在讲台上更加自信从容。

我相信，世界上的每一个孩子都该被公平地宠爱，拥有平等的生活，我们的力量也许微不足道，但我依旧相信这一年的时光中可以给他们带来些改变，但愿每个孩子都将拥有被时光温柔以待的美好未来。